교육현장에서

교류분석의 적용

Giles Barrow & Trudi Newton 편저
이영호 · 박미현 공역

학지사

역자 서문

역자는 그동안 다양한 현장의 많은 사람을 대상으로 교류분석 이론을 교육하고 훈련해 왔다. 최근 교류분석에 대한 관심이 높아지면서 이론 공부와 경험을 통해 이에 대한 적용을 적극적으로 해 나가는 사람들이 많아지고 있는 것 같아 참으로 반갑고 보람되게 생각한다.

그러나 한편으로 교육현장에서 일하는 교사, 사회복지사, 상담교사, 동반자 프로그램 관련 선생님들, 방과 후 아동들을 돌보는 지역아동센터, 보육시설, 어린이집 교사와 원장, 청소년 관련 현장에서 다양한 프로그램을 실천하는 전문가에게 도움이 될 만한 교류분석 관련 전문서적이 별로 없어 당사자들의 아쉬움이 컸고, 교류분석 이론을 연구하고 실천하는 한 사람으로서 늘 아쉬움과 미안함이 있었다.

이들은 TA 이론의 우월성을 인정하면서도 어떻게 그것이 교육현장에서 적용되는지, 실천 방법에 대한 정확한 근거, 관련 이론들과의 통합과 응용 프로그램 등에 대한 지식적 목마름이 컸다.

이는 우리의 교육현장이 아이들의 숨겨진 가치와 가능성을 얼마나 소중히 여기고 있는가, 교육현장에서 아이들의 행동을 개선하고 자존감을 향상시킴으로써 이들이 스스로 결정하고, 꿈을 발견하며, 경험을 통해 배움의 가치를 깨닫고, 교육의 본질인 행복을 느끼게 할 수는 없는가에 대한 본질적 질문에서부터, 힘든 상황에 있는 아이들을 어떻게 교육하고 지원할 수 있을까 하는 매우 인간적이고 실천적인 고민을 반영한 것이다.

이러한 가운데 바로우(Barrow)와 뉴턴(Newton)이 쓰고 묶은 『Walking the Talk: How Transactional Aanalsis is Improving Behaviour and Raising Self-Esteem』이라는 책을 '교육현장에서 교류분석의 적용'이라는 이름으로 번역, 출간하게 되어 무척 기쁘고 보람된 마음이다.

이 책은 현재 영국의 교류분석 교육 지도감독자를 포함하여 교육현장에서 전문가로 일하며, 교류분석을 통하여 학교나 교사, 학생들을 효과적으로 지원하는 일을 하는 아홉 명의 저자들이 풀어낸 생생한 현장 이야기다.

제1장은 교실에서 TA의 주요 개념을 사용해서 학생들이 학교생활을 잘할 수 있도록 돕는 이야기이며, 제2장은 '배움의 멘토' 팀의 구성과 중·고등학교에서 멘토를 활용함에 있어서 TA를 어떻게 적용하였는지에 관한 이야기다. 제3장은 '나단'이라는 어린이의 사례를 통해 발달 단계에 필요한 '긍정적인 지지어'에 대한 중요성에 대해서 이야기한다. 그리고 제4장에서는 ADHD를 가진 '클로이'의 사례에 대한 흥미로운 TA 기법을 이야기하고, 제5장에서는 어린이, 청소년을 위한 효과적인 정서 개입 과정을 절충적 전략으로 알기 쉽게 이야기해 주고 있다. 제6장은 학교에서 이마고 이론을 사용하여 어떻게 집단을 이끄는지, 그리고 이마고의 발

달 과정을 풀어 나가면서 어떻게 이것이 교육현장에서 개인적 개입에 적용되는지에 대한 생생한 이야기를 들려준다. 제7장은 학교에서 일어나는 왕따 문제를 어떻게 TA로 다루어야 하는지 실질적인 접근을 제공한다. 제8장에서는 전문가 집단과 학부모, 학생들과 함께 TA로 관계를 이해하고 자각을 높일 수 있는 방법을 소개한다. 또한 해결중심 기술과 게임 이론을 덧붙여서 교사들 간의 협력적 관계에 대해 생각하게 한다. 제9장은 삼차원의 긍정성(3D-OK-ness)을 통해 긍정적인 학교문화 만들기와 학교의 교실이 어떻게 되어야 하는지에 대한 교육적 철학과 새로운 TA 발달 간의 연결에 관하여 이야기하고 있다. 그리고 마지막으로 제10장은 우리가 교육현장에서 'TA가 말하는 대로 어떻게 실천할 것인가?'에 대한 생각과 어린이를 위한 TA 프로그램 발전에 대한 긍정적 미래를 제시한다.

이 책은 인제대학교 대학원 사회복지학과 석사 · 박사 과정 '인간관계와 교류분석 상담치료' 이론 강의 교재 중 하나로 사용한 것이다. 역자들은 한 학기 동안 수강자들의 초역 자료를 토대로 역자들이 함께 분담하여 심도 있게 새롭게 다듬은 후, 이를 다시 대표 역자가 전체적으로 문장 하나하나를 원문과 대조하면서 재검토함으로써 이루어진 결과물이다. 책의 내용이 원저자들의 경험을 워낙 간결하게 압축하여 서술하고 있어 종종 번역할 때 막히는 부분이 있거나, 혹은 원문이 잘못된 곳이 있으면 꼼꼼히 확인하여 온전한 번역이 되도록 최선을 다했다. 본문의 난해한 부분에 대해서는 가급적 많은 역자 주를 달았고, 가능한 한 쉬운 문장으로 풀어 번역함으로써 이해도를 높이고자 하였다. 동시에 부록에 내용과 관련된 추가 설명과 실제 집단 활동으로 적용해 볼 수 있도록 구체적인 방법을 제시하였다. 그리고 독자들이 책의 내용을 정독하면서 TA 이론과 개념을 집단 활동에 응용할 수 있도록 다양한 아이디어도 함께 소개하였다.

한편, 이 책의 번역 과정은 결코 쉽지 않았다. 원저의 저자들이 영국의 교육현장에서 잘 적용한 TA적 사고와 이론, 새로운 개념을 우리의 교육현실에 어떻게 적용할 것인가를 고민하였고, 초고를 실제 교육현장의 교사, 교육전문가, 학부모, 학교 상담교사 들에게 보여 주어 피드백을 받아서 진행하였기에 상당한 시간이 걸렸다. 비록 많은 노고가 들었지만, 그래도 참으로 뿌듯한 느낌이 드는 것은 교육현장에서 활용할 TA 관련 이론을 다시 한 번 깊이 있게 음미하고, 새롭게 응용해 볼 수 있는 다양한 아이디어를 얻을 수 있었기 때문이다. 이 책이 아무쪼록 교육현장에서뿐만 아니라 청소년 관련 전문가나 교류분석 상담치료를 공부하는 많은 사람에게 조그만 길잡이가 되었으면 하는 마음이다. 나아가서 그로 인해 미래의 주역을 육성하는 우리의 교육현장이 보다 안전하고 즐거우며 행복한 곳이 되고, 성장과 변화를 위한 자율성이 담보된 토양으로 진화하는 데 하나의 밀알이 되길 진심으로 기원하는 마음이다.

이 책을 만들기 위해 함께 초고를 정성껏 읽고 피드백을 주신 가야고등학교 학생부장 교사 박형대, 웅남초등학교 담임교사 손

수향, 마산대학 김민호 교수, 대학원 박사과정에 재학 중이며 TA 상담사이자 학부모인 최정순, 학교폭력 SOS 중재 코디네이터로 다년간 활동한 정지민 선생에게 감사를 드린다. 또한 출판을 흔쾌히 수락해 주신 학지사 김진환 사장님과 꼼꼼한 교정과 편집으로 책의 완성도를 높여 주신 김순호 부장님에게도 감사드린다. 마지막으로 이 책을 통해, 우리의 교육현장에서 참된 교육과 지원을 실천하고자 하는 많은 분이 기죽어 지내고 힘들어하는 많은 학생에게 자신감과 용기를 줄 수 있기를 간절히 바란다.

2011년

김해 신어산이 보이는 연구실에서

대표 역자 이영호

서 문

이 책과의 만남을 환영합니다. 우리는 여러분이 시간을 내서 우리의 아이디어와 일에 대해 알아보려 하는 것을 매우 기쁘게 생각합니다. 우리가 그동안 발전시켜 온 것이 무엇인지 빨리 배우기를 원하는 독자는 다음의 이야기를 건너뛰고 본문으로 넘어가세요. 그리고 이 책의 내용과 저자들에 대해 조금 더 알기를 원한다면 계속 읽어 주세요.

행동 개선과 자존감 키우기

처음으로 얘기할 중요한 사항은 이 책은 교류분석(Transactional Analysis: TA)이 어떻게 교육현장에서 활용되는지에 대한 우리의 두 번째 저서라는 것입니다. 첫 번째 책은 『행동 개선과 자존감 키우기』입니다(2001, 역시 데이비드 풀턴에서 출판되었다). 이 책을 읽기 위해 첫 번째 책을 읽을 필요는 없습니다. 이 두 책은 서로 상호 보완적인 제목과 내용을 가지고 있습니다. 첫 번째 책에서는 어떻게 TA 개념을 학교나 교실에서 설명할 수 있는지를 보여 줍니다. 또 우리는 TA 중심의 아이디어를 어떻게 교육과 학습의 관계 측면에서 사용하는지를 설명하였습니다. 그리고 실례가 되는 사례연구와 자료를 제공함으로써 TA 실천가가 교육현장에서 TA 이론을 자신의 상황에 맞게 보다 원활하게 활용할 수 있도록 용기를 북돋우었습니다.

이 책이 출간된 이후 교사나 학교 관계자, 그리고 다른 전문가로부터 아이들과 청소년에게 어떻게 TA를 적용했는지에 대한 수많은 이야기를 듣게 되었습니다. 어려움을 극복하고 성장과 발전을 도모하는 성인과 청소년 덕분에, 끈기에 대한 이야기, 창의성, 그리고 그들의 풍부한 자원을 보여 주는 것으로 이 책은 성공적일 수 있었습니다. 또한 우리는 TA를 그들의 일에서 동료와 학생에게 적용하는 전문가의 수가 늘어 간다는 것도 알 수 있었습니다.

반복된 피드백 중 하나는 TA의 기반이 되는 중심 철학에 관한 호기심의 증가였습니다. 그중의 첫째는 우리가 스스로 OK라고 생각하고 타인도 OK라고 여길 때 관계의 아름다움과 문제 해결이 가장 효과적일 수 있다는 것입니다. 이것은 두 번째 중심 철학으로 연결이 되는데, 누구나 정보를 받아들이고 선택을 생각하고 결정을 내리는, 생각할 수 있는 능력을 가지고 있다는 것입니다. 세 번째 중심 철학은 누구나 배우고 변화하고 성장할 수 있다는 것입니다.

- 나도 OK고, 너도 OK다.
- 모든 사람은 생각할 수 있다.
- 누구나 변화할 수 있다.

TA의 이러한 핵심 개념은 교육현장에서 무슨 일이 일어나고 있는지에 대해 다양한 차원에서의 관심과 토론을 불러일으켰습니다. 그리고 많은 교사가 이 중심 철학을 인식하고 실천하기 위해 벽에 붙여 놓기에 적절한 문장들로 만들었습니다.

말한 대로 실천하기

이 두 번째 책은 이미 TA를 사용하는 실천가를 격려함과 동시에 TA개념에 대한 더 높은 수준의 이해를 돕고 적용하는 데 도움이 되기를 바라면서 만들게 되었습니다. TA를 처음 접하는 사람을 위해서는 TA에 대한 흥미와 학습의 과정으로써, 그리고 교육자의 역할에 또 다른 접근법을 발견하는 것으로 이 책을 사용하게 되기를 바랍니다.

이 책이 첫 번째 책과 다른 점이 있다면 이론만 설명한 것과는 반대로 TA 아이디어의 적용에 대한 설명을 굉장히 강조했다는 데 있습니다. 모든 저자는 학생과 교사, 그리고 최근에 이들 간의 직접적인 활동에 대한 그들의 이야기를 자세히 또는 함축적으로 소개하고 있습니다. 저자들은 모두 교육현장에서 학생, 교사, 교육관계자 들과 활동을 하는 이론가이자 실천가이며, 이들의 설명은 교육현장에서 직접 체험한 매우 사실적인 상황과 TA에 대한 통찰이 결합된 것입니다. 저자들은 모든 사례에서 어떻게 TA를 적용했는지에 관해 설명을 하였습니다.

전문가들의 경험에 대한 많은 책이 있지만 이 책이 다른 점이 있다면 만들어진 과정의 차별성입니다. 저자들은 자신이 저술한 장에 대해서는 각자의 책임을 가지고 있었지만 개인의 장을 넘어서 서로 공동으로 작업을 한다는 의도적인 목표가 있었습니다. 바꾸어 말하면, 각 저자들은 서로 도움말을 주면서 격려하고, 개정하고 각 장에 대해 피드백을 하면서 책의 전체적인 구조를 만들었다는 것입니다. 저자들 사이의 공통적인 믿음은 다양성과 협력이 힘과 가능성을 이끌어 낸다는 것이었고, 책을 만든 모든 과정은 '말한 대로 실천하기' 를 직접 보여 주었다고 할 수 있습니다.

책의 내용

『행동 개선과 자존감 키우기』가 2001년에 출간된 이후 교육 관계자들의 업무에 관련된 안내나 프로그램이 전국적으로 새로운 지역에 많이 소개되었습니다. 교육청의 행동 개선 프로그램은 전국의 많은 지역에서 참여와 다양한 전문적 훈련을 주제로 확장되었습니다. 비슷하게 'Key Stage 3' (영국의 학교교육 프로그램)과 '초등전략' 은 교실에서 학생들의 행동 개선뿐만 아니라 성장과 관련된 측면에서 학생들의 흥미와 활동을 엄청나게 유발하였습니다. '국제 어린이 펀드 프로그램' 과 정착하고 있는 Sure Start(영국 정부에서 1998년에 어린이들이 최고의 인생을 시작하게 해 주자는 취지에서 만든 프로그램과 같은 학교부서를 초월한 프로그램)를 포함하여 '모든 학생의 문제(HMSO, 2003) 지침' 의 강력한 영향은 학교 정규 교과내용의 외부에서 교육현장에서 발생하는 문제나 어려움의 해결을 지원하는 다각적이고 빠른 개입의 중요성을 증폭시켰습니다. 보다 더 구체적으로 말하면 학생들의 문제 해결에 '정서'를 활용하는 것, 논리적으로 생각하고 설득력 있는 사람이 되기 위해 필요한 '생각 기술', 점점 속도가 붙어 어려워져 가는 교육(이전에는 중학교 3학년이 배우던 것을 이제는 초등학교 6학년이나 중학교 1학년이 배우게 되는 것), 다중 지능[1] 등에 대한 증가하는 관심은 1990년대의 행동, 교육, 학습보다 더욱 차별화된 개념으로 이동하고 있음을 가리킵니다.

---

1) 하버드대학교의 교육심리학과 교수인 가드너(Howard Earl Gardner, 1943~)는 사람의 잠재 능력을 IQ로 평가했었던 과거와는 달리, 잠재 능력을 숫자가 아니라 '영역'으로 표현해야 한다고 말한다. 모차르트는 음악, 피카소는 그림, 아인슈타인은 논리와 수학, 셰익스피어는 언어 능력이 발달한 것으로 본다. 따라서 그 사람이 무엇에 소질이 있는지를 살펴볼 필요가 있다고 한다. 다중지능이론에 의하면 모든 인간은 여덟 가지 지능을 타고나고, 그 지능이 서로 소통하고 결합하여 각 개인은 고유한 능력을 지니게 된다. 여덟 가지 지능은 ① 언어 지능(Linguistic Intelligence)으로 단어의 소리, 리듬, 의미에 대한 감수성이나 언어 기능에 대한 민감성과 관련된 능력, ② 논리-수학 지능(Logical-mathematical Intelligence)으로 추상적 관계를 응용 판단하고 수와 논리적 사고를 사용하는 능력, ③ 공간 지능(Spatial Intelligence)으로 시·공간적 세계를 정확하게 인지하며 3차원 세계를 잘 변형시키는 능력, ④ 신체-운동 지능(Bodily-kinesthetic Intelligence)으로 운동감각, 균형, 민첩성 등을 조절하는 능력, ⑤ 음악 지능(Musical Intelligence)으로 음악에 대한 전반적인 이해와 음에 대한 지각력, 변별력, 변형 능력, 표현 능력, ⑥ 대인관계 지능(Interpersonal Intelligence)으로 다른 사람들과 교류하고, 그들의 행동을 해석하는 능력, ⑦ 자연친화 지능(Naturalistic Intelligence)으로 자연현상에 대한 유형을 규정하고 분류하는 능력과 주변 환경의 특성을 고려해 일을 처리하는 능력, ⑧ 자기이해 지능(Intrapersonal Intelligence)으로 자기 자신을 이해하고 느낄 수 있는 인지적 능력을 말한다.

우리는 어떻게 실천가들이 현재 학교문화와 관련 법의 전후 맥락 속에서 TA 개념을 활용하였는지에 대해 설명을 했습니다. 이 책에서는 힘든 고통을 이겨낸 학생이나 부모, 또래, 학교의 과도한 요구와 압박감으로 지쳐 쓰러진 이야기가 아니라 실천가들이 교육자, 학생 그리고 학교기관이라는 세 당사자들에 대한 존중과 통합에 바탕을 둔 전략을 세움으로써 어떻게 더 나아지도록 하는지에 대한 방법을 이야기하고 있습니다. 이 이야기들은 우리의 시간, 우리의 아이들 그리고 우리 학교에 관한 극히 중요한 이야기들이라 할 수 있습니다.

저자들

저자들은 주로 써튼 TA 훈련그룹에서 활동하는 분들로 구성되었고, 글을 쓸 당시 3년간 함께 일을 하고 있었습니다. 어떤 구성원은 몇 년 더 학교나 교사, 학생들을 효과적으로 지원하는 일을 함께 하기도 했습니다. 영국의 주요 교류분석가가 포함된 저자들은 현재 교육현장에서 전문가로 일하고 있습니다.

우리는 교육자로 모든 경력을 영국 북부지역의 빈곤지역 초등학교 교사로 헌신한 린다 핼라비(Linda Hellaby)의 이야기를 소개합니다. 부주임교사로서 그녀는 TA를 학생들에게 직접 적용한 선구자 중의 한 사람이었습니다. 그녀가 집필한 장에서는 교실에서 TA 주요 개념을 사용해서 흥미롭고 효과적인 다양한 전략을 보여 줍니다. 또한 학생들에 대한 깊은 이해와 적절한 반응이라는 두 가지 면에서, 그리고 학생들이 그들의 생활을 잘 관리하는 도구로 TA를 사용했다는 점에서 의미가 크다고 하겠습니다. 린다의 이야기를 더 보완하는 차원에서 피터 쇼튼(Pete Shotton)이 고등학교에서의 경험을 쓴 이야기가 있습니다. 처음에는 특별히 학습에 있어서 도움이 필요한 아이를 대상으로 하였지만 피터는 지난 4년간 성공적이고 매우 긍정적인 평가를 받은 '배움의 멘토' 팀을 개발하였습니다. 센트럴 맨체스터에 있는 남자아이들의 중 · 고등학교에서 피터는 어떻게 그의 팀이 학교문화와 학생 개인의 경험에 영향을 끼쳤는지 설명을 합니다. 청소년과 직접적으로 작업한 역동과 정규 교육 내용으로 TA 생각이나 행동을 적용한 두 가지를 설명하고 있습니다.

다음 장은 써튼의 LEA 행동 지원 서비스의 활동에 초점을 맞추었습니다. 런던 남쪽에 자리 잡고 있는 이 서비스 팀은 지역의 고등학교나 초등학교를 지원하는 매우 의미 있고 성공적인 모델을 개발하였습니다. 서비스는 TA를 주로 이용하였으며, 전체 팀은 적어도 초급 단계 수준의 내용을 적용할 수 있는 교육을 받았고 팀을 이끄는 대부분의 멤버는 심화 단계의 교육과 감독을 책임지고 있습니다. 이 일에 있어서 중요한 개념은 발달단계모델입니다. 팀의 멤버인 질 웡(Gill wong)과 패트리샤 브레이크(Patricia Blake) 그리고 팀 리더인 엠마 브래드쇼(Emma Bradshow)는 어린이와 어른들의 발달단계모델이 끼치는 영향과 발달 단계에 필요한 '긍정적인 지지어'에 대한 생생한 설명을 하였습니다. 개인적으로, 그리고 써튼 팀원의 한 사람으로 일을 하는 앤씨어 하딩(Anthea Harding)은 개인 지도로 일한 사례에 대한 자세한 경험을 얘기해 줍니다. 그녀는 TA 개념과 어린이, 청소년 모두에게 효과적으로 감정을 다루는 과정이 포함된 전략을 잘 조합한 예를 보여 주고 있습니다. 써튼의 마지막 저자는 학교에서 이마고 이론을 사용하여 어떻게 집단을 이끄는지 사람들에게 알려 주었습니다. 엠마 브래드쇼와 질 윙은 이마고의 발달 과정을 풀어 나가면서 어떻게 이것이 교실현장에서 개인적 개입에 적용하였는지를 들려줍니다.

벤 위(Ben Wye)는 웨스터민스터 LEA의 행동지원 교사로 일하고 있습니다. 그의 일 중 하나는 고등학교에 진학하는 아이들이 준비를 할 수 있도록 하는 것을 목적으로 지역사회에 기반을 둔 프로젝트를 만들고 개발하는 것입니다. 그가 집필한 장에서는 어떻게 TA의 아이디어가 잠재적 왕따를 다루는지에 대한 실질적인 접근을 제공합니다. 또한 그의 설명은 학생 집단에서 TA 교육을 직접적으로 교육하는 것에 대해 잘 설명하고 있습니다.

대부분의 장이 학생들에게 TA를 가르치고 적용하는 것에 초점을 맞추고 있는 반면, 마지막 저자인 길스 바로우(Giles Barrow)와 트루디 뉴턴(Trudi Newton)은 학교 교사, 교육 관계자들과 함께한 자문 서비스와 지원에 대해 보여 줍니다. 길스 바로우는 교사이면서 교육현장에서 교류분석가로 일을 하고 있습니다. 그는 전문가 집단과 학부모, 학생들과 함께 일을 하면서 TA로 관계를 이해하고 자각을 높일 수 있도록 소개하고 있습니다. 그의 장에서는 학교 관리자의 역할에서 동료들과 함께 일하는 것에 대해 생각하게 해 주고 해결중심 기술과 게임 이론을 덧붙여서 생각하게 합니다. 트루디 뉴턴은 성인 교육가이자 교류분석 교육 지도감독자인데, 몇 년에 걸쳐 이 책의 저자들과 워크숍, 전문성 개발 집단을 통해서 TA 아이디어를 나누고 감독과 자문을 해 오고 있습니다. 그녀의 장에서는 교육적 철학과 새로운 TA 발달 간의 연결에 관해서 얘기합니다.

이 책의 사용에 대한 아이디어

우리는 이 책을 사용하는 독자들이 다양할 것이라 기대합니다. 그중에는 이미 TA를 활용하는 전문가도 있을 것이고, TA를 처음 접하는 독자, 그리고 학교나 교실에서 행동 개선과 자존감 향상을 위한 아이디어를 찾고 있는 독자도 있을 것입니다. 그리하여 우리는 각 장의 내용을 간략히 정리하였는데 독자들이 책에서 원하는 것을 찾을 때 편리하게 사용하길 바랍니다.

마지막으로 사례연구 자료에 대한 언급입니다. 모든 사례에서 저자들은 학생, 교사 그리고 학교 등이 알려질 수 있는 경우에 대비해 가명을 사용하였음을 밝힙니다.

장	주요 TA 개념	장 면	주 제
초등학교 현장에서 TA 활용하기 (린다 힐라비)	라켓, 자아상태, 스트로크	정규 초등학교	학생들에게 TA 교육
먼저 다가서기-도심지역 중 · 고등학교에서 안정적인 멘토 서비스 구축하기(피트 쇼튼)	문화 각본, 금지령들, 허가, 교류	정규 고등학교	멘토링
발달 주기에 따라 적용하기-실제 나이보다는 발달 주기에 맞추기(질 웡, 엠마 브래드쇼)	발달 단계	초등학교와 중·고등학교의 행동 지원	정서 발달
TA 식으로 생활하기-헨리 마티스에게 보내는 편지(패트리샤 블레이크)	발달 단계	초등학교 행동 지원	정서 발달
나는 바른 모자를 쓰고 있는가 -TA를 이용하여 질적인 개인 상담하기(앤씨어 하딩)	발달 단계, 드라이버, 자아상태, 교류	초등학교와 중·고등학교에서 개인 상담	심리치료적인 교육
나는 밖에 있는 거야 안에 있는 거야-이마고 이론을 사용해서 효과적인 집단 작업 발달시키기(엠마 브래드쇼, 질 웡)	이마고 이론	초등학교에서 행동 지원	집단상담 과정
동물원이다-드라이버와 허가를 이해함으로써 왕따 극복 전략 만들기(벤 위)	드라이버 행동, 발달 단계, 금지령, 허가	이행기: 초등학교에서 행동 지원	이행기: 집단 괴롭힘 대응법
드라마 삼각형 역할에 빠지는 위기에서 벗어나기-학교관계자들은 게임 이론을 자율성 촉진에 어떻게 사용하는가(길스 바로우)	드라마/승자의 삼각형, 게임 이론, 자율성	초등학교, 중·고등학교의 관리팀	동료 간의 효과적인 관리
학교에서의 3차원 긍정성-3차원 긍정의 수용을 통한 긍정적인 학교문화 발달시키기(트루디 뉴턴)	인생 태도, 문화각본, 자율성	리더십-초등학교와 중·고등학교	교육적 TA: 학습 과정

TA 용어

이 책에서 소개하게 될 대부분의 이야기는 '교실에서 자아존중감 기르기와 행동 개선'에 소개된 TA 이론과 아이디어에 관한 것이다(Barrow et al., 2001). 어떤 아이디어들은 기존 TA 이론 속의 개념이 보다 확장된 것이고, 어떤 아이디어들은 새로운 소개들이다. 다음에 요약해 놓은 용어 정의는 이 책의 전체에서 사용된 것이고, 여러 장에 걸쳐서 소개된 활동에 적용되었으며, '*행동 개선*' 차원에서 늘 논의가 되었다. 페이지 18의 도표는 각 장에 포함된 TA의 핵심 개념들이 각 장에서, 그리고 학교에서 어떻게 적용되었는지를 보여 준다. 다음에 설명되는 각 단락의 제목은 '*행동 개선*' 관련된 TA 이론의 개념이며, 각 제목 아래에는 관련된 아이디어들을 그룹화하였다. TA 이론에 포함되는 모든 주요 용어는 이탤릭체로 표시되었다.

TA 원칙

TA의 철학과 가치는 서문에서 세 개의 서술로 제시되었다. 이것들은 TA 사고의 근거이고 TA 이론으로 개발되고 사용되어 온 모든 영역을 아우르는 개념과 도구가 지향하는 출발점이다. 여기서 강조하는 각 개인은 특별하다는, 그리고 그들이 이미 자원을 가지고 있다는 고유한 가치는 다음의 장에서 설명하게 될 모든 실천의 받침이 될 것이다.

자아상태

자아상태모델은 TA 이론에 있어서는 기본 골격이 되는 부분이다. 자아상태란 "일관된 유형의 감정과 경험이며 이와 부합하는 일관된 유형의 행동이라고 정의된다(Berne, 1964). 그것은 때로 PAC(어버이, 어른, 어린이)로 설명된다. 자아상태모델의 자세하고 충분한 설명은 바로우(Barrow et al., 2001: 13–16)에서 찾을 수 있다.

제1장에서 린다 힐러비(Linda Hellaby)는 어떻게 학생들에게 PAC를 가르쳤는지 보여 주었다. 그녀는 어떻게 우리의 경험, 성격 구성으로부터 어버이, 어른, 어린이 자아의 '내용'을 이끌어 낼 수 있었는지에 관한 자아상태 구조와 우리가 타인과 교류할 때 우리가 '기능하고 행동' 하는 상이한 방법에 관한 기능 모델에 대해서 설명하였다. 후자의 '행동'과 관련된 번(Berne)의 정의에서 '행동방식들' (Temple, 1999)이란 용어는 각 자아상태 기능의 방식과 관련되는 긍정적 · 부정적인 행동을 보여 주는 것으로 사용한다고 하였다(Barrow et al., 2001: 16 방식의 특성에 관한 표를 참고하시오). 제5장에서 앤씨어 하딩(Anthea Harding)은 어떻게 자아상태가 행동과 연결되는지 잘 보여 주고 있다. 그녀는 학생들의 효과적인 대화와 행동 변화를 이끌어 냄에 있어서 적합한 교류방식을 선택하기 위해 그녀의 통합된 어른 자아를 어떻게 사용하는지 설명한다. 통합된 어른 자아란 어떤 행동방식이 갈등 해결 촉진에 가장

성공적인지 결정하기 위해 지금-여기에서 자각과 현실 점검을 함에 있어서 어른 자아가 역동적인 역할을 하는 것을 의미한다.

제5장에서는 또한 자아상태 활용의 매우 다른 상황이 공생모델을 통해 그려진다. 공생이란 두 사람이 활용할 수 있는 여섯 개의 자아상태 중 단지 세 개만 함께 사용하는 것으로 마치 두 사람이 한 사람인 것처럼 여겨지는 것을 말한다(Schiff et al., 1975). 나머지 다른 자아상태는 에누리되는 것으로, 이것은 어떤 식으로든 최소화하거나 에누리되는 것을 말한다.

교류

교류는 자극과 반응의 상호작용으로 이루어진다. 교류는 상보, 교차, 이면교류가 있으며(Barrow et al., 2001: 17-19), 어떤 자아상태에서도 왔다 갔다 할 수가 있다. 제5장에서 하딩(Harding)은 과녁교류라고 알려진 공감적 방식의 발전된 교류를 소개한다(Woolams & Brown, 1978). 이것은 한 사람의 어른 자아상태에서 다른 사람의 어버이 자아상태(그들의 가치와 태도의 인정), 어린이 자아상태(감정의 인식), 그리고 어른 자아상태(다른 사람의 생각을 지지)로 향해서 교류를 보내는 것을 말한다.

제2장에서 피터 쇼턴(Pete Shotton)은 P1, A1, C1(2차 구조모델)이라고 불리는 어린이 자아상태 속의 더 일찍 발달된 자아상태를 포함한 다양한 자아상태 간의 아홉 개 형태의 교류를 포괄하는 화이트와 화이트(White & White, 1975)의 모델을 적용하여 보여 주고 있다.

드라마 삼각형

이것은 박해자, 구원자, 희생자 세 가지 역할과 함께하는 심리적 게임을 설명하고 분석하는 방법이다(Karpman, 1968). 승자의 삼각형(Choy et al., 1990)은 긍정적인 형태인데, 이것은 드라마 삼각형의 '좋은 의도' 측면에서 파생된 것이다.

제8장에서 길스 바로우는 갈등을 해결하는 도구로써 삼각형을 잘 설명하고 있는데, 여기서 그녀는 드라마에서 승자의 삼각형으로의 이동을 용이하게 하는 해결중심기법의 활용에 대해 잘 묘사하고 있다. 해결중심 생각이란 '사람들이 자신이 원하는 삶을 만들어 나가기 위한 방법을 발견하도록 돕는 도구'이며(Ajmal & Rees, 2001), '변화를 용이하게 하고 새롭게 희망을 불러일으키는 것을 기준으로 해결방식을 찾는 것'이다(Rhodes & Ajmal, 1995). 길스 바로우는 TA와 해결 중심 개념을 어떻게 함께 사용해서 동료들 사이의 관계를 나아지게 만들 수 있는지를 보여 준다.

때로 우리는 게임하는 것을 갑자기 멈추게 될 때 라켓적 감정에 연결이 된다(English, 1971). 이런 것들은 생각, 느낌, 행동에 있어서 진실하지 못하고 조작하는 수단들이다. 제1장에서 린다 힐러비(Linda Hellaby)는 어린이들이 그들의 진실한 감정의 인식과 표현을 가능하게 하는 좋은 아이디어를 세밀하게 탐색했다.

스트로크

스트로크는 인간에 대한 인정의 한 단위다. 우리 모두는 타인이 우리를 알고 수용과 승인의 긍정적인 스트로크를 주는 것을 더 좋아한다는 것을 알고 있다. 만약 우리가 그러한 것들을 충분히 받지 못할 때 우리는 거절이나 불인정 같은 부정적인 스트로크라도 받으려 한다. 제1장에서 힐러비는 스트로크야 말로 건강한 발달에 무엇보다 중요한 것이라는 것을 보여 준다. 무조건적이고 긍정적인 스트로크는 때로 따뜻하고 부드러운 것(warm fuzzies)이라고 불린다. 동시에 조건적이며 부정적인 스크로크는 차갑고 꺼칠한 것(cold pricklies)이라고 불린다.

인생 태도(세상을 보는 창)

TA의 기본은 긍정성(OK–ness)이라는 생각이다. 나도 좋고 당신도 좋다(I' m OK, you' re OK)는 TA에 대해 조금밖에 모르는 사람이라도 알고 있는 유명한 구절이다. 이것은 네 가지 가능한 인생 태도(Berne, 1962), 혹은 마치 상이한 창을 통해 세상을 보듯 세상을 보는 방식(Hay, 1996)을 나타낸다.

다른 것으로는 나는 좋은데 당신은 좋지 않다(I' m OK, you' re not OK), 나는 좋지 않은데 당신은 좋다(I' m not OK, you' re OK) 그리고 나도 좋지 않고 당신도 좋지 않다(I' m not OK, you' re not OK)가 있다.

제9장에서 트루디 뉴턴은 3차원적 긍정성(Davidson, 1999) 속에 이러한 아이디어를 발전시켜 학교문화의 변화를 고려한 매우 의미 있고 건강한 모델로 제공하였다.

인생각본

각본, 혹 인생각본은 우리가 어린 시절 우리 자신에 대해, 타인에 대해, 그리고 세상에서 나의 위치에 대한 믿음과 결단의 세트다. 우리의 각본 발달에 중요한 영향을 끼치는 것은 우리가 성장하고 있는 문화다. 문화각본은 우리의 어버이 자아로 가지고 들어오며 가치, 생각, 행동(때로 우리가 인식하지도 못하는)에 영향을 끼치며, 또한 우리가 익숙하지 않은 상황에서 어떻게 행동하고, 생각하고 느끼는지에도 영향을 끼친다. 그것은 우리의 민족성, 인종집단, 사회 계급, 가족 상황, 그리고 성에 의해서도 결정된다. 우리는 또한 (은유의 하나로) 기관과 집단에도 문화각본이 있다고 말할 수 있다. 제2장에서 피터 쇼튼(Pete Shotton)은 이러한 아이디어를 탐색하고 분석해서 부정적 믿음과 행동 패턴이 강화된 학교에서의 굉장한 변화에 대해 얘기한다.

드라이버

각본의 한 부분인 드라이버 메시지 형태는 만약 그것을 우리가 따르기만 한다면 괜찮다는 '조건적인 긍정'을 제공한다. 스트레스 상황에서 우리는 메시지를 '듣고' 우리가 간단하게 '드라이버들'이라고 알고 있는 드라이버 행동으로 들어간다. 제7장에서 벤 와이(Ben Wye)는 드라이버에 대해 자세히 기술하면서 어떻게 어린이들에게 적절한 허가와 허용을 주어서 도움이 되지 않는 드라이버 행동에서 탈출하고 스트레스 상황에서라도 자율적으로 되는지를 보여 준다.

각 드라이버는 생각하기, 느끼기, 행동하기 중 선호하는 순서[1]와 관련이 있다. 이런 것들은 접촉하기 위한 문[2]이라고 알려져 있다. 어떤 사람이라도 그러한 드라이버에게 접근하는 가장 효과적인 방식은 그들의 '접촉을 위한 방문' 혹은 '문을 여는 것'인데, 이것은 세 개 중의 어느 것이라도 효과적이다(Ware, 1983). 제5장에서 하딩(Harding)은 학생들과의 접촉과 만남이 잘 이루어지도록 함에 있어서 이 기법을 어떻게 사용했는지를 보여 준다. 드라이버에 관련된 이론은 바로우(Barrow et al., 2001: 109, 112–118)에서 더 볼 수 있다.

발달 주기

발달주기모델은 파멜라 레빈(Pamela Leven, 1982)에 의해 구상되었다. 이 모델에서는 인간이 태어나서부터 19세까지 어린이의 발달 단계를 설명하였고, 그 이후는 전생에 걸쳐 재생된다고 하였다. 진 이즐리 클락(Jean Illsley Clarke)은 부모 교육자(Clarke & Dawson, 1998)를 위해 이 모델의 교육적 가능성을 향상시켰다. 우리는 그녀의 모델을 학교에서 사용 가능하도록 더욱 각색하였다. 바로우(Barrow)의 발달 단계와 이와 관련된 '긍정적 지지어'는 세 가지 새로운 '단계'를 더해서 부록 1에 실었다. 더욱 자세한 설명

---

1) 여기서 선호하는 순서란 개인이 일련의 각본 신념, 감정, 행동 중 이와 관련된 특정 드라이버에 많은 영향을 받고 있는가에 따라 완벽하게 하라, 기쁘게 하라, 열심히 하라, 강해져라, 서둘러라 중에서 어느 하나에 쫓기게 될 것이라는 의미다.

2) 각 드라이버는 몇 초에서 몇 분 내에 일어나므로 이른바 짧은 시간 내에 전체 인생각본의 과정을 재연하므로 각본에 다가갈 수 있는 통로의 문이 된다는 의미다.

은 학교에서 적용은 바로우(Barrow et al., 2001: 73-82)를 참조하기 바란다.

이 모델은 이 책의 모든 저자의 '생각하는 틀' 의 중심점이 되었다. 3, 4, 5장에서는 써튼(Sutton) 행동 지원 팀의 생각을 보여 주는 주요한 방식과 실제 사례 연구는 얼마나 이 모델이 효과적으로 진단하고 개입할 수 있는지를 보여 준다.

계약

TA의 실천에서, 계약은 모든 관련된 당사자들 사이에 상호 결정한 긍정적인 결과에 대해 다각적으로 협상된 합의다. 비록 계약이 어떤 장에서도 주요한 도구로 언급되진 않았지만 그것들은 모든 저자의 실천에서 기본이 된다(Barrow et al., 2001, 1, 3장을 볼 것).

이마고

사람들의 집단 이마고(Berne, 1963)는 집단이 무엇인지, 혹은 어떠해야 하는지에 대한 마음의 그림인데, 이것은 가족이라는 최초의 집단을 포함해서 예전의 집단 경험이 근거가 된다. 제6장에서 엠마 브래드쇼와 질 웡은 집단의 민감한 부분을 통해서 한 소년의 이마고가 발달하는 단계를 보여 준다. 제9장에서 트루디 뉴턴은 교육적 철학과 실천의 다른 관점을 제시하기 위하여 이 아이디어의 발달을 설명한다.

차 례

01

초등학교 현장에서 TA 활용하기

— LINDA HELLABY

서 문

모든 선생님이 주지하는 바와 같이 학생들의 올바른 성장과 학습을 위해서는 학교라는 환경 안에서 학생들은 반드시 행복감과 안전감을 느껴야 한다. 또한 학생들은 상황에 적합한 행동을 할 수 있어야 하고 효과적인 의사소통, 자기 자각, 문제의 갈등 상황을 해결할 능력, 그리고 스스로를 어떻게 보호해야 하는지를 학교에서 배워야 한다. 이것은 공부와 더불어 학교에서 이루어져야 할 매우 중요한 일이다.

20년 전 나는 저소득층과 결손가정이 많은 도심의 학교로 부임했을 때, 내가 올바르다고 여겨 온 여러 가지 교육법을 실천해 보았지만 우리 반은 이내 아수라장이 되었고, 난 그러한 상황을 통제하기가 매우 어려웠다.

지푸라기라도 잡는 심정으로 아이들에게 TA 이론 중 스트로크(stroke)를 가르치기로 결심을 했는데, 그 이유는 스트로크가 아이들에게 '스스로 조금 더 가치 있는 사람'이 된 듯한 느낌을 줄 수 있었기 때문이다. 결과는 놀라웠다. 2주가 되지 않아 아이들은 말을 듣기 시작했고 효과가 나타났다. 교실에서 아이들은 의사소통과 또래들과의 좋은 관계 맺기를 어려워했기 때문에 나는 계속해서 아이들에게 TA를 가르치기로 결정했다.

새롭게 TA를 적용하려고 했던 그 당시에는 마땅하게 사용할 책이 드물었기 때문에 나는 TA를 활용한 나만의 초등학교용 강의 계획안을 고안하였다. 그리고 아이들에게 쉽고 학교생활에서 활용할 수 있는 실제적인 TA를 가르치기로 했다. 왜냐하면 매우 전문적인 영역의 용어를 생활과 교육현장에서 사용하는 일상적이며, 쉬운 언어로 가르쳐야 한다고 생각했기 때문이다.

내가 강의 계획안에 포함시킨 세 가지 영역은 다음과 같다.

- TA 이론에서 자아상태와 스트로크 개념을 활용하여 자신에 대한 더 큰 자각하기
- 자신의 진정한 욕구와 감정의 확인, 그리고 의사교류 학습을 통해 또래들과 잘 지내기
- 드라마 삼각형, 자아상태 진단과 자기주장기술을 활용하여 문제와 갈등 상황 해결하기

오늘날 대부분의 초등학교에서 실시하는 SHARING CIRCLES(교실에서 몇 개의 소집단을 나누어 이들 집단이 둥글게 둘러 앉아 서로 이야기하는 나누기 집단) 시간을 나의 반 아이들과 가졌다. 매일 하는 것이 더 이상적이겠지만 여건상 1주일에 서너 번 실시하였다. 나누기 집단을 시작하기 위해 아이들을 카펫 위에 둥글게 둘러앉게 한다. 그리고 아이들에게 이 시간은 우리가 우리 자신을 이해하고 서로를 아는 데 도움이 되는 특별한 시간임을 설명해 준다. 모든 집단에서 그렇듯이 집단에 참여하는 아이들의 변화를 위해 효과적인 매개체 역할을 하는 규칙이 필요하다. 이때 아이들이 규칙을 정하고, 교사는 긍정적인 피드백을 통해 규칙의 틀을 만들어 준

다. 집단의 성공을 위한 규칙의 수는 최대 여섯 개 정도가 적절하다. 일반적인 규칙은 다음과 같다.

- 한 번에 한 사람씩 이야기하기
- 손과 발은 사용하지 않기(예: 싸우지 않기)
- 다른 사람이 말하는 것을 주의 깊게, 그리고 예의를 지켜서 듣기
- 사정이 있는 경우 그냥 넘어가기(예: 돌아가면서 말할 때 자기 이야기를 하지 않아도 되는 것)
- 시간 지키기
- 느껴지는 대로 느끼기

라켓과 실제 감정

기본적인 규칙이 만들어지면 감정에 관한 것을 가르치는 것으로 시작한다. TA 이론에는 네 가지 진실한 감정이 있다고 명시되어 있는데, 분노, 무서움, 슬픔 그리고 기쁨이다. 이 외에도 우리가 경험하는 다른 많은 감정을 라켓 감정이라 부른다. 말하자면 걱정, 죄책감 그리고 혼란 등으로서 앞에서 말한 분노, 무서움, 슬픔, 기쁨도 때에 따라 라켓 감정이 될 수 있다. 파니타 잉글리쉬(Fanita English, 1972)는 "라켓이란 과거에 스트로크를 통해 허용된, 판에 박힌 반복되는 감정이다. 이러한 라켓은 금방 표면으로

드러나는 자기 것이 아닌 이질적인 형태의 실제 감정으로 매번 표현된다."라고 하였다. 스튜어트와 조인스(Stewart & Joines, 1987)는 더 발전된 정의에서 "라켓 감정은 사람들이 어린 시절 여러 가지 다양한 스트레스 상황에서 배우고 장려되어 온 친숙한 감정으로, 성인으로서 문제를 해결하는 데 부적응을 초래하는 감정"이라고 하였다. 다음의 예는 어떻게 이런 상태가 시작되는지를 보여 준다. 이 사례에서 아이는 자신의 감정을 이해하게 되었고, 그러한 감정을 진실되게 표현하고 행동할 것을 결심한다.

사례 case

헬렌은 TA식으로 길러졌는데, 그녀의 부모는 항상 그녀가 원하는 대로 느껴도 좋다고 했다. 헬렌이 세 살이 되었을 때, 그녀는 매우 좋은 유치원에 다니게 되었다. 그녀의 부모는 아이가 질 높은 유치원 교육을 받을 수 있는 것에 무척 기뻐했다. 그런데 4개월 정도가 지나면서 그들은 헬렌의 행동이 좋지 않게 변화하는 것을 보고는 힘들어했다. 아이는 늘 징징거리거나 울었고 필요한 게 있어도 요구하지 않고 그저 슬픈 표정을 하며 주위를 돌아다녔다. 헬렌이 왜 이러한 행동을 하는지는 어느 날 유치원으로 헬렌을 데리러 가서야 알 수 있다. 나는 교실 뒤에 눈에 띄지 않게 앉아서 헬렌을 지켜보았다. 헬렌이 가장 좋아하는 유치원 교사는 우는 아이에게 우선 주의를 기울여 맨 먼저 그 아이를 안아 주고는 흐느낌이 잦아지면 이야기 시간에 아이를 자기 자리에 앉혀 놓았다. 헬렌과 집으로 걸어가면서 나는 아무렇지 않은 듯이 내가 본 것에 대해 이야기를 꺼냈다. 헬렌은 곧 이 특별한 교사와 함께하는 것이 얼마나 좋은지 그 심리적 이득에 대해 술술 말을 하기 시작했다. 즉, 교사와 함께 의자에 앉는 것, 안아 주는 것, 친절하게 해 주는 것, 다른 아이들이 갖고 놀고 싶어 하는 장난감을 갖고 노는 것, 그리고 다른 많은 장점에 대해서도 이야기했다. 나는 아이들이 울었던 것에 대해 말했는데, 헬렌은 아무렇지 않은 듯 말했다. 유치원 교사는 헬렌이 슬퍼하는 것을 싫어하기 때문에 만약 헬렌이 그런 상황이라면 기운을 북돋아준다는 것이다.

나는 이 일에 대해 매우 예민하게 반응하고 있는 헬렌의 부모에게 내가 관찰한 것들을 이야기했다. 만약 헬렌이 라켓 행동(예: 징징거림)을 시작하면 헬렌의 부모도 헬렌 때문에 아마 슬프거나 두려운 감정을 느낄 것이다(이것은 그 순간에 적합한 감정이다). 헬렌이 "유치원에서 난 항상 슬퍼."라고 항변하면 헬렌의 부모는 "네가 그렇게 느껴야 한다면 학교에서 슬퍼하는 것도 괜찮아."라고 이야기하였다. 하지만 집에서는 헬렌이 느끼고 싶은 대로 느껴도 좋다고, 즉 진실한 감정을 느껴야 한다고 말해 주었다. 헬렌의 행동은 집에서, 그리고 유치원에서 점차 정상화되었고, 헬렌은 '항상 우는 것은 지루하다' 고 말했다. 만약 이런 행동이 이해되지 않는 가정에서 성장하였다면 헬렌은 슬픔에 대한 라켓 감정을 발달시켰을 것이다.

나는 아이들에게 라켓 감정에 대해 가르쳤다. 스튜어트와 조인스(Stewart & Joines, 1987)의 이론에 따르면 이러한 라켓 감정은 문제를 해결하는 데 전혀 도움이 되지 않기 때문이었다. 더 나아가 사람들의 진실한 감정은 라켓 감정의 여러 층 안에 혼재되어 있다. 그러므로 이러한 감정은 상황을 해결하는 데 적합하지 않은 것이다. 그것들은 또한 사람들이 자율성을 갖지 못하게 한다.

이 주제에 관한 첫 번째 나누기 시간에 나는 모든 사람은 네 가지 진실한 감정을 느끼는 경험을 한다고 설명하면서 칠판에 적었다. 이런 감정은 우리를 자율적으로 만들어 주며 문제를 해결하는 데 도움이 되고, 상황에 따른 적합한 감정이라고 설명했다. 그리고 나는 반 아이들에게 우리가 이런 감정을 느낄 때 어떻게 해야 하고 어떻게 느껴야 하는지에 대해 많이 생각해 보도록 했다. 그런 다음 집에서 부모님이나 돌봐 주는 사람이 너희가 어떤 감정을 느끼는 것을 좋아하는지, 그리고 가정에서 어떤 감정에 대해 스트로크를 받는지 물어보았다. 아이들은 대체로 "우리 엄마는 내가 슬퍼하는 것을 좋아하지 않아요, 행복하라고 말해요."라고 이야기했다. 아이들과 한동안 이야기를 나눈 후, 어떤 아이들은 집에서 화를 내지 않도록 하면서 그들은 슬퍼하거나 우울해할 때 스트로크를 받았다는 것을 발견할 수 있었다.

이 시점에서 나는 아이들에게 집에서는 부모가 원하는 대로 행동한다 해도 학교에서 만큼은 느끼는 대로 느끼고 그것을 올바르게 표현할 것을 강조하였다.

아이들이 자신의 감정을 인식하는 것을 허용하기 위해 예술을 활용한 활동

아이들이 그들의 진실한 감정을 보다 쉽게 경험하기 위해, 혹은 스스로에 대해 알아가기 위해 나는 미술과 드라마를 이용한 활동으로 성공적인 효과를 거두었다.

음악을 들으면서 그림을 그리거나 색 칠하기

- 아이들에게 특정한 감정을 암시할 것 같은 음악을 고른다.
- 아이들이 그들 스스로 알맞은 크기의 종이를 고르게 한다.
- 여러 가지 펜이나 그리는 도구를 제공한다(물감, 파스텔, 크레용 같은 것들이 가장 좋다).
- 음악을 틀어 주고, 이제 아이들이 음악을 듣는다.
- 아이들에게 음악이 연주될 때 그 안에서 만들어지는 느낌을 그림으로 그리라고 한다(나는 그 느낌들이 무엇인지 함께 이야기하지 않는다. 왜냐하면 자신의 감정에 잘 접근하지 못하는 아이들은 그저 제시되는 것에 따르기도 하고, 또는 다른 아이들의 감정을 따라할 수도 있기 때문이다. 만약 그들이 어떻게 할지 모르겠다고 말하면 나는 "괜찮아, 그냥 그림을 그리면 돼."라고 이야기한다. 보통은 진실한 감정이 나타나거나 그들의 라켓 감정을 알 수 있다).

아이들은 그림을 다 그리고 나면 자신이 그린 그림에 대해 기꺼이 이야기하려고 한다.

사례 case

2년 동안 나는 보호관찰 상태의 소녀를 가르쳤다. '로라' 라는 이름을 가진 소녀는 여섯 살이 될 때까지 학교를 가지 못했고 쓰레기통에서 음식을 뒤지다가 발견이 되었다. 그녀의 어머니는 마약중독자였으며 매춘을 통해 번 돈으로 마약을 구입하고 있었다. 엄마가 일을 할 때면 로라는 불 꺼진 벽장 속에 갇혀 있거나 엄마에게 이끌려 가서 일하는 방 한구석에 있었다.

로라는 심각한 심리적인 문제를 많이 가지고 있었고 두 곳의 초등학교에서 용납되지 않는 행동과 위험한 행동 때문에 퇴학을 당했다.

로라는 내가 앞에서 이야기한 활동을 적용하기 전까지는 매우 느리게 발전하고 있었다. 감정에 대해서 이야기를 하면 보통 그녀는 '그 따위 것은 하지 않겠다.' 며 크게 소리를 질렀으며, 교실에서 쫓겨날 때까지 그녀의 행동은 점점 더 심해지곤 했다. 그런데 한번은 로라가 조용히 종이를 선택하더니 파스텔 한 묶음을 집어 들고 혼자 앉아서 그림을 그리기 시작했다. 다른 학생들의 활동이 다 끝나자 그녀는 자신이 그린 그림을 나에게 보여 주고 싶어 했다. 그날의 음악은 페르 귄트 수트(Peer Gynt Suite)가 연주한 〈마운틴 킹의 현관에서(in the hall of the mountain king)〉였다.

로라는 그 음악이 무서움을 떠오르게 했다고 말했다. 그녀는 큰 들판에 길게 자란 풀이 가득한 그림을 그렸다. 아주 작은 형체가 그 풀 위를 걸어 가고 있었고 위의 양쪽 구석에는 엄마와 아빠라고 쓰인 관이 2개 있었다. 나는 그림에 대해 이야기해 줄 수 있느냐고 물었다. 로라는 작은 소녀가 그녀의 엄마와 아빠를 찾고 있고, 밀림 숲에서 길을 잃은 그녀는 부모가 죽은 것을 아직 모른다고 했다.

로라의 행동은 이 경험 후에 급진적으로 변화하였고 그녀가 두려울 때면 라켓적인 분노를 표출하는 것을 알게 되었다. 이것은 또한 그녀에게 지금-여기에서 혹은 과거의 자신의 감정을 탐험하는 것이 안전하다는 생각을 갖게 해 주었다.

감정을 다루는 작업에서 유용한 드라마 기술

- 관객이 지시하기: 영화 연출가의 역할과 같이 청중이 연기하는 사람의 연기나 반응에 직접 개입한다. 아이들에게는 연기할 대본이나 이야기를 준다. 청중은 두 번째 연습에서 어떤 시점에서든 끼어들어 배우에게 다르게 느끼거나 행동하라고 지시할 수 있다. 한번은 내가 이 기술을 우리 학급에 사용하면서 나는 아이들에게 신데렐라 이야기를 주고는 바꾸어 보라고 했다. 그리고 작은 남자아이가 어떤 제안을 하기 전까지는 꽤 느리게 진행되었다. 그 아이의 제안은, "나는 신데렐라가 혼자서 떨치고 일어나라고 하고 싶어. 불평은 그만하고 가서 직업을 찾아 그녀 힘으로 무도회 드레스를 사라고 하고 싶어." 였다. 그 뒤 다양한 제안이 쏟아졌다.
- 얼음땡(동작 그만): 청중들이 사진이나 조각 혹은 비디오의 정지

화면같이 배우들에게 연기를 멈추라는 신호를 할 수 있다. 이 것은 연기 중 특정 시점에서 변화를 만들어 내거나 감정을 탐험해 보는 데 유용하다.

- 생각 따라가기: 아이들에게 연기 도중 특정 순간에 자신의 역할에 대한 개인적인 생각과 느낌을 여러 사람 앞에서 이야기하도록 제안한다. 이렇게 함으로써 연기자(드라마에 참여하는 아이)들에게 그 순간에 무엇을 느꼈는지, 장면이 진행되면서 무엇을 느꼈는지, 혹은 이 연기의 원인과 결과가 어떻게 될 것이라고 생각하는지 물어볼 수 있다. 만약 연기자(아이)들이 답을 말하는 데 머뭇거린다면 다른 아이가 생각이나 감정을 말로 표현할 수 있도록 한다.

찰흙 이용하기 찰흙은 감정 표현 작업을 할 때 활용할 수 있는 또 하나의 유용한 재료다.

- 찰흙놀이를 통해 라켓 감정과 진실된 감정을 3D 야누스의 얼굴처럼 볼 수 있다(야누스는 로마 신화의 '새해의 신'으로 과거를 볼 수도 있고 미래를 볼 수도 있다). 아이들은 두 얼굴을 만들 수 있다(야누스처럼). 하나는 진실된 감정을 보여 주고 다른 하나는 라켓 감정을 보여 준다.
- 가면은 여러 가지 감정을 표현하며 만들 수 있다.
- 찰흙 반죽 덩어리를 치대는 것은 어떤 아이들에게는 카타르시스일 수 있다. 나는 보통 아이들이 그만하고 싶을 때까지

하도록 놔둔다.

다른 자극의 사용

- 시 혹은 이야기 등의 자극을 이용함으로써 아이들은 안전하게 자신의 감정을 느낄 수 있다. 자극 후에 아이들에게 그동안 표현해 왔던 감정의 모습을 그리게 한다.
- 드라마를 그림 완성하기와 함께 사용할 수 있는데, 먼저 드라마 기법에 나왔던 것 중 하나를 사용한다. 그런 다음 아이들에게 그림 속의 감정을 잡아내도록 한다.

'감정' 작업 적용

화난 감정과 친숙해지기 내 경험상 많은 아이가 어떤 형태로든 분노를 나타내는 것은 허용되지 않는다. 어떤 아이는 오직 분노를 폭력적인 방법으로만 표현하기도 한다. 그래서 나는 아이가 분노를 표현하는 것은 괜찮지만 다른 사람을 다치게 하거나 무엇인가를 망가뜨리지 않는 방법으로 표현해야 한다고 가르친다. 다음은 초등학교 교실에서 사용할 수 있는 다양한 방법이다.

- 한 뭉치의 신문을 찢어서 쓰레기통에 던지도록 준다.
- 두꺼운 검은색 크레용으로 신문에 낙서를 하게 한다. 세게 누를수록 만족감이 더 크다. 그런 다음 원한다면 찢게 한다.
- 자신을 화나게 한 것에 대해 그림을 그린다. 혹은 화나게 한 사람을 그리고 그 위에 낙서하기, 잘게 찢기, 도장 찍기, 오리

기, 원하는 대로 배치하기 등을 해 보도록 한다.

- 어떤 아이는 크게 소리 내는 것을 좋아한다. 나는 그 아이가 밖으로 나갈 수 있도록 도장을 찍어 준 뒤 소리 지르고, 외치고 화가 풀어질 때까지 운동장을 달릴 수 있게 한다.
- 큰 방석이나 스티로폼이 든 자루는 화가 풀어지게 하는 데 유용한 것들이다. 어른들이 보는 데서 아이들에게 신을 벗고 뛰고, 차고 방석을 두드리게 한다. 그들은 스티로폼 자루를 플라스틱 막대로 때릴 수도 있고, 방 안에 던질 수도 있다. 그러한 것들은 자신에게 심술 맞게 굴었지만 감정을 말하기에는 안전하지 않은 사람(친구, 또래)이라고 여길 수도 있다. 그러고 나서 아이들은 그 사람(친구, 또래)에 대해서 정확한 감정을 말할 수 있다.

이러한 모든 활동은 교사나 이것을 잘 이해하는 전문적인 지식이 있는 사람이 지켜보는 가운데 이루어져야 하며, 그들은 아이에게 자신이나 타인을 해치거나 물건을 파손하는 것은 안 된다는 것을 주지시킨다.

집에서 반드시 착하게 행동해야 하는 아이를 위해서 어떤 아이는 집에서 떠들고 번잡스럽게 행동하는 것이 허용되지 않는다. 사실, 어떤 아이는 소리를 내는 것도 허락되지 않는다. 이런 아이를 위해 나는 '재미난 시간'을 소개했다. 이것은 매일 점심시간 후에 바로 실시하였다.

- 아이는 자신과 함께 즐겁게 놀 친구를 선택한다.
- 그런 다음 아이에게 하고 싶은 것을 말하게 한다.
- 그다음 교사는 아이에게 하고 싶은 것을 하는 데 필요한 물품을 준다.
- 매일 점심시간 후 15분간 재미있게 놀 시간을 준다.
- 소도구로는 물총, 역할놀이 옷, 파티할 때 뿌리는 종이, 앉으면 방귀소리 나는 쿠션, 유머 책, 파티용 호루라기, 플라스틱 찰흙이 좋다.

이때 학교 직원이나 교사는 아이의 안전을 위해 관심을 가지고 지켜보지만 지시를 하지는 않는다. 교실 밖에서 15분 동안 놀 수 있도록 허락한다.

가족 구성원의 죽음 가족 구성원의 죽음은 어른에게도 엄청난 비극이지만 아이에게는 훨씬 더 충격적일 수 있다. 아이들은 흔히 가족의 죽음에 대한 책임을 스스로에게 돌리거나 혼란스러워한다. 왜냐하면 아이에게 죽은 가족 구성원이 그냥 사라져 버린 것이 아니라 죽었다는 것을 어느 누구도 말해 주지 않기 때문이다. 여기서 둘러앉아 이야기를 나누는 시간은 특별한 활동을 통하여 애도를 경험해 보아야 할 아이에게는 큰 도움이 될 수 있다. 학교에서 애도 의식과 관련하여 적합한 것으로 다음과 같은 것이 있다.

- 그 사람에 대한 추억의 책을 만든다. 가능하다면 그 사람이

죽어 가고 있을 때 책을 만들기 시작해서 그 책이 추억을 나누는 책이 될 수 있게 한다. 사진과 다른 추억할 만한 것을 모두 포함해서 만든다.

- 죽은, 혹은 죽어 가는 사람을 얼마나 그리워할지, 특히 어떤 것이 가장 그리울지에 대한 편지를 쓰게 한다.
- 나누기 시간에 아이에게 그 사람을 추억하는 데 필요한 것이 무엇인지 물어본다. 만약 그 아이가 잘 모르면 다른 아이에게 제안해 보도록 하고 애도하는 아이가 선택하게 한다.
- 아이에게 개인적으로 방문해야 할 특정 장소가 있는지, 아니면 어른에게 조용히 이야기할 것이 있는지 확실하게 알도록 한다.
- 큰 교회용 촛불 주위를 둘러앉은 다음 모든 아이에게 그들이 사랑하는 사람에 대해 혹은 사랑해 온 사람에 대해 생각하도록 한다. 아이들 중 누군가 모두에게 그 사람에 대해서 이야기하고 싶어 하면 그렇게 하도록 한다.
- 만약, 비슷한 경험을 한 두 아이가 서로 지지하고 이해한다면 두 아이는 곧 자신이 느끼는 감정이 정상적이라고 깨닫게 될 것이다.
- 아이에게 사랑하는 사람을 애도하는 것이 우리의 건강을 위해서 얼마나 중요한 일인지 설명한다. 애도의 단계에 대해서 설명하고 그들이 느끼는 감정이 점점 나아지고 있는 단계라는 것을 이해하게 한다.
- 아이들이 슬퍼하고 우는 것을 허용한다.

애도 최근까지는 아이들이 상실에 대해 이해하지 못하기 때문에 애도가 필요하지 않다고 생각했었다. 이것은 상당히 잘못된 생각이었다. 충분한 애도 과정을 거치지 않아서 학습이 힘들거나, 다른 사람의 기분을 맞춰 주어야 한다고 생각하거나 혹은 다른 사람의 기분에 맞추지 못해서 힘들어하는 아이들을 나는 많이 다루어 왔다. 이것은 학교에서 인식되어야 하는 중요한 문제다.

애도는 누군가가 죽었을 때만이 아니라 늘 일어나는 일이다. 학교에서 학기가 끝나는 몇 주 전부터 나는 애도와 관련된 일을 시작한다. 아이들은 새로운 학급으로, 새로운 학교로, 다른 교사에게로, 그리고 가끔은 새로운 친구에게로 옮겨가기 때문이다. 우리는 이것을 세 가지 단계로 진행하였다.

- 작년에 이룩했던 성과에 대해 이야기하였다. 그리고 즐거웠거나 슬펐던 일화에 대해서 이야기를 나누었다. 많은 아이가 친구와의 특별한 시간에 대해서 말을 했다. 나는 모든 학생에게 스트로크를 주었는데, 그들도 나에게 스트로크를 주었다. 이때 학생들은 친구들이 자신에게 써 준 스트로크가 적힌 특별한 스트로크 책을 만들기도 한다.
- 다음 단계는 아이들에게 내년에 그들이 그리워할 수 있는 일이나 올해와는 달라질 일에 대해서 말할 기회를 준다.
- 마지막으로는 각각의 아이들이 내년에는 어떻게 느낄 것인지, 무엇이 두려운지, 무엇을 기대하고 있는지 말하는 것이다.

해결되지 않은 애도는 아이들에게 무수히 많은 어려움을 줄 수 있다.

사례 case

워렌(Warren)이 우리 반에 들어왔을 때는 일곱 살이었다. 그 아이는 이미 파괴적이고 저항적인 행동을 보인다는 평판이 나 있었다. 그는 보육교사의 코를 부러뜨린 적도 있었고, 내가 처음 그 아이를 보았을 때는 이미 통제가 불가능해 보였다. 그는 반항적이고 파괴적이었으며 폭력적이었다. 나는 그 아이가 왜 이토록 심한 행동을 보이는지 원인을 찾을 수가 없었다. 워렌의 엄마는 매우 협조적이었는데, 이야기 중에 워렌이 두 살 때 아버지가 돌아가신 것을 알게 되었다. 그녀가 말하길, 정신과 의사가 워렌이 해결되지 않은 애도의 문제를 가지고 있다고 말했다고 했다.

같은 시기에 우리 반에 멜(Mel)이라는 아이는 자동차 사고로 돌아가신 아버지에 대한 애도를 겪고 있는 중이었다. 실제적으로는 멜과 작업을 하면서 나는 워렌을 그 작업에 끌어들일 수 있었다. 워렌은 애도의 단계를 거치면서, 특히 분노에 대한 감정에 집중했다. 그는 말로 잘 표현하는 아이였고, 마침내 자신의 감정도 말로 표현할 수 있게 되었다. 또한 워렌은 분노에 대해 많은 작업을 했는데, 미술이 그의 감정을 분명히 하는 데 많은 도움이 되었다. 학기 말에 그의 통제할 수 없었던 행동은 사라졌으며 행복하고 건강한 소년이 되었다.

스트로크 가르치기

교실 안에서 학생들의 정신건강을 지킬 수 있게 하는 중요한 요인 중의 하나는 풍부한 스트로크의 문화를 만드는 것이다. 에릭 번(Eric Berne, 1964)은 '스트로크는 인간을 인정하는 하나의 단위'라고 표현했다. 스트로크는 정신적이고 육체적인 건강의 필수요소다.

스트로크에는 다음 네 가지 유형이 있다.

- 긍정적 조건적 스트로크–무엇인가 잘했을 때
- 긍정적 무조건적 스트로크–존재 자체를 인정
- 부정적 조건적 스트로크–무엇인가 잘못했을 때
- 부정적 무조건적 스트로크–존재 자체를 부정

스트로크는 우리가 긍정적인 스트로크를 받지 못하면 부정적인 스트로크라도 받으려고 애쓸 만큼 우리가 살아가는 데 필수적이다. 아이들은 어떤 행동이 스트로크를 받을 수 있는지 여러 가지 행동을 시도하여 알아낸 다음 그 행동에 대한 강화를 해 나간다. 만약 교실에서 스트로크를 충분히 받지 못한 아이가 있다면 그 아이는 흔히 문제를 일으킨다. 스트로크는 반드시 필요한 것으로서 학교생활의 일부가 되어야 한다. 모든 학생이 스트로크를 원함과 동시에 스트로크는 재미있고 가르치기 쉬운 개념이어서 나는 흔히 스트로크 이론을 맨 처음 가르치는 것으로 프로그램을 만든다.

처음에 스트로크가 무슨 뜻인지 묻는 것으로 시작한다. 아이들은 손쉽게 몸의 활동으로 이해한다. 그러면 나는 무엇이, 혹은 누가 스트로크를 주는지 묻는다. 아이들은 보통 엄마가 아기에게 스트로크를 준다고 나서서 이야기한다. 나는 아이들이 어릴 때와는 다르게 성장한 후에는 모든 사람에게 육체적인 접촉을 받는 것을 좋아하지 않는다는 것을 확신하고 있다. 그래서 적절한 육체적인 접촉에 대해 토의를 한다. 다음 질문은 "너희는 어떻게 너희에게 필요한 인정을 받는가?" 라는 것이다. 반 아이들은 아주 쉽게 스트로크 주는 법에 대한 목록을 만든다. 이 시점에서 나는 어떤 종류의 스트로크를 아이들이 좋아하는지 확인하고, 만약 원하는 종류의 스트로크를 받지 못한다면 그 스트로크를 좋아하지 않게 될 수 있다는 설명을 한다. 이것을 위해 워크시트 A를 사용한다(부록 2).

먼저, 아이들은 어떻게 스트로크를 주고 받는지 배운다. 이것은 다음 네 단계로 되어 있다.

- 나누기 집단에서 한 아이가 스트로크를 줄 상대를 선택한다. 그리고 눈을 맞추지 않고 3인칭으로 스트로크를 준다.

  예 우리 반 아이들은 어려운 학생을 도와주는 그 친구를 참 좋은 아이라고 생각하고 있어요.

- 같은 아이가 눈을 마주치지 않고 1인칭으로 스트로크를 준다. 예 나도 그 친구를 참 좋은 아이라고 생각해요.
- 같은 아이가 나중에 눈을 마주치면서 1인칭으로 스트로크를 준다. 예 나는 철수의 그런 모습이 참 좋다.
- 받은 아이는 "고맙다"라고 말한다.

아이들은 원하지 않는 스트로크라도 거절하면 안 된다고 생각을 하는데, 스트로크를 원하지 않을 때는 거절할 수 있다. 스트로크를 가르치는 데 또 다른 유용한 도움이 되는 도구는 클라우드 스타이너(Claude Steiner, 1977)가 쓴 「사랑 주머니 이야기(A Fuzzy Tale, 부록 참고)」다. 이는 우화로 스트로크 이론을 잘 설명해 놓았다. 아이들의 자아존중감을 더 길러 주기 위해서 스트로크를 강화하는 데는 많은 준비나 비싼 도구가 필요하지 않다.

- 스트로크가 적힌 따뜻한 사랑주머니 책: 이미 애도 과정에서 언급이 되었다.
- 우체통: 학급이나 혹은 학교 전체의 활동이 될 수 있다. 학생들에게 우체통이 주어진다고 말한 다음(우리는 우리 학교에 크고 빨간 나무로 만든 우체통을 갖고 있다.) 그것을 아이들이 쉽게 이용할 수 있는 곳에 일주일간 놓아 둔다. 그동안 아이들은 친구에게 줄 스트로크를 엽서에 적어 넣는다. 이 엽서들은 다음 주에 배달이 된다(워크시트 B, 부록 2).

- 아이들은 하룻동안 그들이 받은 모든 스트로크를 모아 기록한다.
- 스트로킹 서클을 구성한다. 아이들은 둥글게 앉아 옆 사람에게 스트로크를 준다(교사는 어떤 스트로크도 받지 못할 수도 있는 아이 옆에 자리를 잡아야 한다).
- 만약 스트로크가 결핍된 아이가 있다면 그를 원의 중앙에 앉게 하고 그 아이가 충분히 스트로크를 받을 때까지 스트로크를 주도록 한다.
- 어린 아이들의 경우 생일 보드판을 이용한다. 어떤 아이가 생일이 되면 특별 칠판에 그 아이의 이름과 사진을 붙인다. 교사는 이 특별한 학생을 위한 친구들의 스트로크를 칠판에 베껴 쓴다. 그리고 그날 마지막 시간에 공개한다. 그날은 그 아이가 특별한 혜택을 누리도록 해 준다.

자아상태 가르치기

아이들에게 자아상태에 대해 가르치는 것은 그들에게 자존감을 향상시키고 다른 사람들의 행동을 이해하게 하는 데 목적이 있다. 에릭 번은 '자아상태는 행동의 일치된 패턴과 직접적으로 연관된 감정과 경험의 한결같은 유형'이라고 정의하였다(Berne, 1964). 나는 '기본적인 자아상태모델'과 '러시안 인형(크기가 다른 인형들이 겹겹이 들어 있는)'을 사용하여 자아상태 이론을 가르쳤다([그림 1-1]).

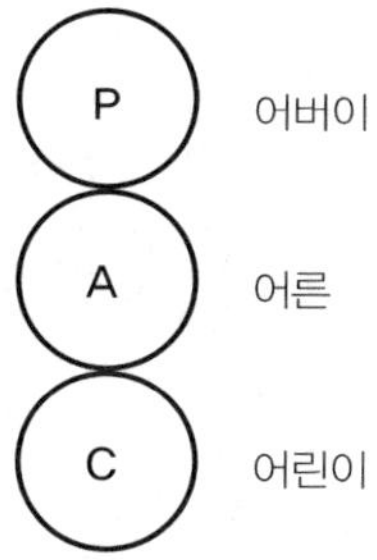

[그림 1-1] 자아상태모델

러시안 인형은 우리 속에 감정과 경험이 세트로 들어 있다는 것을 보여 줄 수 있어서 자아상태 구조를 가르치기에 아주 실용적이었다. 즉, 인형을 하나씩 나누어서 각각 어떤 자아상태에 있는 누군가의 행동과 경험일 수 있다고 이야기를 했다. 시각적인 효과를 위해 보조학습도구로 도표에 기본적인 자아상태모델을 그려 놓고 학생들에게 각각 자아상태에 맞는 행동이나 말을 생각해 내도록 하였다. 그리고 그 도표는 교실의 왼편에 전시해 두었다. 그리고 어버이 자아와 어린이 자아를 다시 나누어서 기능 모델([그림 1-2])을 소개

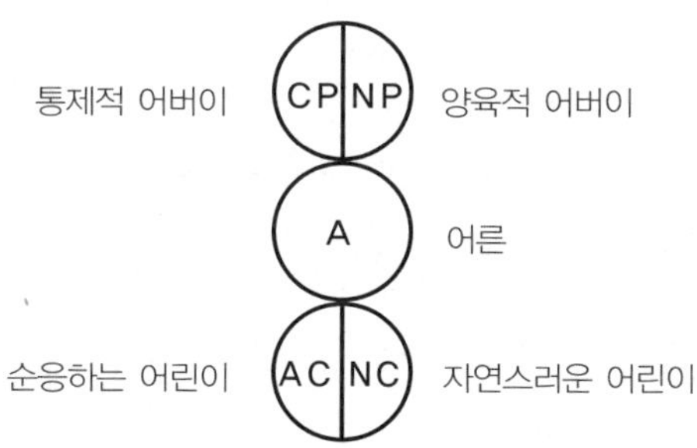

[그림 1-2] 자아상태기능모델(Berne, 1961)

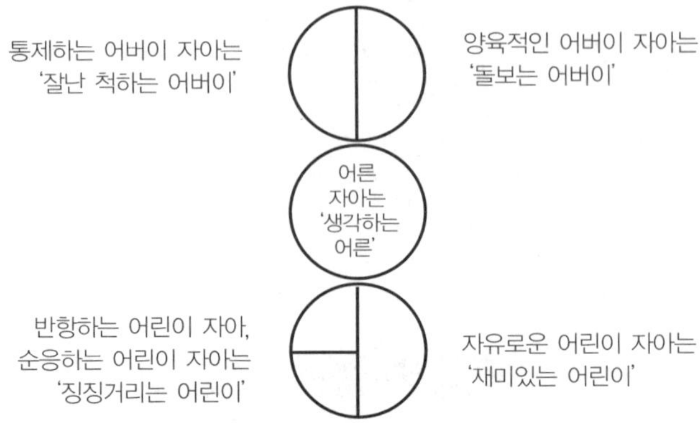

[그림 1-3] 아이들이 이름 붙인 자아상태

하였다. 그런 다음 아이들이 자아상태 개념을 보다 자세히 이해할 수 있도록 하기 위해 여러 가지 활동을 시켜 다양한 자아상태에 머물 수 있도록 하였다.

- 각각의 자아상태에 있는 대상이나 형상을 펜으로 그리기(워크시트 C, 부록 2)
- 아이들이 자신의 모습 또는 자신이 자주 하는 말을 자아상태 구조에 혼합해서 자아상태 도해(그림)를 크게 만들기
- 나누기 집단에서 특정한 자아상태에서 하게 되는 행동의 시나리오를 작성해서 봉투에 넣은 다음 가지기(워크시트 D, 부록 2)
- 자아상태를 변화시켜야 할 때 갖게 되는 시나리오를 아이들에게 주기
- 비디오 드라마를 이용해서 다른 자아상태에 대한 개념을 정

확하게 갖도록 하기

나는 아이들에게 자아상태는 항상 어른 자아상태에만 머무는 것이 아니라 상황에 맞는 자아상태에 머무는 것이라고 설명하였다. 어른 자아상태는 다 자란 어른과는 다른 말이라는 것을 명확하게 해 줄 필요가 있다.

어떤 학급에서는 자아상태를 아이들의 언어를 사용해서 가르쳤다([그림 1-3]). 이렇게 함으로써 아이들의 이해를 도울 수 있었다. 또 어떤 학급에서는 사전을 사용하여 '비판적인' 혹은 '잘 돌보는' 의 뜻을 알아보도록 한 다음 정확한 용어에 맞는 그들의 언어를 사용하였다.

한번은 교육지원청의 시찰시간에 교육지원청의 장학사가 교실 밖으로 걸어 나갈 때 아이들이 큰 소리로 "나는 그가 가 버려서 좋아, 그는 정말 잘난 척하는 어버이였어. 정말이야."라고 말하기도 하였다.

일단 아이들이 이론에 대해 이해를 하자 이를 적용할 수 있게 되었다. 그들은 "어버이 자아상태로 이동해 주겠니?"라는 말이나 "지금 어떤 자아상태에 머무는 것이 필요할까?"라는 질문에 반응을 하였다. 각 아이들이 자신의 행동에 책임을 지기 시작하면서 교실 안에서의 행동은 달라지기 시작했다. 만약 아이들의 행동이 적절하지 않으면 나는 그저 "너희의 행동이 이렇게 산만하고 시끄러우면 나는 너희가 수업시간에 맞는 자아상태로 옮겨 가도록 하기 위해 잘난 척하는 어버이로 이동할 수밖에 없어."라고 말하였다. 또한 아이들은 놀이시간에 흔히 일어나는 '다툼'이 어느 쪽이든 부적절한 자아상태에 머물러 있었기 때문에 일어난다는 것도 알았다. 한 아이가 실제로 나에게 이렇게 말했다. "제가 징징거리고 이기적인 아이에 머물러 있었기 때문에 내가 먼저 그 아이의 등을 쳤어요."

결 론

처음 맡은 학급에 TA를 사용해서 성공한 후에 나는 초등학생 연령의 아이들에게 잘 맞는 TA 개념을 가르쳐 왔다. 20년이 넘도록 진행하면서 교실에서 TA의 활용이 학생들의 행동을 향상시켰고, 이것이 보다 나은 학습 환경으로 변화하는 결과를 가져왔으며, 결국 학생들의 자존감이 향상되고 학습 능력 또한 나아지게 된다는 것을 알게 되었다. 또한 TA가 아이들이 자신의 어려움을 풀어 나가는 데 필요한 특별한 사회적 · 정서적인 도전을 돕는데 얼마나 도움이 되는지를 분명히 봐 왔다.

초등학교 교실에서 TA를 가르치고 얻은 결과를 요약하면 다음과 같다.

- 자존감이 향상되었다.
- 자신의 행동을 통제할 수 있게 되었다.
- 좀 더 정서적으로 잘 표현하고 더 나은 대화를 할 수 있게 되

었다.

- 갈등을 풀어 나가는 데 좋은 도구를 가지게 되었다.
- 더 큰 자기 자각을 갖게 되었다.

먼저 다가서기

도심지역 중 · 고등학교에서 안정적인 멘토 서비스 구축하기

— PETE SHOTTON

서 문

1999년에 영국 정부는 교육에 사회복지의 개념을 도입한 교육 프로그램을 만들었다(DfEE, 1999). EiC(The Excellence in Cities)[1] 프로그램은 그중 처음으로 괄목한 만한 성과를 만들었던 프로그램이다. 7개의 대도시 기관에서 예산을 책정하였는데, 이 예산은 학교와 관련된 불신의 문제, 학습 부진, 빈곤지역 학교가 갖는 차별되고 소외된 문제 들을 다루기 위해 학교에서 사용할 예정이었다.

이때 학교에서는 다음 두 가지를 중심으로 지침을 만들었는데, 하나는 목표 대상인 학생을 위한 학교 내 교실을 만드는 것과 다른 하나는 학습 멘토라고 불리는, 새롭게 일할 인원을 확충하는 것이었다. 그 당시 나는 난독증 학생을 위해 여러 학교에서 보조교사로 일하고 있었으며 교류분석 훈련 중이었다. 나는 이 새로운 제안들, 특히 배움의 멘토라는 역할에 매우 흥미를 느꼈다. 그리고 TA에서의 교육과 경험을 이 새로운 분야에 활용해 볼 수 있는 좋은 기회가 될 수 있다고 생각했다. 나를 고용한 학교에서는 내

1) EiC 프로그램은 1999년 3월 영국 정부가 도심지역 학교의 수준을 높이고 학교 내 복지를 촉진하기 위해 만들었다. 이는 도심지역의 교육 문제를 해결하고자 하던 정부의 잇따른 실패를 만회하려는 노력에서 시작되었다. 처음에는 단지 중 · 고등학교를 대상으로 하였으나 프로그램의 성공으로 급속히 초등학교로 확산 · 적용되었으며, Primary National Strategy(2003년 영국에서 만들어진 수학, 언어에 관련된 프로그램)와 긴밀하게 작업을 하였다.

가 그동안 함께 활동해 왔던 불만 많고 소속감을 느끼지 못하는 학생들과의 경험을 바탕으로 참신한 아이디어를 제안해 줄 것을 기대했다. 나는 그동안의 활동으로 얻은 경험과 학교가 제공할 수 있는 여러 여건을 충분히 고려하여 1999년 10월에 학교에서 작업을 시작하였다. 도심에 위치한 이 중 · 고등학교의 학생 분포는 열한 살에서 열여섯 살까지로 1,100명의 남자아이들이었고, 그 당시 76%가 소수민족 출신이었으며, 58%가 무슬림이었다. 또한 인근 학교 중에서 가장 높은 비율의 무료급식을 제공받고 있었다(68%).

교육복지 프로그램

내 일과 우리 팀의 주요 임무는 모든 학생이 서비스를 이용할 수 있고 가능하며, 또한 모두에게 열려 있는 지지 체계를 제공하는 것이었다. 이것은 이 프로그램이 모든 학생을 위해 제공되어야 한다는 나의 믿음에 기초한 것이었다.

학습 멘토의 역할과 1999년의 많은 초기 지침은(DfEE, 1999: 8) 대체로 문제 행동을 하는 학생으로 구성된 특별집단과 작업하는 내용을 담고 있었다. 이 지침은 반드시 따라야 하는 것은 아니었지만 많은 학교에서는 멘토 활동이 제한적이고 문제집단에만 적용할 때 효과가 있는 것처럼 인식하였다. 따라서 학교 전체의 모든 학생보다는 이미 낙인이 찍힌 집단을 대상으로 개인별 욕구와 상황에 따라 각각 다른 범주의 지원과 지지를 제공했다. 그러나 우리는 학교의 모든 남학생에게 쉽게 접근했고, 이러한 전략의 결과 학교 안에서의 문화와 관련된 문제가 예전보다 빠르게 밝혀지고 논의되었다.

학교의 조직 구조 안에서 나는 중간관리자로 분류되었는데, 부서의 팀장이자 학년 책임자의 위치였다. 우리 팀은 나의 직속상관이기도 한 부장교사 권한하에 있는 넓은 의미의 교육복지 프로그램 부서였다. 우리는 가능한 모든 지원을 받을 수 있었고, 나는 모든 중간관리자, 주임교사, 리더십팀, 부서장, 보조 주임교사와 긴밀하게 일을 했다.

일을 시작하면서 나는 곧장 우리 일을 잘 설명할 다음과 같은 안내장을 만들었다.

> '우리는 학교에서 학생 스스로 원하거나 교사나 부모, 후견인을 통해 도움이 필요한 모든 학생을 지원합니다. 그들은 개인적인 문제를 가졌거나 학교에서 제공되는 지원을 최대한 활용하지 못하는 학생들입니다.'

이 메시지는 빠르게 학교 내에 전해졌으며, 학교 조회시간에 안내장을 나누어 줌으로써 부모들에게도 전달이 되었다.

우리는 각각의 학생들에게 개인이나 집단 상담을 제공했고, 중재, 자존감 향상, 분노 조절, 또래 멘토 훈련, 학과 공부를 따라잡기 위해 공부를 도와주는 프로그램을 마련했다. 우리는 공식적인 의뢰 절차를 만들지 않았다. 아이들이 스스로 우리를 찾아올 수도 있었고, 우리가 항상 학교 복도나 쉬는 시간 또는 점심시간에 아이들이 놀고 있는 곳에서 그들을 만나면서, 학생들이 격의 없이 우리에게 다가올 수 있도록 신경을 썼다. 한 학기 내에 적어도 학생의 3분의 1과 우리의 만남이 이루어지기를 기대했다.

TA 그리고 멘토링

내가 학교 체계 내에서 성공적으로 멘토링을 소개하고 정착시킬 수 있었던 원동력의 하나는 TA 이론의 활용이었다. 이는 내가 TA가 강조하는 인본주의적인 철학을 내면화하고 있었고 변화와 성장을 도모할 수 있는 도구와 전략을 가지고 있었기 때문이다. 나는 이러한 것을 '계약 맺기' 과정을 통해서, 또 효과적인 개입을 설명하고 실행하는 능력을 보임으로써 입증하였다. 나의 팀원이 임명되었을 때 나는 TA의 짧은 훈련 코스를 운영했는데 여기서는 TA의 기본적인 이론을 설명하고, 팀이 하나의 조직으로서 무엇을 할 것인지에 대한 계약 맺기와 상호 기대하는 목표의 조정을 다루었다.

우리 팀은 TA에 대한 사전 경험이 있는 사람이 없었기 때문에 자신의 전문성을 향상시키는 방편으로 TA 훈련을 받는 것을 선택했다. 팀원 중 두 명은 그 지역의 TA 기관에서 기본적인 TA 코스를 마쳤다. 우리가 일하는 방법에 대해 홍미를 가지고 있던 다른 팀의 보조교사 두 명은 함께 지역대학에서 TA의 주요 개념에 대한 야간 코스를 마치기도 했다.

나는 TA를 아이들에게 적용하였다. 자아상태의 기능 모델을 이용해서 아이들과 다른 아이들의 행동에 대한 자각을 일깨우고 어떻게 반응해야 하는지, 그리고 어떻게 변할 수 있는지를 소개했다. 또한 계약, 인생각본, 스트로크와 게임 이론도 사용했다. 내가 아이들에게 TA를 적용하면서 추구한 목표는 다음과 같다.

- 아이들에게 자신의 가능성을 깨닫게 하고, 이를 통하여 학교에서 아이들이 스스로를 위해 최고의 성취를 할 수 있도록 변화를 도모하는 것
- 아이들 자신이 가지고 있는 선택의 힘을 인식하고 학교 안팎에서 스스로 선택하는 것이 가능하도록 하는 것
- 아이들이 변화를 추구하고 자신을 위해 긍정적인 선택을 할 수 있도록 지지하고 돕는 것

이러한 목표는 내가 학생이나 부모, 교사를 위해 만든 수많은 전단지에 분명하게 명시되어 있다. 이에 교육청 장학사들이 내가 아이들과 해낸 일에 대해 관심을 보이기 시작하였다. 나는 교육청 장학사를 위한 동료 지지집단을 구성해 TA 관점을 제공하고 교실에서의 관계에 대해 논의하고자 했다. 그러자 최근, 내가 구성한—TA의 관점에서 제안하고 교실 안에서의 관계를 논의한 교사를 위한—동료 지지집단에 대해서 관심을 표현하기 시작하였다.

학교문화

멘토로 일하기 시작했을 때, 나는 학교에서 새로운 하위문화집단을 만드는 역할을 했다. 나와 우리 팀은 우리가 일했던 조직구조의 문화각본에 영향을 미칠 수 있다는 것을 알게 되었다. 화이트와 화이트(White & White, 1975: 171)는 문화각본을 "문화의 제도(관습) 안에서 체득되어 어버이 자아의 가치로 성립된 일련의 심리적 강화, 혹은 심리적 제한들이다."이라고 정의하였다.

학교에서 우리는 예전에도 있었고 지금도 있는 일반화된 각본의 메시지를 받아왔는데, 그것은 우리의 다문화 환경 안에서 광범위하고 다양한 문화 하위집단에 적용되었다. 학교는 영어와 스페인어를 집에서, 혹은 지역에서 사용하는 것은 물론이고, 28개의 외국어를 모국어로 사용하는 25개의 다른 나라에서 온 집단으로 이루어져 있었다. 학생이나 부모, 교사가 언급하는 일반화된 신념은, 예를 들면 '아시아계 학생은 그의 가족과 사회 안에서 함께 뭉치며 학교에서 공부를 열심히 한다.' '소말리아 학생은 항상 웃고 절대로 싸우지 않는다.' '흑인이나 캐러비안 학생은 범죄갱단에 쉽게 연루된다.' '이곳에 있는 백인 학생은 가족이 매우 가난하거나 아이를 다른 곳에 보낼 만큼 관심이 없는 부모를 가진 경우다.' 이런 말들은 이것을 만드는 개인의 각본 신념을 알 수 있게 하는데, 이 각본 신념은 현실과 다르고 종종 부정적이다. 로버트(Roberts, 1975: 189)는 이러한 과정이 다음과 같이 진행된다고 설명하였다.

> 사람들은 타인의 모습이나 배경을 보고 그 사람이 어떠한지와는 상관없이 자신의 문화각본 안에 있는 신념대로 믿어 버린다. 문화, 인종, 성별, 가족, 사회 지위, 그리고 지역각본이 개인의 인생각본과 맞물리는 것이다.

'문화각본'이라는 글에서 화이트와 화이트는, 문화각본은 치료적인 사회(치료공동체) 안에서는 변화가 가능하며 대항각본[2]과 각본에 뿌리를 둔 인간행동의 변화는 계속적으로 원치 않는 행동에 대해서 직면하고 변화의 추구를 지지하는 문화 안에서 새롭게 재탄생한다고 하였다(p. 180). 나는 멘토링을 이러한 직면과 변화의 과정으로 보았다.

---

2) 대항각본(counterscript: 일명 역각본, 항각본)은 부모가 갖고 있는 사회 일반에서 통용되는 가치관을 주로 말로 전달하여 자녀가 갖게 되는 각본을 말한다. 말로 전달되는 내용을 대항지령(역지령, 항지령)이라 하고 이로써 갖게 되는 각본이라 하여 대항각본(역각본, 항각본)이라 한다. 주로 금지령에 따른 각본과는 상반되는 내용으로 채워진다. 이는 부모의 P 수준의 말로 아이의 P에게 전달된다(대항지령: p→p). 그리하여 우리는 대항지령에 복종하는 한 'OK'로 머무를 수 있다고 믿게 되고 이를 따르며, 이를 반복하면 각본 속으로 들어가게 된다. 주로 많이 전달되는 대항지령은 나라와 지역사회의 문화마다 다르지만 대부분 다음의 예는 공통적이다. ① 완벽해라(Be Perfect!), ② 열심히 노력하라(Try Hard), ③ 서둘러라(Hurry Up), ④ (사람을) 기쁘게 하라[Please (people)], ⑤ 강해져라(Be Strong)

사례 case

처음 학교에서 일을 시작할 때, 우리는 구분된 두 장소 중에 아래쪽에 자리를 잡았다. 학교는 몇 주 안에 위쪽의 한 장소로 이사를 하였다. 나는 그 당시에 많은 문제를 가진 채 수업을 빠지는 무단 결석생들이 갈 만한 장소들을 둘러보았다. 학교 뒤편의 계단 벽 쪽으로 가자 후드티의 모자를 덮어 쓰고 담배를 피우고 있는 누군가가 보였다. 그는 나보다 키도 더 크고 덩치도 더 좋아보였는데 그가 외부 침입자인지 학생 중의 하나인지는 알 수 없었다. 무서운 생각도 들고 그를 대적할 자신이 없었기 때문에 반대 방향으로 걸어갈까도 생각하였다. 그러다가 문득 '그도 나처럼 무섭고 자신이 없을지도 모르잖아.' 라는 생각이 들었다. 그리고 그에게로 걸어가서 손을 내밀고 이야기했다.

"안녕, 나는 피터야. 난 이곳에서 이제 막 멘토라고 불리는 새로운 팀으로 일을 시작했단다. 너는 누구니?"

그는 대부분의 학생이 그러는 것처럼 담배를 떨어뜨리고 내 손을 쳐다보더니 조심스럽게 악수를 하며 말했다.

"저는 대니예요."

나는 그에게 우리 팀에 대해서 말했고, 그는 자신에 대해 말을 했다. 그는 11학년이었으며, 거의 수업에는 들어가지 않고 친구를 만나기 위해 학교에 올 뿐이라고 했다.

그는 시험은 전부 포기했고, 학교에서 자신에게 해 줄 것은 아무것도 없으니 자기가 수업에 들어가지 않는 것이 오히려 학교

입장에서는 더 나을 것이라고 느끼고 있었다. 그는 교사와 다투려고 했고 그저 다른 아이들을 따라가려고 했다.

나는 돌아가서 이 만남을 우리 팀과 의논을 했고, 두 가지 결론을 도출하였다. 하나는 학교 안에서 만날 수 있는 모든 학생과 활발하게 접촉하는 것이고, 다른 하나는 우리가 더욱 열심히 자신을 포기한 학생들을 찾아내서 함께 작업을 해야 한다는 것이었다. 이후에 우리는 복도에서 만나는 모든 학생에게 먼저 인사를 건넸다. 대니는 본인이 언급했던 식품공학 과목에서 G점수로 학교를 졸업했고, 이는 나를 만났을 때 자신이 기대했던 것보다 한 단계 더 높은 점수라고 했다.

문화의 변화

멘토링 프로그램이 학교에 소개되면서 학교문화의 개혁에 진보적 교육정책가들은 학교-학생들 간 상호 관계의 동반 성장 가능성에 회의적인 학교 안의 각본 메시지에 맞섰다. 이러한 메시지는 학생들의 복지에 관련된 문제가 거론될 때 '우리는 겨우 아이들을 24시간 중 6시간만 만날 뿐이다.' 혹은 '우리는 교사이지 사회복지사가 아니다.' 라는 이야기들이었다. 이러한 말과 그들이 보이는 태도는 학생들에게 '온전한 네 자신이 되지 마라.' '중요한 사람이 되지 마라.' '가까이 다가가지 마라.' 같은 금지령과 '강하게 되어라.' 같은 드라이버를 반영하고 있다. 교육 관련 문화 안에서 이러한 금지령과 드라이버는 내가 처음 교육 관련 직업을 가졌을 때 자주 부딪힌 '청소년 남자아이는 자신의 감정에 대해 말하는 것을 싫어한다.' 라는 믿음을 갖게 만드는 작용을 하였다.

우리 팀은 일을 하면서 이러한 믿음에 대해 직면하고 재조정해 왔는데, 이것은 소년은 감정적으로 지지받는 것을 매우 바란다는 것과 교사는 학생과의 관계에서 영향을 받는다는 것을 스스로 인정하면서부터였다. 나는 훈련 프로그램에서 매우 효력 있는 실질적인 대안을 제시하면서, 기존의 각본 메시지를 직면시키고 변화시키는 과정을 강화하는 것에 목적을 두었다. 그리하여 나는 [그림 2-1]에서 보듯이 문화각본 안에서 학생들과 멘토의 변화 과정 모델을 조금 변형하여 제시했다(White & White, 1975). 이것은 학교라는 환경 속에 있는 독특한 문화각본에 멘토링을 접목하였을 때 학생과 멘토의 상호작용이 어떻게 이루어지는가와 멘토링의 영향에 대해 자아상태모델을 도해화한 것이다. 나는 우리 팀의 멤버들과 훈련 프로그램의 과정을 시작하면서 학교 문화각본 속에서 영향을 받는 멘토와 학생 간의 자아상태가 어떻게 교류되어야 변화를 할 수 있는지를 설명함으로써 각 구성원이 자신의 자아상태 속에 내가 설명한 것과 관련하여 어떠한 것이 들어 있고, 또 있어야 하는지를 검토해 보도록 했다. 팀의 멤버들은 학교 안의 모든 구성원에게 우리 팀의 영향을 설명하고 이해를 돕기 위한 수단으로 활용하기 위해 이 도해에 따른 훈련 프로그램 과정에 매우 열정적으로 참여하였다.

① **문화적 각본** 학교에서 지지적 문화각본을 새롭게 쓰거나 갖

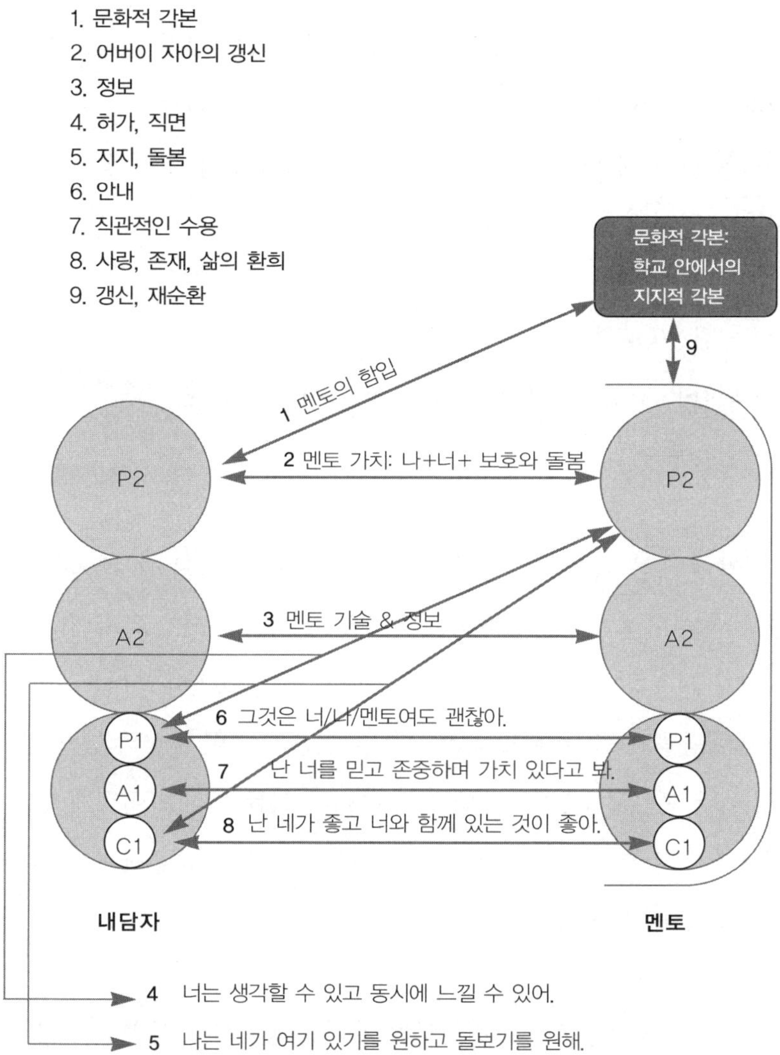

[그림 2-1] 멘토링을 위한 문화각본 모형(white & white, 1975에서 인용함)

는 것은 긍정적 변화를 지지하고, 낡은 가치에 의문을 제기하면서 직면하고, 우리가 추구하는 학교를 위하여 적합한 가치 체계를 선택하고 강화해 나가기 위해 함께 일하는 지속적인 과정을 말한다. 우리의 가치 체계는 교류분석의 철학이자 인간관에 의해 잘 알려져 있으며 내용은 다음과 같다.

- 인간은 OK다.
- 인간은 누구나 생각할 수 있고, 따라서 선택할 수 있다.
- 인간은 변할 수 있다.

인간에 대한 희망과 긍정이 담긴 이 글귀들을 일하는 방에 붙여 놓고 다른 사람과의 관계에서 늘 생각하고 귀감이 되도록 하였다. 우리가 교육청 장학사들에게 사용하도록 했던 교류의 하나는, 상대의 행동을 변화시키려고 맞설 때 '이것은 당신이 누구냐(당신이 흑인이냐, 백인이냐 등)에 관한 것이 아니라 지금 당신이 어떻게 행동하는지가 중요한 것이다.' 였으며, 이는 우리의 가치 체계가 그대로 반영된 것이다.

② 어버이 자아의 갱신 변화하는 가치를 공유하고 본받도록 하기 위해 우리는 스스로 학생들을 처음 만나고 다가가는 행동을 보임으로써 솔선수범하였다.

우리 팀원들은 다음과 같은 방식으로 새로운 학생들에게 자신을 소개했다.

"안녕, 나는 준이야. 학교의 멘토 부서 팀원이지. 우리는 너희가 무언가 불편하거나 학교의 지원을 잘 받지 못할 경우 도움을 주기 위해 학교에서 만든 팀이야. 너희는 학교에서 우리를 보게 될 텐데, 만약 이야기를 하고 싶거나 물어보고 싶은 게 있으면 너희가 직접해도 되고 아니면 너희 담임선생님에게 우리 중 한 사람을 만나게 해달라고 요청하면 돼. 이야기하고 싶은 사람을 선택할 수도 있단다."

이런 형식으로 우리는 새로운 학생들 모두에게 소개했다. 이러한 소개 안내문은 다양한 학생 집단과 교실에서의 조회시간에 반복적으로 전달되었다.

③ **정보** 어버이 자아의 가치에 부합하면서 어린이 자아의 요구와 필요를 지지하고 만족시키는 정보(TA 이론)와 증거(자료 수집)를 제공한다.

나는 우리가 만난 모든 학생의 기록을 교육감과 교육청 장학사 그리고 LEA(그 지역 교육기관, 즉 공립 · 사립학교 등)에 일 년에 한 번 개략적인 보고를 하였다. 이 보고에는 우리의 일이 학교와 교사, 학생들에게 미친 긍정적인 영향을 설명하는 간단한 사례를 기술하였다.

④ **허가, 직면** 가능성과 지속성을 가진 적절한 행동을 촉진하는 어버이 자아 에너지를 탐색한다.

우리는 학생들의 싸움과 관련된 것을 자주 다루었다. 최근에 무척 화가 난 학생이 "난 나를 때린 애를 찾아서 얼굴을 짓이겨 버리려 했다."라고 말을 했다. 나는 그 아이에게 정말 화가 난 그 마음을 이해할 수 있고 만약 꼭 그렇게 해야겠다면 나는 말릴 수가 없다고 말했다. 그러고 나서 "그러나 네가 나가기 전에 그 뒤의 결과에 대해서, 그리고 그 결과를 이해하고 기꺼이 받아들이겠다고 말하기를 원해."라고 이야기했다. 이렇게 함으로써 나는 상처받고 공평하지 않다고 느끼는 그의 마음을 알아주었고, 그의 선택을 인식하고 생각하도록 하였다. 그는 그 아이를 때리러 나가는 대신 자신의 감정을 인식하였다. 이후 우리에게 중재를 요청하고는 그 아이의 문제를 해결하였다.

⑤ **지지, 돌봄** 보호와 수용, 돌봄을 촉진하는 어버이 자아 에너지를 탐색한다.

우리는 자신이 '수용되는' 경험에 익숙하지 않은 아이들을 자주 만났는데, 이들은 "네가 여기 있기를 원치 않아."라는 메시지를 학교나 가정에서 노골적으로 전달받은 아이들이었다. '거부당했다'는 그들의 믿음은 겉으로 우리의 도움을 거절하거나 밀어내는 것으로 나타났다. 그들이 그렇게 우리를 밀어내거나 떠날 때, 우리는 항상 그들에게 '돌아오는 것은 언제나 환영이며, 너희가 원할 때 너희를 돕기 위해 우린 항상 그곳에 있을 거야.' 라고 말했다. 우리는 계속해서 우리가 그들의 주위에 있음을 알렸고, 그들이 우리와 접촉을 시도하고, 우리에게 수용되고, 그들 스스로 수용되었다는 것을 알게 될 때까지 그들을 만날 때마다 '안녕'이라고 인사를 했다.

⑥ **안내** 자신, 타인 그리고 규칙을 받아들인다.

⑦ **직관적인 수용** 신뢰의 감정과 결속은 어린이 대 어린이 자아의 수용 감정에 의해 강화된다.

⑧ **사랑, 존재, 삶의 환희** 자신과 타인의 감정을 받아들인다.

⑥, ⑦, ⑧번의 교류는 우리와 학생·내담자 사이의 대인관계에 관한 것이므로 문화각본을 만들고 유지하는 일대일 교환의 중요성을 강조한다. 이는, "좋은 해결책은 뭐라고 생각하니?" 혹은 "네가 왜 그러는지 가르쳐 줄래?" "네가 50센트에 대해 말하면, 내가 제임스 브라운에 대해 말해 줄게." "그 모자는 정말 멋있지만 학교 규칙에 모자를 쓰면 안 된다는 것에 우리는 동의했잖아." "얘기해서 정말 좋았다." 등의 교류를 통해 표현되는 것으로서, 상호 간에 수용되고, 존중되며 즐거운 관계를 활성화하는 이야기들이다.

나는 멘토의 역할을 문화각본과 멘토를 연결하고 틀을 더하며 [그림 2-1]의 9와 같이 모든 것을 아우르면서 내담자인 학생이 내사[3]하는 것으로 소개하였다. 화이트와 화이트는 문화적 어버이 자

3) introject(내사, 內射): (남의 특질·태도를) 무의식적으로 자기 것으로 받아들이는 것을 말함.

아(Pc)의 가치를 문화적 각본이 표기된 [그림 2-1]의 사각형으로 설명했다. 이에 따라 나는 항상 학교에서 어떤 상황에서든 주도적으로 문화적 부모를 내사할 수 있도록 멘토의 역할을 맡은 것이다.

⑨ 및 ⑨와 연결된 자아상태 전체를 아우르는 틀은 번(Berne, 1961)이 제안한 통합된 어른으로서의 멘토를 나타내며, 이러한 것을 얼스킨(Erskine, 1988: 16)은 '정서적 · 인지적 도덕 발달: 창조할 능력이 있고 의미 있는 관계에서 완전하게 접촉하고 관계하는 능력'으로 설명하였다.

나는 또한 문화각본이 지속적으로 진행되고, 계속 보완되며 새롭게 서로 공동으로 창출해 내는 정보를 감안하여 개발되는 것으로 보이길 원한다. 문화각본의 진행 과정에서 중요한 것으로 나는 '서로가 공동으로 창출해 내는 창의적인 생각'을 꼽는다. 또한 서머스와 튜더(Summers & Tudor, 2000: 24)의 이론적 배경인 구성주의 원리[4]의 핵심이 '새롭게 서로 공동으로 창출해 내는 TA'와 관

4) 한 개인이 사물에서 얻는 지식은 그가 이미 알고 있는 이전의 지식에 의존하고 외부에서 가산적 과정을 통해 하나씩 더해지는 것이 아니라 내부에 있는 구조적 과정을 통해 새롭게 창조해 나간다는 이론이다. 인지 이론에 기초하여 학습자의 지식을 내부로부터 표상하는 과정을 강조한다. 즉, 학습자가 지식을 내부로부터 우선적으로 표상(representation)하고 자신의 경험적 해석을 통하여 지식에 대한 이해를 구성해 가는 과정에 초점을 둔다. 이는 다시 학습자의 경험을 통하여 재구성되고 실제 생활과 관련된 맥락으로 직접 연결된다. 다시 말하면, 지식은 경험으로부터 구성되며, 학습은 구성적 과정을 통하여 내적 표상(internal representation)을 만들어 간다는 것이다. 이러한 구성주의(Constructivism)는 인간이 자신의 경험으로부터 지식과 의미를 구성해 낸다는 이론이다. 교육학에서는 피교육자들이 교육을 받을 때, 학습 이전의 개념을 토대로 학습이 진행된다는 의미가 된다. 또

련이 있음을 알았다.

- 의미는 대화를 통하여 끊임없이 진화한다.
- (문화에 대한) 담론이 체계를 만든다. 체계가 담론을 만드는 것은 아니다.
- 치료는 대화를 통한 공동의 창조이고 새로운 가능성을 제공하는 새로운 이야기다.
- 치료자(멘토)는 이러한 이야기의 참여자이자 관찰자다.

사례 case

우리 일원 중 한 사람이 최근에 새로운 일을 위해서 떠나게 되었다. 그와의 마지막 날, 난 그에게 학교 조회시간에 학생들에게 작별 인사를 하도록 했다. 그는 학생들에게 그들이 자신에게 끼친 영향에 대해 말했다. 그는 학교를 다니면서 그다지 잘해내지 못했던 아프리카-캐러비안으로 이 일을 했을 때 자신이 가졌던 믿음에 대해서, 그리고 동료와 학생이 자신에 대해 '크고 싸움을 잘 말릴 것처럼 보인다.' 고 말했던 것, 우리가 진행했던 집단에서 감정을 다룰 때 옆에서 지켜보며 자신이 변한

한 교수-학습 이론으로서의 '구성주의' 는 그러한 현상이 있기 때문에 그것을 고려하여 수업을 해야 한다는 주장이다. 이에 따르면, 교사의 역할은 피교육자가 사실이나 생각을 발견할 수 있도록 도와주는 것이 된다.

것 등에 대해 이야기했다. 자기 자신을 다른 시각으로 보기 시작했고, 다른 사람들 또한 자신의 변화를 말하게 되었다는 것이다. 그는 학생들에게 자신과 함께 성장하고 변화하고 또 흔쾌히 참여한 것에 대해 감사를 표시했다. 조회시간이 끝날 즈음 학교에서 보통 거친 모습을 보이던 아이들이 그에게 다가와 부둥켜 안고는 울음을 터뜨렸다. 그의 마지막 날을 통해 교사들은 그가 얼마나 학생들의 변화를 도왔는지 직접 볼 수 있었다고 말했다.

생활에서 편하게 사용할 수 있는 용어와 구조적이고 분석적인 틀을 제공하는 TA 모델을 사용함으로써 우리는 서로 맞물린 문화각본과 개인적인 인생각본에 직면하고 다루어 나갈 수 있었으며, 계속해서 새로운 이야기를 함께 만들어 나갔다.

03

발달 주기에 따라 적용하기

실제 나이보다는 발달 주기에 맞추기

— Gill Wong & Emma Bradshaw

이 장에서는 발달 주기 이론(Levin, 1982)은 어떠한 것이며, 아이들의 정서적 욕구를 잘 알고 이에 맞는 적절한 돌봄을 제공하기 위해 사용된 발달 주기에 따른 긍정적 지지어와(Clarke & Dawson, 1998) 이를 사용한 두 학생의 사례를 중심으로 다룬다. 이 과정에서 다음의 몇 가지 이야기를 하게 될 것이다.

- 끊임없는 문제 행동으로 교사, 친구, 부모를 힘들게 하는 유치원생의 문제와 그 일들을 해결하고 학습 환경을 유지하기 위해 노력하는 유치원 이야기
- 돕고 지지하는 어른과 함께한 경험이 있는 아이의 이야기
- 어린 시절 충족되지 못했던 욕구를 감추고 있고 교사들이 '바보스럽고 짜증나는 행동을 하는 아이'라고 했던 경험이 반복되면서 실제 연령이나 학습 능력과는 다른 과장된 행동을 하는 고등학생 이야기

사례 case 유치원에서 성장과 변화 가능성의 기회[1)]

우리는 유치원 원장에게서 유치원 교사와 직원을 위한 현장 교육과 훈련을 해줄 것을 요청받았다. 이 훈련은 유치원 교사와 직원이 한창 자라고 있는 유치원생의 다양한 행동을 보다 잘 다

1) Newton과 Wong이 2003년 TA 저널에 발표했던 Nathan 사례연구의 일부다.

루는 데 도움이 될 수 있도록 만들었다. 이날 우리는 아침 내내 원장 및 담당 교사와 함께 특별한 관심을 불러일으키는 몇 명의 학생을 그동안 유치원에서 어떻게 다루어 왔는지에 대해 논의했다. 가장 관심을 끄는 학생은 최근에 사회 보호 프로그램을 통해 유치원으로 오게 된 한 남자아이였다.

우리는 그 아이의 건강상의 발달에 필요한 것을 알아보는 예비 단계로서 아이의 행동을 관찰하기로 계획했다. 가능한 모든 아이디어를 떠올리며 토의를 한 결과와 아이에 대한 정보를 다음 차트 항목에 적어 넣으면서 계획 수립이 마무리되었다.

- 아이의 나이
- 행동 관찰을 통해 나타난 긍정적인 행동과 문제가 보이는 행동
- 집이나 집 이외의 곳에서 경험했던 초기 아동기와 현재 경험과 관련한 모든 정보
- 성공적이든 아니든 아이를 지원하는 데 시도했던 방법들

우리는 이 아이를 전반적으로 조망하기 위해 관련된 모든 정보를 모으고 분석하여 아이에 대한 일종의 분석틀 같은 커다란 지도를 만들었다. 그것은 우리가 보다 명확하고 분명하게 아이의 문제를 볼 수 있게 해주었다.

일 년 후 결과는, 그 아이나 그의 가족, 그리고 학교 전체에 매우 긍정적이었을 뿐 아니라 아이의 결손과 강점에 근거한 접

근인 체계적인 행동 지원 사업의 효과도 증명하였다.

나단 이야기

나단(Nathan)은 3세 10개월이 되는 아이였다. 그 아이는 여름에만 유치원에 다닐 계획이었고, 그 후에는 보통학교나 혹은 특수학급이 필요한 아이였다.

나단의 유치원에서의 행동 나단은 몇 가지 말이나 별로 정확하지 않은 말밖에 할 줄 몰랐고, 다른 사람의 마지막 말이나 두 단어 정도를 반복적으로 따라했다. 그리고 다른 어른이나 아이들이 말하는 것은 조금 알아듣는 듯했다. 교사가 관찰한 바에 의하면 그는 하늘에서 보았던 물체와 관련된 것을 반복해서 말하곤 했다. 유치원에서는 나단의 언어를 발달시키기 위해 열심히 노력하였고, 그 결과 비록 대화를 함께 나누는 일은 아주 드물었지만 말을 기억하고 사용하는 수준이 상당히 발전했다. 그의 이러한 발전에 가장 주요했던 요소는 그를 돕기 위해 더욱 시간을 내고 방법을 찾았던 유치원 안에서의 노력과 지지였다.

나단은 절대로 웃지 않다가도 다른 아이를 다치게 하거나 규칙을 지키지 않아 교사가 다가가면 웃으면서 달아났다. 이럴 때 그 아이는 귀를 막고 등을 돌리고 달리다가 자신이 잘 가고 있는지 돌아보면서 교사와 고양이와 쥐잡기 놀이를 하려는 것처럼 보였다. 나단은 다른 친구들을 때리고, 꼬집고, 그가 원하는 것이 있으면 빼앗는 등 매우 공격적인 반응을 보였다. 어른들이 갑자기 다가가면 움찔하면서 어떤 접촉에도 반항적이었고, 나단이 다치거나 다른 아이가 다치는 것을 막기 위해서 어른이 개입하면 즉시 공격적이 되었다. 나단은 다치거나 몸이 아파도 전혀 내색하지 않고, 감정도 표현하지 않으며, 결코 도움을 구하지 않았다. 그는 아이들을 방해하거나 다치게 할 때 외에는 다른 어른이나 아이들과 교류를 거부했다.

나단은 몸을 구부린 자세로 걸어다녔는데, 두 팔을 늘어뜨린 채 손가락이 말린 손바닥이 몸 뒤쪽을 향했으며, 다른 사람은 쳐다보지 않고 고개를 숙인 채 산만한 자세로 걸었다. 그의 몸은 뻣뻣하고 경직되어 있었으며 어떤 육체적인 접촉도 피했다. 나단은 대소변을 못 가리고 매일 여러 번 오줌을 쌌는데 그렇게 실수를 해도 스스로 알지 못하는 것 같았다. 교사들이 '화장실로 가고 싶다.' 고 말하면 데려다 주겠다며 말을 하도록 하고, 규칙적으로 화장실을 데리고 다니면서 훈련을 시키려는 등 여러 가지 전략을 사용해 보았지만 소용이 없었고, 교사가 옷을 갈아입히려 하거나 씻기려 하면 거칠게 저항했다.

나단은 잠시도 가만히 있지 못했고, 유아용 자전거나 자동차를 다른 아이들을 향해 몰았으며, 문을 반복해서 쾅쾅 닫고 장난감을 주위에 던졌다. 그리고 책상 위에 있는 것을 바닥으로 쓸어버리곤 했다. 교사가 관찰해 본 결과, 나단이 가장 좋아하는 일 중의 하나는 보드 게임 판의 작고 색깔 있는 플라스틱 핀을 바닥으로 던지는 것이었다. 그는 반복해서 그 행동을 했는데, 처음에는 화가 나서 그러는 줄로 생각했지만 자세히 관찰한 결과 그 아이는 작은 핀이 떨어져서 튕기는 것을 보는 것과 그 느낌을 즐기고 있다는 것을 알게 되었다. 또 그는 자주 화장실에서 모든 수도꼭지를 틀어 놓고 수돗물이 세면대 밖으로 흘러 넘치는 것을 바라보곤 했다. 그가 반복해서 물웅덩이에 들어가거나 비를 맞아 몸이 젖는 것을 좋아하는 행위들은 그가 물에 대해서 대단히 흥미로워한다는 또 하나의 사실을 알려 주었다.

교사에게 나단을 돌보는 일은 기운 빠지고 좌절하게 하는 힘든 일이었다. 오줌을 싼 후 그 아이를 씻기거나, 그의 옷을 깨끗하게 혹은 마른 상태로 만드는 일에 많은 시간과 에너지를 쏟았다.

우리는 이러한 행동을 전체적으로 볼 때, 나단은 자신의 신체나 피부 접촉에 대해 그다지 예민하지 않지만 감각을 탐험하고자 하는 강한 욕구가 있다는 생각에 이르게 되었다.

사회적 교류와 관계 측면에서 볼 때 나단은 자신만의 세계에 살고 있었다. 그는 다른 아이나 어른과의 교류에 관심이 없었고, 긍정적인 접촉에 아주 드물게 반응하였다. 그는 작은 집단 속에서 듣거나 나누거나 참여하기를 권하면 저항했으며, 다른 아이들과 나누는 것도 강하게 저항하고 혼자서 놀이하는 것을 더 좋아했다. 이러한 나단의 행동은 사회성과 정서적인 기술이 부족하고 자신의 세계를 넘어선 어떤 즐거움이나 인식은 거의 찾지 않는다는 것을 보여 준다.

나단을 돌보는 일은 힘들어서 그만둘 수도 있었지만 교사들은 계속해 나갔다. 교사들이 나단의 미래에 대해 진심어린 관심으로 이야기하는 것을 들으면서 우리는 그들에게 나단이 이 유치원에 온 이후 보이는 발전에 대해 다시 일깨워 주었고, 나단이 즐거움을 느끼는 음악, 물, 그리고 하늘에서 본 것들에 대해 관심을 기울여 줄 것을 주문했다.

나단에 대한 정보를 하나의 큰 그림으로 잘 조합해 가는 과정에서 제기된 중요한 제안은 유아기 발달 과정을 다시 한 번 탐색할 필요가 있다는 것이었다. 현재 나단의 행동이 어떻게 유치원에 영향을 끼치는지, 그리고 나단의 어린 시절 경험에 대한 정보를 바탕으로 만들어진 나단에 대한 큰 그림은 우리 팀이 그동안 나단을 지지하기 위한 교사들의 노력을 강화하고 뒷받침 해주는 실마리를 찾을 수 있게 하였다. 그리하여 교사들이 탐색하고 사정하고 계획한 것들은 우리 팀이 더욱 의욕적으로 나단을 원조해 나갈 수 있도록 하였다.

교사들은 나단이 매우 단조롭고 욕구 충족이 결핍된 가정 환경에 있다는 것을 알고 나단에게는 규칙적인 생활이 필요하다고 판단하였다. 그리하여 비록 교사들이 힘들기는 하지만 나단이 해야 할 것과 즐겁게 보낼 수 있는 시간 등으로 하루 일과를 구조화하였다.

나단의 가정 환경 나단은 엄마와 어린 여동생과 살고 있었다. 따로 살고 있는 아빠는 아이들과 만나고 있었고, 말하고 읽고 무엇을 학습하는 데 다소의 어려움과 음주, 분노 조절에 관한 문제가 있었으며, 가정 내에서 폭력의 문제가 있었을 것으

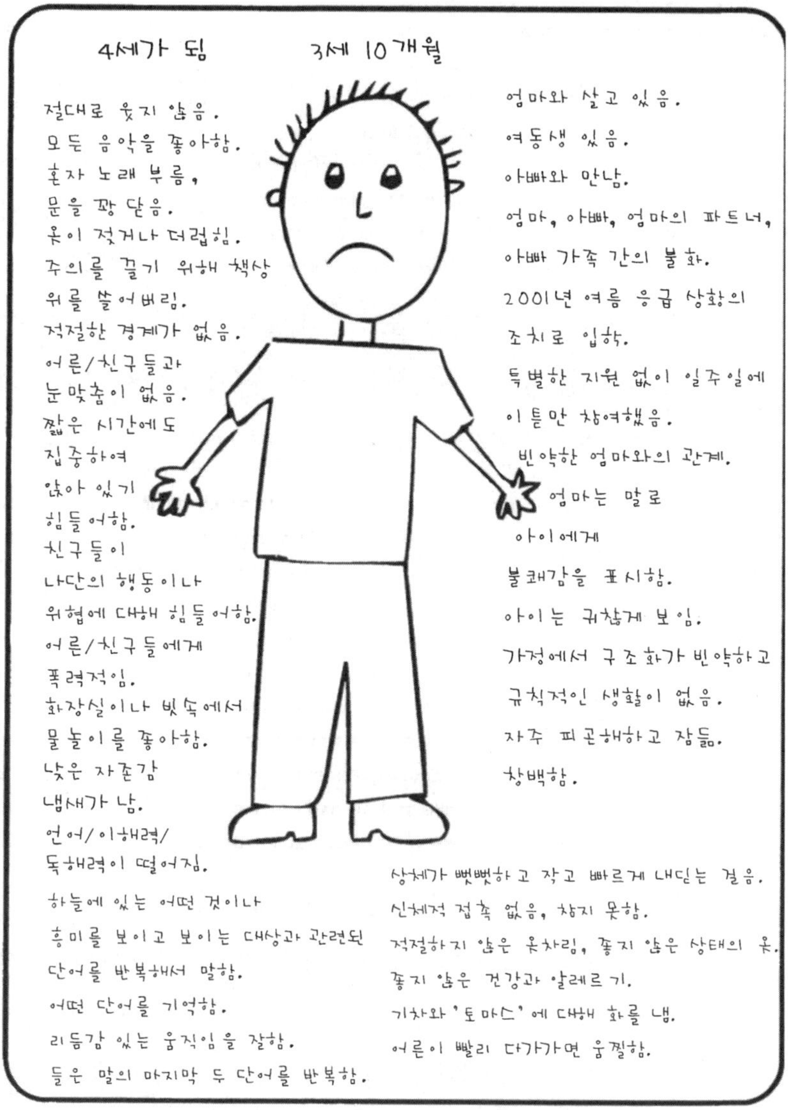

[그림 3-1] 유치원에서 그린 나단의 3세 10개월의 차트

로 추측되었다. 나단의 엄마는 유치원에서 나단에 대해 의견을 나누고자 하는 것에 무관심했으며, 유치원 입장에서 보면 그녀는 전혀 협조를 하지 않았다. 나단에 대한 그녀의 태도는 드러내 놓고 부정적이었다. 오히려 나단의 아버지가 더 협조적이었으나 그가 아이들을 만나는 것은 제한적이었다. 나단은 아버지를 만난 후면 유치원에서의 행동이 눈에 띄게 감당하기가 어려워졌다. 나단의 겉모습도 흔히 방임 상태에 있음을 말해 주고 있었다. 피부는 창백했고, 습진은 치료가 되지 않은 상태였으며, 늘 피곤해했다. 집에서 일상의 규칙이 아주 적거나 아니면 아예 없는 듯했고, 식사 시간이나 취침 시간도 매우 불규칙하였다. 나단의 잦은 유치원 지각과 결석은 일상생활을 규칙적으로 만들려는 유치원에서의 노력에 장애물이 되었다.

유치원에서의 이야기

세 달 만에 나단의 언어가 나아지고 있었지만 교사는 그의 행동이 극단적이고 요구가 매우 복잡, 다양하여 지금껏 노력한 것이 아무런 소용이 없는 일이 아닌지 생각하면서 더 이상 무엇을 할 수 있을지 확신을 갖지 못했다. 그리고 나단의 가족으로부터 긍정적인 반응이 없는 것 또한 그들을 의기소침하게 만들었다.

게다가 그의 말썽은 다른 아이들에게까지 막대한 영향을 미쳤다. 나단의 공격성과 긍정적으로 교류하지 못하는 것들은 다른 아이들에게 여러 번 상처를 입혔고, 그 결과 다른 아이들은 그를 무서워하거나 그에게 위협을 받는다고 느끼게 되었다. 몇

몇의 학부모들은 자기 아이에게 나단의 옆에 가지 않도록 했고, 혹은 그 아이가 때리면 같이 때리라고 했다. 그리고 유치원은 나단을 내보내라는 학부모들의 끊임없는 압력에 시달리게 되었다. 우리 팀은 나단과 그간 놀라운 발전을 이루어 낸 유치원의 방법을 충분히 인정하고 관심을 갖았다. 그리고 그들이 의기소침해지지 않도록 전략을 제안해 주었다. 나단의 과거 및 현재 가족 상황과 함께 나단의 행동에 대한 이해할 수 있는 설명을 하도록 한 것이다. 나단의 엄마와 협조가 되지 않은 상황에서도 일관되고 명확하게 진행되어 온 과정과 나단의 세계에 대한 큰 그림은 팀원과 유치원 교사 모두에게 앞으로의 가능성을 보여 준 것은 물론 그들이 나단에 대해 어떻게 느끼고 있는지에 대해서도 확실하게 해주었다.

나단의 정서적 욕구 평가 나단의 행동이 크게 변화되면서 우리는 나단이 자신의 발달 단계[2] 안에서 다시 경험해야 하거나 혹은 그가 성취하고자 하는 행동들을 측정하는 도구를 사용하였다. 이것은 나단이 발달 단계 중 존재하기 단계에서 달성해야 하는 과업을 습득하지 못했다는 것을 가리키는 것이기도 하지만, 그가 행동하기 단계에서 그것들을 이루어 내기 위해 노력 중이라는 것을 가리킨다.

나단의 부모는 나단이 태어나고 한 달 동안은 적어도 그의 정

2) 6가지 발달 주기를 말하며, 자세한 내용은 이 책의 부록 I을 참고하시오.

서적 · 신체적 욕구에 최소한의 반응을 보였다. 그리하여 나단은 자신의 몸에 대한 흥미 결여, 약한 자기-인식, 몸으로 표현하는 것에 서툰 점, 감정 인식에 대한 미숙함 등, 영아기 때 발달되어야 할 과업들을 제대로 발달시키지 못했다. 다음의 발달과업은 나단이 우선적으로 성취해야 할 목표들이다.

- 돌봄을 받기 위해 말을 하는 것
- 필요한 것이 있을 때 울거나 다른 신호라도 보내는 것
- 돌봄을 받아들이는 것

이에 더해 나단이 좋아하는 물, 떨어지는 핀, 하늘, 춤 그리고 음악 등은 다음과 같은 접근이 도움이 될 수 있다는 것을 말해준다.

- 주변 환경을 탐색하고 경험하는 것
- 모든 감각을 이용함으로써 감각의 인식을 발달시키는 것

우리는 다음의 긍정적 지지어들이 나단의 과업을 이루는 데 우선적으로 도움이 될 것이라고 생각했다.

- 너는 네가 느끼는 모든 감정을 느껴도 좋아.
- 네게 무엇이 필요한가 하는 것이 우리에게 중요해.
- 우리는 네가 여기에 있기를 원하고 너를 돌봐 주고 싶어.

- 너는 궁금한 것을 알아볼 수도, 경험해 볼 수도 있고, 우리는 그러한 너를 지지하고 보호해 줄 거야.
- 네가 필요한 만큼 많이 해 봐도 괜찮아.
- 네가 알아보고 싶을 때는 너의 모든 감각을 사용할 수 있어.
- 너는 모든 것에 흥미를 가질 수 있어.

나단이 자신의 욕구를 적절한 언어로 표현하는 것에 대한 어려움을 생각해 보면, 이러한 긍정적인 말은 나단이 느끼는 가능한 많은 시각적 · 감각적인 형태에 가장 효과적으로 영향을 주었다. 그리고 가끔 나단과 함께 시간을 보내는 또래집단이 나단에게 적절한 도움이 된다는 느낌을 갖도록 하였다. 동시에 나단의 담임교사가 가진 이 같은 전략을 지지하기 위해 다른 교사들도 더욱 이러한 것에 초점을 맞출 것을 강조하였다.

유치원 보육교사를 위한 우선순위 전략 나단의 느낌에 대한 경험을 확실하게 하기 위해 유치원에서는 아기와 같은 배변 훈련을 시작했다. 기저귀를 사용하고, 배변 훈련용 변기를 이용하고, 마침내 화장실로 가서 변기를 사용하도록 나단에게 냄새나 소리, 감각을 느낄 수 있게 했다.

보육교사는 작은 상처가 생길 수 있는 일에 주의를 기울이고 나단을 보살피면서 그의 몸 어디가 아픈지 세심하게 살폈다. 그러면서 점진적이고 조심스럽게 나단과 몸으로 하는 긍정적인 접촉을 가능한 한 늘려갔다.

나단 자신의 욕구가 중요함을 나단에게 가르치기 위해서 보육교사는 음식이나 손과 얼굴을 씻는 것, 그리고 그의 느낌, 즉 배고픔, 음식에 대한 흥미, 맛, 또한 다른 육체적 감각에 대해 자주 그리고 체계적으로 보살펴 주었다. 또한 나단에게 사람들의 주목을 끌기 위한 울음이나 소리를 지르는 것에 대해 가르치고, 어른들은 이에 대해 즉각적이고 적절한 반응을 하였다. 그가 도움이나 보살핌을 요청하면 보육교사들은 상을 주거나 칭찬을 해주었다. 이때 나단에게 지금 무엇을 하고 있고 왜 하는지를 설명했는데, 이것은 그 아이를 보살펴 주고 싶다는 것을 보여 주기 위해서였다. 나단의 하루 활동은 그의 몸에 대한 지각과 정서 그리고 감정을 느끼는 것에 목표를 두었다.

나단의 담임은 그에게 화장실 밖에서 규칙적인 물놀이 시간을 만들어 주는 일에 집중했으며, 그가 감정과 몸의 느낌에 대해 좀 더 이해할 수 있도록 주로 과장된 얼굴 표정과 말로 표현하였다. 그리고 가능하면 언제나 나단의 말과 억양을 반영해 주었는데, 이때는 그의 이해를 돕기 위해 동작, 사진 그리고 실제적인 물건까지 동원했다.

나단의 몸이나 손발을 대고 그림을 그리는 활동, 긴 거울에 비친 그의 모습 중 얼굴, 피부, 손 등을 세밀하게 관찰하도록 하고 여러 가지 감각 운동, 즉 신발을 신지 않고 춤을 추거나 잔디 위, 땅, 나무를 밟게 하는 활동 또는 게임을 하는 시간을 갖거나 누워서 하늘을 보고 새, 비행기, 곤충 들에 대해 이야기하거나 모래놀이, 진흙놀이, 손가락 그림, 찰흙 주무르기 등의 활동을 했다.

그가 자리에 앉아야 할 때는 자기 자리를 알 수 있게 표시해 놓았고, 때로는 상으로 특정한 장난감을 특정한 시간에 가지고 놀 수 있게 하였다. 이는 약속된 시간에 선반에서 기차를 가지고 올 수 있게 하는 것 등이었다. 음악, 춤, 반복되는 리듬 같은 것들이 그의 주된 프로그램이었다.

이 중 많은 것은 이미 유치원에서 시도했던 것이고, 대부분의 활동과 게임은 다른 아이들에게도 적용이 되는 일반적인 활동들이었다. 그러나 나단과 그의 보육교사를 위해 확실하게 우선적으로 해야 할 목록을 만든 다음 시행하도록 함으로써, 다른 보육교사들에게도 정식으로는 아니라도 나단에게 해주어야 하는 것에 대해 분명하게 이해시키고, 나아가 왜 그래야만 하는지도 보여 주는 것이었다. 이런 전략을 명확히 했기 때문에, 그들은 나단의 특별한 정서적인 욕구와 전략을 잘 연결할 수 있었다. 그리고 나단을 위해서 그들이 어떤 노력을 해 왔고 앞으로 그와 함께 무엇을 할 수 있을지 열정적이고 긍정적인 느낌을 확실하게 가질 수 있었다.

나단의 새로운 이야기

7개월 후에 길(Gill)은 주임교사에게 진행 과정과 나단을 위해 특별히 묻고 싶은 것은 없는지 연락을 했다. 주임교사의 대답이 매우 진솔하고 열정적이어서 길은 나단의 변화 과정에 대해 듣기 위해 곧 유치원으로 갔다. 우리는 주임교사와 유치원 보육교사들이 보낸 의미 있는 시간들과 나단의 전후 상태를 비교해서

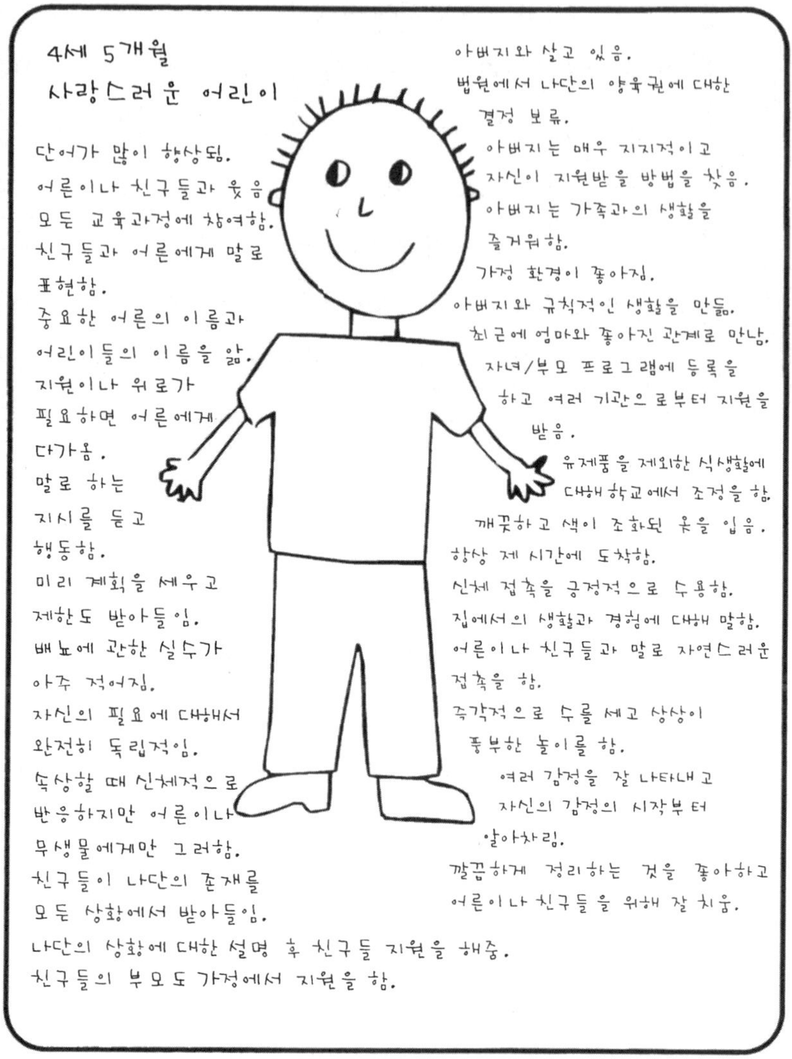

[그림 3-2] 유치원에서 그린 나단의 4세 5개월의 차트

들으며 감동을 받았다.

우리는 마루에 앉아 나단의 이야기가 상세하게 적혀 있는 두 장의 큰 그림을 들여다보았다([그림 3-1], [그림 3-2]). 중대한 변화가 일어났고 누구도 해낼 수 없을 그런 변화가 펼쳐졌다. 나단뿐 아니라 그의 아버지와 그의 여동생, 그리고 유치원의 모든 교사, 다른 아이들 및 그들의 부모와 가족에게까지 미친 변화였다.

나단이 이루어 낸 것 나단의 언어와 단어 문제는 나날이 좋아졌다. 그는 이제 유치원 안에서 다른 학생들과 어른들의 이름을 알고 사용했다. 스스로 말로 접촉을 시도했고 지시를 잘 듣고 적절하게 행동했으며, 도움이 필요하거나 편안함을 원할 때는 어른에게 다가왔다. 그는 집에 대해서, 그리고 생활 속의 경험에 대해 이야기했고 감정을 표현했다. 그에게 규칙에 대해 알려 주면 그것을 따랐고 다른 아이들과 함께 가지고 놀면서 차례를 기다리게 되었다. 그의 몸은 이제 유연하고 신체적 접촉에 긍정적으로 반응했다. 배변 실수도 이제 드물었고, 하루 시간을 측정하는 방법도 알게 되었다. 만약 자신에게 어떤 일이 언제 일어날지 물으면, 예를 들어 주말에 "언제 선생님을 다시 봐요?"라고 물었을 때 "세 밤 자고 나서."라는 대답을 들으면 그는 안심을 하였다. 그는 자주 웃었고 유치원에 규칙적으로 즐거운 마음으로 왔다. 그는 모든 활동에 열심히, 그리고 즐겁게 참여했다. 특별히 즐겨하는 나단의 책임 있는 활동이 있었다. 바로 모든 활동이 끝난 후 아이들, 어른과 함께 정리하고 치우는 것이었다. 또한 나단은 규칙적으로 기차를 가지고 놀았다. 그럴 때면 정확하게 기차가 올려진 선반으로 가서 그것을 꺼낸 다음 기찻길을 만들기 시작한다. 유치원의 마룻바닥은 나단과 친구들이 함께 정교하게 만든 기찻길과 더불어 어울려 노는 곳이 된다.

다른 아이들은 더 이상 나단과 싸우지 않았고 그도 다른 아이들 속에서 가까워지며 우정을 나누는 친구 관계를 만들어 나갔다. 그는 유치원의 아이들, 교사들, 그리고 다른 부모들 모두에게 친구로 여겨졌으며, 밝아졌고 많은 사랑을 받았다.

나단의 가정생활의 변화– 아버지의 긍정적 변화 나단의 아버지는 유치원을 처음 방문한 후, 나단과 여동생에 대한 한시적 양육권을 가지게 되었다. 가족에 대한 책임감을 가지게 된 현실과 가족 구성원으로서 일상적인 역할에 대한 생각과 계획에 대한 욕구는 나단의 아버지가 자신의 어려움에 대한 도움과 지지를 구하려는 힘을 갖게 했다. 그는 생활에서 긍정적 변화를 위해 노력했고 아이들과 집에서 지낼 때도 사랑과 관심을 쏟으려고 애를 썼다. 그의 육체적 · 정신적 어려움은 많이 극복되었다. 그는 침착하게 아이들을 돌보았고 지속적으로 지지적인 관계를 유지하였다. 그는 부모 지지집단에 참석하여 많은 지지를 주고받았다. 가족과 함께하는 경험으로 그는 즐거움을 느낄 수 있었고, 자신감을 얻었으며 다른 부모들처럼 나단의 미래와 복지를 위해 유치원의 교사들과 함께 상의도 했다. 나단이 엄마를 만나고 오면 항상 어려움을 보였다. 그러나 유치원에서는 이런 상황에 대해 늘 준비하였고, 그를 위해 엄마의 따뜻한 '품' 같은 환경을 지속적으로 제공하였다. 아이들을 위한 장기 보육기관에 대한 배치 결정은 당분간 보류되었다.

유치원에서의 새로운 장

나단에 대한 유치원의 교류분석적 사고 방식과 나단을 지지하는 유치원의 역할, 그리고 나단의 아버지는 이 이야기의 산 증거들이다. 그러나 나단의 이야기에서 유치원의 중요한 역할을 또 다른 측면에서 살펴볼 수 있다. 초기에 다른 부모들이 나단을 내보내라는 압력을 주었을 때 주임교사는 나단의 상태와 나단을 위해 세웠던 계획을 그들과 상의하기로 결정하고, 왜 유치원에서 나단을 데리고 있어야 하는지, 어떻게 나단을 지지할 것인지에 대한 계획, 그들이 무엇을 해낼 것인지에 대해 부모들에게 설명하였다. 나단의 정서적인 욕구에 관해 듣고 나서 보인 그들의 반응은 나단이 그들의 자녀에게 했던 공격적인 행동들을 고려할 때 놀라울만큼 따뜻하고 지지적이었다. 그들 중의 몇몇은 그들의 자녀가 나단처럼 위급하고 중대한 도움이 필요하지 않다는 사실이 행운으로 느껴진다고 했다. 그리고 많은 부모가 어떻게 나단과 그의 가족, 그리고 유치원을 도울 수 있는지 물었다. 점차 그들의 자녀가 나단을 따돌리거나 그와 멀리 해야 한다는 시각은 없어졌다. 부모들은 자녀들에게 어떤 일이 일어나고 있는지, 어떻게 반응하는 것이 나단에게 도움이 될지를 시간을 두고 설명했고, 아이들과 부모들의 감정도 변하기 시작했다. 유치원에서는 아이들이 나단과의 교류에서 다른 방법을 찾을 수 있도록 도왔으며 부모가 이러한 유치원의 접근 방법을 지원했다. 나단은 유치원의 다른 아이들이 전체 아이에게 속하듯이 똑같이 받아들이게 되었다. 나단과 나단 가족에 대해 알게 되는 것이 그들과 그들 자녀의 생활에서 의미 있는 중요한 일로 생각되었다. 이러한 감정은 유치원의 모든 교사와 직원에 의해 강하게 퍼졌다. 주임교사와의 대화 중에 지속적으로 마음을 울리는 말은 "우리는 나단에게 정말 많은 것을 배웠습니다. 그 아이는 우리에게 우리 자신에 대해 가르쳐 주었어요."였다.

후 기

법원의 최종 결정에 따라 나단의 아버지가 아이들의 양육권을 갖게 되었다. 나단은 유치원을 떠나 실험적으로 그 지역의 일반 학교에 다니게 되었는데, 그의 교육에 대단히 지지적인 출발을 하게 해주었던 유치원의 모든 교사, 직원과 꾸준히 친밀하게 연락을 하였다. 나단은 계속해서 지지가 필요할 것이고, 그와 그의 가족에게는 반드시 해야 하는 학교의 일반적인 생활이 굉장한 도전이 될 것이기 때문이다. 그가 옮긴 학교는 많은 학생들이 높은 수준의 사회적 · 정서적 그리고 학습에 대한 욕구가 있는 학교였고, 나단도 그 아이들 중의 하나가 되었다. 우리는 유치원을 방문한 이후 '배움은 계속 된다.' 는 것을 알게 되었다. 적어도 우리 팀을 포함해서 말이다.

고등학교에서의 정서 발달의 회복

나단의 이야기는 유치원의 요구에 초점을 둔 실제적인 훈련 회기를 통한 문제 해결에서, 팀이 어떻게 협력적인 접근을 하면 기대하지도 않았던 굉장한 결과를 가져올 수 있는지를 보여 준다.

아이의 더 어린 시절 경험이나 혹은 지속적인 집에서의 경험은 학교에서의 사회적인 행동에 막대한 영향을 끼칠 수 있는데 유치원과 학교가 이러한 아이들을 만났을 때 절망할 필요는 없다는 것을 이 이야기는 보여 준다.

이제 또 다른 이야기로 고등학교 1학년의 남자아이가 갖는 발달단계에서의 구조적 틀이 아이 때나 어른일 때 등 모든 연령에 많은 영향을 미친다는 것을 보여 주는 이야기를 보자. 이 낙관적인 모델은 전 인생을 통해 맑고 순수한 정서 발달을 북돋아 주고, 서로에게 건강한 정서적인 성장을 가능하게 해 준다.

사례 case 제임스 이야기

엠마는 고등학교 교사들의 회의에서 '행동 이해하기' 라는 한 시간짜리 특강을 해 줄 것을 요청받았다. 고학년을 지도하는 교사들의 요청은 학교에서 중요하게 여기는 학과 공부와는 조금 동떨어진 학생들의 행동과 관련된 중대한 문제를 다루어 달라는 것이었지만 강의 시간은 짧게 배정되었다.

이 학교는 높은 목표를 지향하는 모범 학생들에게 집중하고 있었다.

짧은 시간에 실제적이고 의미 있는 의견을 제시해야 하는 어려운 과제와 마주한 그녀는 발달 단계 모델을 간단하게 소개하기로 하였다. 강의가 끝나자 고등학교 1학년 주임교사는 엠마에게 한 해 동안 큰 문제를 일으킨 소년에 대해 이야기를 했다. 그는 밝고 GCSE[3)]에서 A 혹은 그 이상을 받을 능력을 기본적으로 가진 아이지만 이런 요소가 제대로 평가받지 못하고 있다고 했다. 그 이유는 아이가 끊임없이 교실에서 쫓겨나거나 그의 성적표에는 다른 사람을 방해하고 성가시게 하는 행동을 한다고 적혀 있기 때문이라는 것이다.

교실에서 그는 다른 아이들에게 뭔가를 던져서 교사를 짜증나게 만들고 공부를 방해하며 손에 닿는 것은 무엇이든 만지작거린다고 했다. 그는 매우 불규칙하게 수업에 참여하고 자아존중감도 손상을 입은 것처럼 보인다는 것이다.

그는 자주 세면대나 변기를 막아 버리거나 흘러넘치게 만들고 사람들에게 물을 뿌리거나 물웅덩이에 뛰어들어 젖은 옷을 입고 교실에 들어오곤 했다.

엠마가 각 발달 단계에 있는 아이들의 정서적인 과업에 대해

3) 영국의 교육제도의 하나인 'General Certificate of Secondary Education'의 약자로, 통상적 의미는 영국 지역 고등학교 졸업 시 치르는 과목별 시험이다.

설명하는 것을 들으면서, 이 교사는 제임스의 행동이 행동하기(Doing) 단계(부록 참고)에 이루어져야 할 과업에 대한 지지가 필요하기 때문인지도 모른다는 생각을 했다. 제임스의 어린 시절에 대해 묻자 교사는 제임스가 유아기에 입양이 되었다고 말했다. 그 시기에는 부모나 양육자로부터 자신을 둘러싼 신체적인 환경의 경험과 감각을 탐험하도록 허용받아야 하고 긍정적 지지어를 들어야 했다.

이런 설명은 학년 주임교사가 제임스의 활동 범주를 개발하도록 하는 데 도움이 되었고, 그의 존재하기(Being)와 행동하기 단계의 욕구를 충족시키면서 학업도 함께 신경을 쓰도록 하였다. 우리 팀은 제임스가 모래놀이나 물놀이를 아이들과 함께하면서 책임감을 가지고, 다른 아이들에게 자신이 도움이 된다는 것을 깨달을 수 있도록 가까운 유치원에서 그가 정기적으로 일을 하도록 하였다. 그가 즐거워하는 것을 눈으로 볼 수 있었고, 또한 신이 나서 지르는 소리들을 들을 수도 있었다. 제임스는 자주 유치원 교사에게 환한 미소를 보이며 "나 이것 참 잘해요, 그렇지 않아요?" 하고 말하곤 했다. 친구 집단으로 돌아와서도 제임스는 기계장비를 시험해 보거나 다루는 등 맡은 일을 했고, 또한 과학 과목과 기술 과목 수업시간에 실험 활동을 하면서 열심히 관찰하고 직접 시연하는 모습으로 교사들에게 긍정적인 격려와 칭찬을 받았다.

교실이나 학교에서 제임스의 행동은 안정되었고, 고등학교 2학년의 주요 수업에 좀 더 진지하게 참여하였다. 이제 학교는 청년기로 볼 수 있는 많은 학생의 정서적인 욕구를 받아들이고 그들이 경험하고자 하는 성공 경험의 성취를 돕기 위해, 그리고 학생들의 높은 수준의 성취를 지속시키기 위해 무슨 노력을 해야 할지 고려해야 한다.

04

TA 식으로 생활하기

Henri Matisse에게 보내는 편지

— Patricia Blake

TA 상담을 계속해 오면서 나는 에릭 번(Eric Berne)이 전문가들의 엘리트 의식과 어렵고 복잡한 용어를 쓰는 것에 반대했던 철학을 되새겨 보곤 한다. 나 역시 에릭 번과 그의 동료들처럼 시각적으로 창의적인 사고를 하는 사람이 되어 복잡한 이론을 알기 쉽게 만들고 싶었다. 그리고 어떻게 TA가 다른 사람들과의 관계와 대화에 도움이 되는지 젊은이들을 이해시킬 만한 게임을 만들고 싶었다.

나의 어린이 자아의 어떤 감정이 내 과거의 특정 시점으로 가서 마술사 후디니[1]조차도 빠져나올 수 없을 만큼 단단히 봉해져 있던 감정의 상자를 열 때면 나는 두려움을 느끼는데, 그것은 당연한 일이다. 이럴 때 나는 보통 두 가지 중 하나를 한다. 하나는 편안하고 따뜻하게 안전한 내 침대로 들어가서 스스로에게 OK라고 생각하는 동시에 느끼는 것이다. 또 다른 하나는 내가 가장 좋아하는 예술가인 헨리 마티스(Henri Matisse)에게 보내는 편지를 일기장에 적는 것이다. 그러면 내 속에 있는 창의적인 몽상가는 움츠러들고 내 생각과 감정을 글이나 그림으로 표현을 하게 된다. 다른 한편으로 만약 내가 이런 감정을 전문가적인 입장에서 다룬다면 그것은 나의 어버이(P) 자아의 입장에서 나에게 말을 하는 것이다. "가끔 상담가라 할지라도 상담이 필요하다고요." 하고 도움을 요청할 것이다.

이 장은 나의 일기를 요약 · 발췌한 것으로서, 왜 내가 'TA 식

1) 헝가리 출신 탈출 전문 마술사인 해리 후디니(Harri Houdini)는 물이 차 있는 수조 속에서 수갑이나 족쇄를 풀어 탈출하는 탈출 마술 영역을 개척한 인물이다.

으로 생활하기' 라고 이름 붙인 게임을 개발하게 되었는지를 설명하고 있다.

친애하는 헨리에게

지난 5년간 나는 교류분석의 개념과 그것이 어떻게 우리의 성격이나 다른 사람과의 관계 그리고 대화에 도움이 되는지를 공부해 왔어요.

상담교사로서 나의 일 중의 하나는 지도나 돌봄, 혹은 생활의 구조화가 필요한 다양한 아이, 어른과 함께하는 것이었어요. 비록 TA가 새로운 현상이나 이론은 아니지만 TA에 관한 지식이나 이해가 없는 사람들에게 그것은 굉장히 난해하고 복잡한 이론처럼 보일 수도 있어요. 그래서 내가 이해했던 것처럼 다른 사람들과도 생각과 감정을 나누고 싶었어요. 예를 들어, 만약 TA가 내 과거 속에 잠겨 있는 상자를 열 수 있도록 도와주고 나의 어른 자아(A)가 그것을 지금-여기에서 검토해 볼 수 있었다면, 나는 내가 다른 사람을 도울 수 있는 풍부한 자원을 가졌다는 것을 알았을 거예요.

헨리, 예전에 나는 클래스 올덴버그(Claes Oldenburg)의 조각 전시회에 간 적이 있는데 그곳에서 정말 큰 감명을 받았어요. 내가 그 전시회에 갔을 때 늘 그러했듯이 내 안의 아이는 정말 흥분을 했어요. 그 전시회에서 나는 일상의 물건을 크게 조각한 그의 작품을 보고 영감을 느끼고는 내 안에서 '어서 가서 우리나라의 모든 아이를 데리고 와서 이걸 보여 주어야 해.' 라고 소리 지르는 느낌을 받았죠.

TA는 미술 전시회같이 눈으로 보이는 것은 아니에요. 단지 이론일 뿐이죠. 미트볼과 스파게티에 꽂힌 포크나 무지하게 큰 아이스크림, 혹은 빵과 버터 푸딩을 전시된 대로 보는 것과는 다르죠.

올덴버그의 예술은 현실의 인식과 그것의 구성에 중점을 두고 있는데, 감각을 사용하는 예를 제시할 때 비로소 예술은 유용할 수 있다고 말해요(Oldenberg, 1996).

나는 예술처럼 TA가 창의적이고 효과적이며 효율적인 방법으로 사람들의 의사소통, 감정, 생각을 도울 수 있다고 강하게 믿고 있어요. 이런 생각을 가지고 만든 나의 게임은 영아부터 어른에 이르기까지 모든 연령대가 사용해도 무리가 없도록 만들었지요.

헨리, 나는 가끔 스스로에게 내가 왜 교사가 되었는지 묻곤 해요. 내가 내 일을 즐기지 않는다는 게 아니에요. 의심할 여지 없이 나는 내 일을 좋아해요. 그것은 내가 만나는 아이들과 공감할 수 있기 때문이죠. 많은 아이와 함께 일하면서 나의 과거가 떠올라 힘이 들 때면 이것은 나에 대한 작업이 아니라고 스스로 생각하면서 나는 안전하다고 느끼곤 했지요. 이런 나의 도움으로 아이들은 태도와 생각과 행동에 굉장한 변화가 있었어요. 당신은 학교를 다닌 시절을 기억할 수 있나요? 나는 내가 학교에 다닐 때를 회상할 수 있는데 선생님은 "거기 꼼짝 말고 앉아서 네 할 일을 해." 혹은 "생각나는 것을 그냥 적어."라고 말했었죠. 선생님이 정말 몰랐던 것은 내가 생각하고 싶지 않은 많은 일이 있을 때 선생님의 그러한 요구는 정말 어려운 일이라는 거예요. 그리고 '강해져라' 라는 드라이버가 나를 그런 모든 일을 할 수밖에 없도록 만들었지요.

어떻게 아이가 순응하리라 기대할 수가 있죠? 모든 아이가 자신의 인생에서 일어날 수 있다고 생각할 만한 일들, 즉 약물이나 술을 오용하는 것, 가정폭력, 성적 · 정서적 혹은 신체적 학대, 이혼, 입양, 부모와 떨어지는 것, 자신의 부모를 모르는 것, 어려서부터 누구를 돌봐야 하거나 난민이 되는 것, 그리고 더 많은 여러 가지 일에 대한 것 등 아이들의 머릿속에 있는 것을 그냥 있는 그대로 쓴다고 어떻게 기대할 수가 있죠? 자존감이 낮으면 기능이 제대로 작동하지 않아요.

내가 함께 일했던 많은 청소년의 자존감은 바닥이었는데, 그렇다고 해서 이들이 지역의 EBD학교[2)]에 가야 할 정도로 그렇게 불만을 가지고 있었다는 말은 아니에요. 그들은 아마 함께 이야기하고 그들의 말을 들어주고, 그들의 행동을 진정으로 이해하고 도와줄 누군가가 필요했을지도 몰라요.

---

2) 'Emotional Behaviour Disability'의 약자로 정서나 행동의 어려움이 있는 학생들이 다니는 학교를 말한다.

게임을 개발하면서(Blake, 2003) 나는 그것이 청소년들의 사회 기술과 감정 발달을 도와줄 전략으로 사용되길 원했어요. 그다지 복잡하지 않고 그들이 편안하게 느끼면서 그들의 세계에 들어가는 방법을 찾고자 나는 클라크와 도슨(Clarke & Dawson, 1998)이 만든 발달 단계별 긍정적 지지어를 사용했어요(부록 참고). 그리고 아이들의 수준에 맞는 지식과 관점을 재미있고 유익한 창의적인 TA를 사용해서 만들기를 원했어요. 이 게임을 이용해서 많은 것을 배운 두 아이에 대해 이야기해 드릴게요.

기분 좋은 퀼트

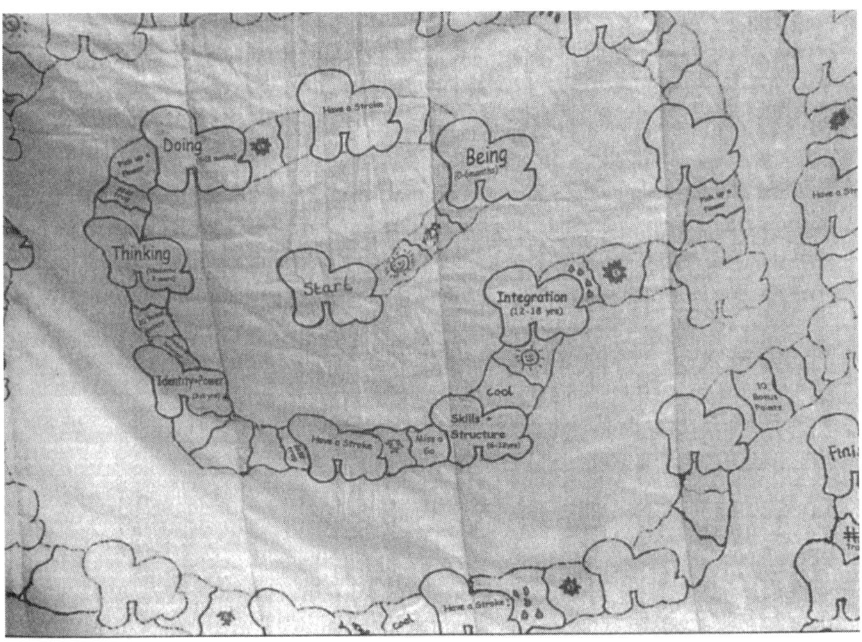

사례 case '선생님, 우리가 글이라도 써야 하는 건가요?'

열 살의 남자아이인 션(Shaun)은 최근에 그의 동생과 헤어져 오랫동안 머물 위탁가정으로 옮겨졌다. 션은 성폭력의 피해자이자 가정폭력의 목격자였다. 최근까지 그는 관리 감독하에 부모와 어린 동생과의 만남을 지속해 왔으나 그의 부모가 이혼을 하고 멀리 다른 지방으로 이사를 가게 되자 이 약속도 깨지게 되었다.

션이 성적인 행동과 말을 사용하기 시작하자 학교는 그를 학교 상담교사에게 의뢰했다. 그는 교실에서 수업 자료를 나누어 사용하거나 다른 아이들과 협동하는 데 문제가 있다는 것이 발견되었다. 또한 친구들이나 교사, 특히 여학생들에게 폭력적이었는데, 이것은 그들의 건강과 안전을 위협하기도 하였다. 관찰한 바에 따르면 교실에서나 놀이터에서 션은 친구들로부터 고립되어 있었고 선생님이 정해 준 집단 활동을 자신이 지휘하고 싶어 했다. 그리고 놀이터에서의 놀이도 자신이 우두머리가 되고 싶어 했고 자신의 말대로 되지 않을 때는 분노를 표출하였다. 이 때문에 친구들은 그가 있는 것을 경계하고 조심스러워 했다.

나의 관찰과 더불어 담임교사와의 논의를 거쳐 우리는 션이 소집단에서 자신의 사회성 향상과 분노 조절, 그리고 타인과의 관계를 잘 해나갈 수 있도록 도움을 주기로 하였다.

나는 션을 처음 만났을 때, 우리가 함께 일을 하게 될 것이며, 너의 행동과 네가 친구를 사귀는 것에 도움이 될 것이라고 설명했다. 그의 처음 반응은 "선생님, 내가 글을 써야만 하는 건가요? 나는 글쓰기가 정말 싫어요. 그리고 나는 수학도 못해요." 였다. 나는 그에게 원하지 않는다면 어떤 글도 쓸 필요가 없다고 말했다.

다음 주부터 션과 나는 매주 만났다. 우리는 그저 이야기를 하면서 시간을 보냈고, 그는 매주 자신이 그날 듣고 싶은 긍정적 지지어를 선택하였다. 예를 들면 이런 것이다. "여기서는 네가 느끼는 대로 느껴도 괜찮다." 곧 그는 화를 덜 내기 시작했고 그의 친구들이나 권위를 가진 어른을 만나도 안전하다고 느끼기 시작했다. "우리는 네가 여기 있기를 원하고 너를 돌봐 주고 싶다."라는 긍정적 지지어가 오가는 중에 션은 자신을 돌봐주는 위탁부모가 친절하고, 도움을 주며 자신을 돌보기를 좋아한다고 말하면서 그런 것들이 자신을 행복하게 만든다고 했다.

우리는 함께 감정 꽃나무를 만들었다. 그는 나무를 도화지에 그린 다음 긍정적 지지어들을 붙였다. 혹은 교실에 붙어 있던 긍정적 지지어의 벽보도 사용했다. 그와 문제가 있었던 아이들이 주로 있는 친구 집단을 선택한 후 나는 그들에게 '기분 좋은 퀼트' 를 소개하면서 이것이 좋은 관계 형성과 친구들과 함께하는 기술을 도와줄 수 있을 거라고 말했다. 이것을 하기 전에 나는 집단에서 여러 가지 감정을 나타내는 한 세트의 사진을 보여주고 그 사진에 맞는 단어와 문장 카드를 고르도록 하였다. 먼저 집단에서 의논을 한 뒤 고른 것은 화난 얼굴이었다. 여기에는 '화가 나도 괜찮지? 그렇지만 네가 너의 화 때문에 스스로나 또는 다른 사람들을 괴롭히는 것은 좋지 않은 거야.' 라는 문장이 어울렸다. 그리고 행복한 얼굴에는 '우리는 네가 있는 그대로 정말 좋아.' 를, 외로운 얼굴에는 '네가 필요한 것은 우리에게도 정말 중요해.' 를 골랐다.

이런 퀼트를 이용하면 집단은 반응을 매우 잘 한다. 부드러움과 안락함을 즐기고 그들은 신을 벗고 그 위에 누워도 되는지 묻기도 하고, 서로 순서를 도와가며 서로에게 긍정의 말을 주기도 하고, 더 나아가 서로 감정을 나누는 것과 대화의 중요성에 대해 의논도 한다. 이것이 게임을 통해 우리가 얻은 것들이었다. 게임을 하다가 어느 한 지점에 게임의 핀이 놓이면 그들은 무엇이든 주어진 시나리오(예: 놀이터에서의 갈등, 교실에서 공부할 때 방해가 되는 것들이라고 게임판 위에 쓰인 상황)에 따라 스스로를 위해 어떤 계획을 세워야 한다. 만약 그들이 게임판 위 '함정'을 만나면 다른 아이들이 "잠깐, 내가 가서 도와줄 때까지 기다려."라고 카드에 쓰인 말을 하거나, 혹은 서로 돕기 위해 실제 상황에서와 같은 도움을 줌으로써 함정에서 빠져나오도록 해준다. 션은 『영혼의 새』(Michal Snunit, 1998)라는 책과 이름이 같은 퀼트 그림에서 자신의 이미지를 발견했다. 그는 자신의 감정을 잘 알게 되었고, 가족과 떨어져 지내는 것에 대한 분노, 그리고 그러한 분노를 다스리는 법을 의논할 수 있게 되었다.

그는 아직도 위탁부모와 함께 살고 있으며 학교에서 많은 진전이 있었다. 션은 최근에 학교 연극에서 리더 역할을 맡았는데, 이는 다른 아이들과의 관계에서 사회성이 향상되었다는 증거다.

나는 지금도 퀼트를 모든 연령의 학생과 사회성 발달을 위한 집단에서 사용하고 있다. 또한 내가 시간제로 일하고 있는 청소년센터와 놀이치료실에서도 사용하고 있다.

보드 게임

내가 일하는 많은 사회성 발달 집단에서 청소년들은 듣기나 공유하기, 그리고 차례 지키기를 어려워한다는 것을 알았다. 많은 아이가 여러 가지 게임을 해 보고는 보드 게임을 가장 흥미있고 재미있어 한다는 것을 알게 되었다. 이 게임은 청소년들이 집단

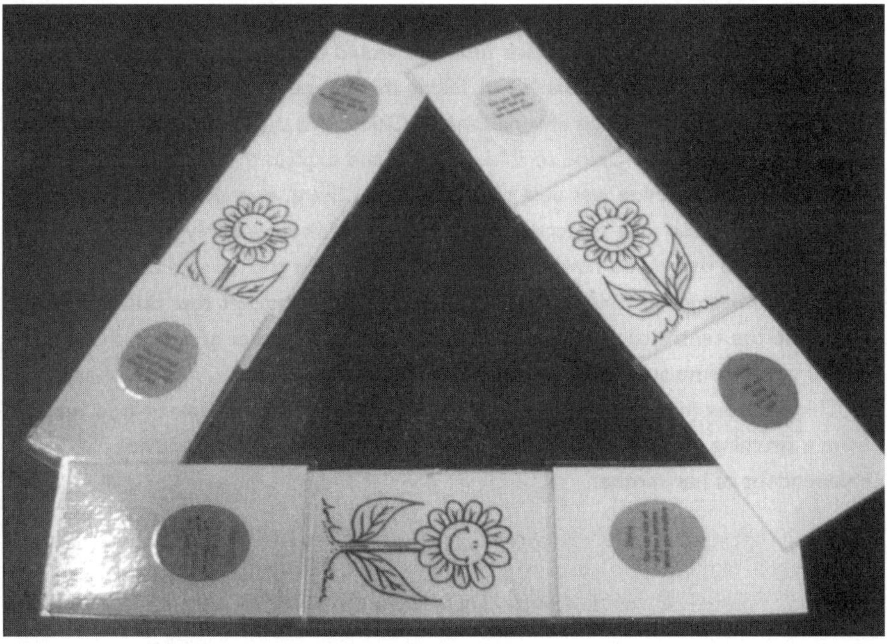

에서 동료들의 나이나 수준, 그리고 이해 정도에 따라 힘들지 않게 정보를 얻을 수 있도록 만들었다. 이 게임은 각 참여자가 긍정적 지지어를 주고받으면서 완전한 한 세트의 카드를 먼저 모으는 것이다.

사례 case '클로이'

클로이(Chloe)는 네 살된 아이로 유치원에서 집중에 문제를 보였다. ADHD를 가진 원아로 약물치료의 도움을 받고 있었는데 유치원에서는 클로이를 돌보는 데 어려움을 겪고 있었다. 특히 아침에 유치원에 올 때 클로이는 엄마와 떨어지지 않으려고 자주 약 먹는 것을 거부하는 것으로 꾀를 부리거나 때를 쓰곤 했다. 클로이는 읽고 쓰는 것과 셈하는 것 등에도 어려움을 보였고, 예상했던 발달 단계보다 낮은 단계의 기능을 보였다.

클로이의 가정환경도 좋지 않았다. 클로이의 부모는 이혼을 했는데, 엄마와 함께 클로이와 잘 지내지 못하는 계부와 살고 있었다. 엄마는 최근에 아이를 가졌고 클로이와 자주 치고 박고 싸우는 오빠도 있었다. 클로이는 특히 미술을 좋아하고, 게임에서 이기지 못하면 뿌루퉁해지지만 게임을 하는 것이나 만드는 것을 좋아했다. 나는 클로이와 개별적으로 자존감 발달 작업을 하다가 점차 집단 작업으로 나아갈 수 있게 했다. 클로이는 질문을 듣기 위해 기다리기보다는 자기가 대장이 되어 상황을 마음대로 하는 것을 좋아했으며 담당 교사나 유치원의 보조교사에게 개인적인 관심을 얻기 위해 대화에 자주 불쑥 끼어들고 게임에서는 자기가 다른 아이 순서를 대신하려고 했다. 클로이와 보드 게임을 하는 것은 클로이의 집중력 기술을 위해서, 그리고 클로이에게 필요한 긍정적 지지어를 받을 수 있는 좋은 방법인 것 같았다.

처음에 우리는 보통 카드와 같은 크기로 얇은 종이를 여러 겹 붙인 다음 뒷면에 꽃을 그린 긍정적 지지어 카드를 사용했다. 우리는 다양한 게임을 했는데, 처음에 카드 게임의 일종인 '손에 있는 카드 빨리 털기'와 트럼프 같은 것을 하여 긍정적 지지어에 클로이가 익숙해지도록 하고 클로이의 읽기를 도울 수 있었다. 매번 클로이는 하나를 골라 하루 종일 가지고 있었다. 그런 다음 우리는 'TA식으로 생활하기' 게임을 클로이와 짝을 지어 하였다. 나는 그 게임의 규칙과 긍정적 지지어를 설명해 주었다. 그런 다음 우리는 게임을 집단으로 시작하면서 나는 클로이가 게임에 대해 설명하고 리더가 되도록 하였다. 이 집단에서 클로이는 집중하고 공유하고 긍정적 지지어를 주고받았다. 또한 반드시 이길 필요는 없다는 것을 받아들이게 되었는데, 이것은 만약 여러분이 완전히 한 바퀴를 다 돌지 못하면 다시 시작하여 처음으로 돌아간다는 규칙과 같은 것이라고 인식하게 된 것이다.

클로이는 유치원에서 자신이 항상 관심의 중심이 될 수는 없다는 것을 배우고 받아들였으며, 이로써 때때로 자신의 엄마와

> 함께 매우 좋은 시간을 보낼 수 있었다.
>
> 클로이는 지금 유치원에서 꾸준한 발달을 보이고 있으며 보조교사에게 일대일 도움을 받고 엄마와 떨어져서 유치원 외부 활동에 참여하고 있다.

나는 모든 연령층이 퀼트, 보드 게임, 벽보 그리고 카드를 사용하는 것에 잘 반응한다는 것을 알았다.

헨리, TA의 갤러리 중에 번, 클락, 굴딩, 그리고 레빈의 이론과 쉬운 접근법도 필요하지만 나는 항상 당신의 창의성과 영감을 주는 편안함도 부탁할 거예요.

감사해요.

사랑과 함께 패트리샤.

나는 바른 모자를 쓰고 있는가

TA를 이용하여 질적인 개인 상담하기

— ANTHEA HARDING

서 문

'선생님 미워!' 보통 사람들이라면 이 말을 듣고 싶어 하지는 않을 것이다. 나는 내가 상담하는 아이들에게서 자주 듣는 말인데, 내 귀에는 이 말이 음악소리처럼 들린다. 그 이유는 이 장을 읽으면 알 수 있다.

교육과 심리 관련 상담가로서 학교현장에서 나의 역할은 퇴학을 당한 아이들이나 이삼 일씩 정학을 당한 아이들을 상담하는 것이다. 이 일을 하면서 나에게 유익한 한 가지 믿음이라면, 그것은 아이들이 현재 보이는 행동은 '그들 삶에서 지금 무슨 일을 겪고 있는지, 그리고 언제 전체 상황이 안 좋아지는지에 대한 경계경보'라는 것이다. 그리고 아이들은 최선의 방법으로 그들 인생에 대처하고 있고, 만약 다르게 할 수만 있었다면 그렇게 했으리라는 것이다. 나는 일하는 내내 '나도 OK고, 너도 OK다.'라는 관점을 유지하기 위해 노력한다. 나는 학교가 아이들을 지지하고 아이들의 최선의 노력을 지지하고 있다고 확신하며, 내가 상담하는 아이들의 부모를 만나지 않는 동안에도 그 부모들은 아이들을 통해 나에 대해 듣고 있다는 것도 안다. 그리고 부모들은 자신들에 대해 긍정적인 이야기를 듣는 것이 중요하게 생각한다. 부모들이 자녀교육에서 어려움에 직면할 때 세상이 그들 편이며, 그들 또한 OK고 알고 느끼는 것이 필요하기 때문이다.

일을 하면서 나는 내가 사용하는 자아상태와 행동적 유형을 쉽게 알아차리게 되었다. 왜냐하면 아이들이 서로 잘 협력하도록 격려하고 내가 아이들에게 적합한 행동의 모델이 되기를 원했기 때문이다(Barrow et al., 2001: 13-16).

메리 콕스(Mary Cox)의 연구에 나와 있듯이 어른 자아, 즉 그녀가 표현한 바에 따르면 [그림 5-1]에서 보여 주듯이 '현실에 기반을 두고 연령에 적합한' 기능인 어른 자아로부터 온 긍정적인 행동 방법을 활용해야 한다는 것을 나는 염두에 두었다(Cox, 1999).

나는 명령하는 듯이 들리지 않게 하려고 매우 다정한 말투와 목소리로 "만약 우리가 X를 사용한다면 어떨까? 그게 더 안전하고 빠를 것 같은데."라고 말한다. 만약 아이들이 협조하지 않더라도 나는 여전히 부드러운 목소리로 "음……, 그것을 해 보고 어떻게 되는지 보자." 하고 말한다. 이같은 방식은 그들이 그동안 들어오던 것과는 다르기 때문에 보통 효과가 있다. 이렇게 할 때 나는 어

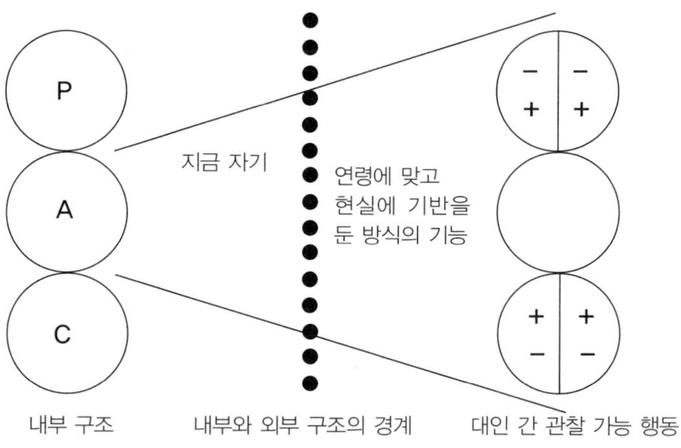

[그림 5-1] 자아상태 구조와 관련된 기능의 도식표(Cox, 1999에서 인용)

른 자아상태에서 양육적인 어버이 자아상태로 애써 바꾸어서 목소리에 웃음을 곁들이고는 "……하면 어떨까?" 라고 말한다. 다시 한 번 말하건대 이것이 아이들이 기대하고 있는 전부는 아니지만 배우는 것이 심각한 것만이 아니라 재미있어도 된다는 것을 그들에게 알려 줄 수 있다.

수년 동안 가르쳐 오면서 나는 나를 신뢰하는 아이들에게 기본적인 어학과 산수를 회기 중에 포함시켰다. 처음에는 대체로 학업에서 뒤떨어진 아이들이 또 한 번의 실패를 경험하는, 그다지 좋은 아이디어는 아니었지만, 그들이 공부에 대한 열의가 생기고 학습 기술을 발전시킬 이상적인 기회가 되었다. 효과적인 교육은 치료적이고 효과적인 치료는 교육적이다.

시작하기

상담을 위해 아이들을 만나러 학교에 갈 때면 나는 아이의 최근 비행에 절망하여 아이들 손을 비틀어 쥐고 들어오는 부모와 자주 인사를 나누게 된다. 아이가 규칙을 어겼다거나 나쁜 말을 쓴다거나 다른 아이를 공격했다는 것은 내가 듣는 세 가지 범주의 호소일 뿐이고, 어른들은 그다음에 어떻게 해야 할지 몰라 쩔쩔매는 것이다. 정말로 이런 아이들에게 학교의 규칙은 상관없는 것이고, 학교도 아이를 이해 못하고 있다 해도 과언이 아니다. 흔히 이런 아이들은 내면의 조절이 안 되고 협력을 할 수 있는 능력이 없을 가능성이 있다. 이것이 대부분 내가 본 학생들의 경우인데, 나는 학교에서 일을 시작하기 전에 이들을 돕기 위해서 무엇을 밝혀야 할지에 대해 몇 가지 생각이 있었다. TA 이론으로 말하자면 이런 아이들은 자신들의 어버이 자아나 어른 자아를 사용하지 않는 경향이 있다.[1] 나와 함께한 아이들이 흔히 보이는 것으로 한쪽이나 혹은 양쪽 부모에게 받은 강력한 메시지는 아이가 부모의 어린이 자아를 잘 돌보아 주면 자신의 어린이 자아도 돌봄을 받을 것이라는 이차적 공생[2]이다(Stewart & Joines, 1987: 202).

---

1) TA 이론가 시프(Schiff)가 말하는 공생(symbiosis)으로, 둘 또는 그 이상의 개인이 마치 한 사람인 양 행동할 때 발생하는 관계 현상을 말한다. 이러한 관계를 맺을 때 사람들은 자신의 세 가지 자아상태를 모두 활용하지 못한다. 대체로 한 사람(통상 부모)이 P 자아상태와 A 자아상태를 사용하고 C 자아상태를 배제시키면 상대(통상 자녀)는 C 자아상태만 사용하고 나머지 두 자아상태는 배제시켜 버린다. 이럴 때 상대(자녀, 아이)는 늘 부모의 P 자아상태 내용을 자신의 것으로 여길 뿐만 아니라 부모의 A 자아상태도 마치 자신의 것으로 생각하고 그대로 따르며 단지 C 자아상태만 사용하여 부모를 기쁘게 하거나 순응하는 모습을 보이면서 늘 부모 곁을 떠나지 못하고 머무른다. – 더 자세한 설명은 부록을 참고하라.

2) 이차 공생(second-order symbiosis): 아이들의 부모 또한 아이와 일차 공생관계(아이가 부모의 C 자아상태 기능을 맡고 부모가 아이의 P와 A 자아상태 기능을 맡는 것) 상태에 있다. 그러나 한쪽이나 혹은 양쪽 부모의 그 이면에는 다른 욕구를 가지고 있다. 그것은 부모가 자녀와 관련된 일에 전체를 책임지고 통제하려는 욕구보다 더 깊이 내재해 있는 것이다. 일차 공생보다 더욱 깊은 수준의 발달 단계에서 나오는 것으로서, 부모의 어릴 적 신체적 스트로크와 위안의 욕구다. 이러한 욕구는 부모의 C 속의 C, 즉 C1(신체적 어린이, somatic child)의 내용이다.
이러한 이차 공생 관계에 있는 부모(특히 모)의 관계 방식 또한 자신의 어릴 적 경험에 그 원인이 있다. 부모(특히 모) 자신의 어머니도 신체적 스트로크를 잘 주지 않는 강하고 과묵한 남편과 결혼을 하였고, 부모(특히 모)가 어렸을 때 아학교에 도착해서 첫 번째 과업은 행동지원팀을 대신하여 나와 교사, 그리고 아이들과의 삼자 계약을 수립하는 것이다. 나는 얼마나 자주 학생들과 만날지, 어떤 일을 할지를 정하고 학교는 프로그램을 진행하기에 적합한 교실을 제공하며 SENCO(Special Education Needs Coordinator: 특수교육 조정자)와 학급담임, 필요하다면 보조교사를 만날 수 있는 시간도 할애한다. 그리고 나는 아이들에게 나에 관해 소개하고 얼마나 자주 만날지, 어떤 종류의 활동을 함께할지 설명한다.

우리의 첫 번째 회기는 정해진 틀이 없다. 나는 아이들에게 같이 살고 있는 사람을 그린 다음 이름을 쓰라고 하는데, 이것은 아이의 성숙도와 필력을 알아보는 좋은 기회가 된다. 연필을 잡는 것은 아이의 행동과 성취 수준에 대한 작은 정보가 되기도 하지만 어떤 아이들에게는 연필을 바르게 잡는 법을 배우거나 글자의 모

버지는 집에 자주 없었으며, 일이나 친구와 술 마시는 데 시간을 보냈다. 부모(특히 모)의 어머니는 신체적 스트로크를 주고 자신을 돌봐 주기를 바라는 어린 시절의 C 자아상태의 욕구를 만족시켜 줄 사람이 없었다. 이럴 때 현재 아이와 일차 공생 관계에 있는 어머니는 어릴 때 자기 어머니의 이러한 욕구를 예리하게 지각하고 '어머니를 별 탈 없이 옆에 두기 위해서는 내가 어머니를 돌보아야 한다.' 고 결정을 내린다. 그리하여 아이의 어머니는 제대로 발달되지 못한 P와 A, P1과 A1을 사용함으로써, 그녀 어머니의 신체적 어린이(Somatic Child)를 돌보는 역할을 맡았다. 지금의 아이 또한 이와 같은 것을 되풀이 하고 있는 것이다. 이것은 부모가 아이의 P와 C 자아상태를 대신해 주는 것 같지만 그보다 더 밑바탕에는 자신의 C 속에 있는 C1 욕구(신체적 어린이의 욕구로 유기에 대한 공포에서 벗어나는 것) 충족에 강한 동기가 자리 잡고 있어 공생 관계를 더 강하게 한다. – 더 자세한 설명은 부록을 참고하라.

양을 바르게 쓰는 활동으로 참여를 유도할 수도 있다.

샘은 일곱 살 된 똑똑한 아이다. 수학은 또래집단보다 상당히 뛰어났고 읽기는 평균 수준이었다. 그러나 쓰기는 샘의 또래 수준에서 썼다고 믿기 어려울 정도였다. 몇 문장을 써 보게 하니 문제가 확실해졌다. 이 소년은 글자를 어떻게 쓰는지 모르는 것이다. 그는 항상 단어를 거꾸로 쓰기 시작했고, 쓰는 일 자체가 고통스러운 과제였다. 몇 회기를 옆에 함께 앉아서 가르치자 샘은 빨리, 그리고 정확하게 쓸 수 있게 되었다. 그에게 새로운 세상이 열린 것이다.

아이들의 그림이나 쓰기를 보는 또 다른 이유는 아이들이 쫓기고 있는 드라이버에 대한 단서를 알 수 있기 때문이다. 이런 정보는 그들의 성격을 추론하게 해주고 적절한 접근 방식을 더욱 명확하게 해준다. 제인의 엄마는 자주 그녀의 통제적 어버이 자아(CP)로 말을 해서 제인과 갈등 상황을 만들었다. 제인을 상담하러 갔을 때 내가 무엇을 계획하고 있는지 알기도 전에 제인은 "난 안 할 거야!"라고 소리를 질렀다. 제인은 내가 통제적 어버이 자아를 사용할 것이라고 생각했지만 나는 자유스러운 어린이 자아(NC)에서 접근했다. 우리는 어린이 자아상태(C)에서 서로 즐거워 했고, 제인의 이층침대 윗칸에서 정말 많은 책을 함께 읽었다. 내가 함께 하는 대부분의 아이는 오늘의 부모가 한 것처럼 다른 사람을 대할 때 통제적 어버이 자아(CP)를 많이 사용했는데, 그것은 그들이 알고 있는 자신의 세계를 조정하는 유일한 방법이기 때문이다. 아이들이 그들과 함께 살고 있는 사람을 그리는 것의 또 하나 이점은 아이들의 유아기적 대상에 대한 이마고와 학교에서 각인된 나쁜 기억을 알 수 있다는 것이다(6장의 이마고 이론의 세부 사항을 참고하라).

매튜는 세 명의 남자아이 중 막내다. 그는 열한 살이고 그의 형은 열네 살과 열여섯 살이었다. 회기를 진행하면서 그는 자주 형들에게 따돌림을 당했고 아무도 그를 보호해 주지 않는다고 생각하고 있음이 드러났다. 엄마는 정신적인 문제를 가지고 있었고 아버지는 아이들을 거의 돌보지 않은 채 돈을 벌어 가족을 먹여 살리는 역할만 했다. 매튜의 소원은 아버지가 형들의 따돌림으로부터 자신을 막아 주는 것이었지만 그런 일은 일어나지 않았다. 결국 이러한 일들은 그가 희생자로 남아 있어야겠다고 확고하게 결심하도록 만들었으며 그의 각본으로 통합되었다. 학교에서 그는 자주 다른 아이들이 자신을 때리도록 싸움을 걸었으며 그들에게 '그건 별로 세지 않은데…….' 하면서 더 세게 때려보라고 말했다. 그러고는 가장 가까이 있는 어른에게 다가가 울면서 다른 아이들이 자신을 아프게 때렸다고 말했다. 어른들은 '매튜는 늘 그러는 아이' 로 여기고 있었기에 매일 일어나는 이러한 일에 특별한 해결책이 없는 것으로 보여 무력감을 느끼고 있었다. 매튜의 이런 각본이 그의 기능에 방해가 되고 학급의 다른 아이들에게 해로운 영향을 준다는 이유로 아침 수업에만 참여하고 있었다. 따라서 그의 부정적인 각본은 변화되어야 했고 적응과 성장을 위해서 상담을 받을 필요가 있다고 판단되었다.

나는 첫 번째 회기는 아이들과 게임을 한다. 뱀과 사다리 게임

(아이들의 보드 게임의 일종)은 규칙이 간단하고 아이들에게 친숙하기 때문에 처음에 시작하기 좋은 게임이다. 이것은 내가 아이들과 친해지는 데 도움이 되므로 교사로서도 적절하게 게임에 익숙해야 한다. 그래야만 그들이 얼마나 규칙을 잘 지키는지도 알 수 있다. 보드 게임의 규칙도 지키지 못한다면 학교 규칙을 지키기는 어려울 것이기 때문에 그들의 성숙도를 아는 데 좋은 도구가 된다. 그다음 회기에는 다른 게임을 소개하는데 다른 게임의 다른 규칙을 경험함으로써 왜 학교 규칙이나 교통 규칙을 지켜야 하는지에 대한 서로의 생각을 토론으로 이끄는 계기가 된다. 이때 유용한 활동으로는 학생이 학급의 다른 아이들에게 규칙을 설명하는 것이나 게임을 가르치는 것이다. 이것은 두 가지 점에서 유익하다. 하나는 아이가 자신의 생각을 사용하는 것이고, 둘째는 나와 함께하는 아이들은 주로 다른 아이들과 상호 돕는 일이 드물어서 소외되고 빈약한 사회성을 보이므로 그들을 다른 아이들과 함께하는 기회를 유도하는 것이다.

진행하기

첫 시간의 끝 부분에 나는 그들을 위해 어떤 계획을 세울지 꽤 종합적인 그림을 가지게 되고, 이 일의 기초로는 팜 레빈(Pam Levin)의 발달 주기(Levin, 1982)와 클라크와 도슨(Clarke & Dawson)의 발달적인 긍정적 지지어(Clarke & Dawson, 1998)를 참고로 한다. (과업과 긍정적 지지어를 포함한 발달 주기 정보의 모든 시리즈는 부록 1을 참고하라). 나는 눈을 감고 그들의 실제 나이와 상관없이 내게 보이는 그들의 나이가 몇 살인지 상상한다. 대부분의 아이는 두 살 정도다. 이것은 그들의 정서 발달 시기상으로는 행동하기 단계(Doing Stage)인데 그 단계가 완전히 성공적으로 끝나지 않았거나 아이가 자신을 위해 생각하는 법을 배우지 못한 단계다. 첫 번째 회기에서 모은 이런 정보는 사례의 지침이 된다.

만약 내가 어떤 아이가 어느 단계에 머물고 있는지 의심이 든다면 나는 그 아이에게 나를 그려보라고 말한다. 행동하기 단계를 완전하게 끝내지 못한 아이들은 자신들이 보고 느낀 색채나 명암을 표현하기 위해 필요한 색을 섞어 만들 능력이 부족한 듯하다. 그들이 사용한 것을 보면 행동하기 단계에서 더 충족되어야 할 것이 있음을 알 수 있다. 만약 그들이 글씨를 쓰는 것이나 연필을 잡는 것에 문제가 있다면 아마도 생각하기 단계(Thinking Stage)와 관련이 있는 어려움을 가지고 있는 것이고, 기술 부족으로 좌절하게 되는 것이다. 그래서 학교는 두 가지 딜레마에 부딪힐 수 있는데, 하나는 교사가 보기에 학생이 그 학년을 감당할 수 없을 정도로 미숙하다는 생각이 드는 반면 학생은 자신의 기술 부족, 즉 무엇을 제대로 해내지 못하는 것 때문에 좌절하게 되는 것이다. 그들은 어른들에게 그들이 아는 유일한 방법인 '행동'으로 말을 한다. 행동은 그 자체로 중요한 정보로, 가정에서 어떠한 것이 완수되었으며 어떠한 것이 완수되지 않았는지 정보를 주고 초기의 이마고와 그 아이의 발달 상태를 알려 준다.

사례 case 존

열세 살인 존(John)은 똑똑하지만 학교에서 꽤 힘들어하고 있었다. 존은 일대일의 도움을 받고 있었는데 학급의 면학 분위기를 해쳐 교실에서 자주 쫓겨났다. 존의 아버지는 아이들에게 무슨 일을 시킬 때면 '소리를 지르거나, 하라고 명령하는 것'이 방법이라고 믿었는데, 존 역시 학교에서 아버지처럼 행동하고 있었다. 그는 내면의 통제력도 없었고 어떻게 서로 협력해야 하는지도 모르는 채 교사가 아버지처럼 해야만 옳지 않은 행동을 멈추었다. 이 아이에게 학교는 나날이 좌절과 수치스러운 경험의 장소일 뿐이다.

이런 아이들은 매우 오랫동안 강한 방어기제를 가지고 있었기 때문에 존이나 존과 비슷한 이들과 함께하는 일은 매우 어려운 일이다. 존과 게임을 하는 것도 어려웠는데, 게임을 할 때조차 그 아이는 격려받은 적이 없었기 때문에 매우 강한 통제적 어버이 자아(CP)의 행동으로 자신이 규칙을 알고 있다고 우겼다.

우리 둘만 남게 되자 그는 세 살짜리 아이처럼 끊임없이 크게 소리를 지르고 일어나서 교실을 돌아다녔다. 비록 멀리 나가지는 않았지만 존은 나가고 싶으면 교실을 나갔고 선반에 흥미를 끌만한 것이 있는지 뒤적거렸다. 나는 존이 굉장히 좋아졌고 마음이 착하다는 것을 알았다. 그래서 존과 상담작업을 진행하기 위해서 그에게 내 프로젝트를 도와달라고 했다. 그리고 해야 할 일 때문에 걱정이 있다고 말했다. 사실 그가 나를 돕지 않겠다고 하면 나는 작업을 하지 못할 것을 알았기 때문에 두렵기도 했다. 처음에 그는 망설였지만 아이디어를 내놓았다. 나는 그의 긍정적인 양육적인 어버이 자아(NP)에 도움을 청한 것이었다.

다음 만남에서는 기초 그림 한 장과 분필 그리고 보드마커를 가지고 와 [그림 5-2]와 같이 두 사람을 칠판에 그리는 것으로 시작했다. 그리고 존에게 그 그림을 다시 그리도록 하면서 그 전에 분필로 먼저 그릴 것을 제안하였다. 그는 내키지 않아 했지만 결국은 종이를 바닥에 펴 놓고 보드마커로 그렸다. 그는 뒤로 물러나서 자신이 그린 것을 보았다. 나는 그림 중 한 아이의 머리가 조금 더 커야 하지 않을까 생각했는데 존이 "아니에요, 그대로 할 거예요."라고 말해서 약간 짜증이 났다(나의 '완벽함' 드라이버가 작용했는데 만약 존이 더 나아지기를 원하면 그것

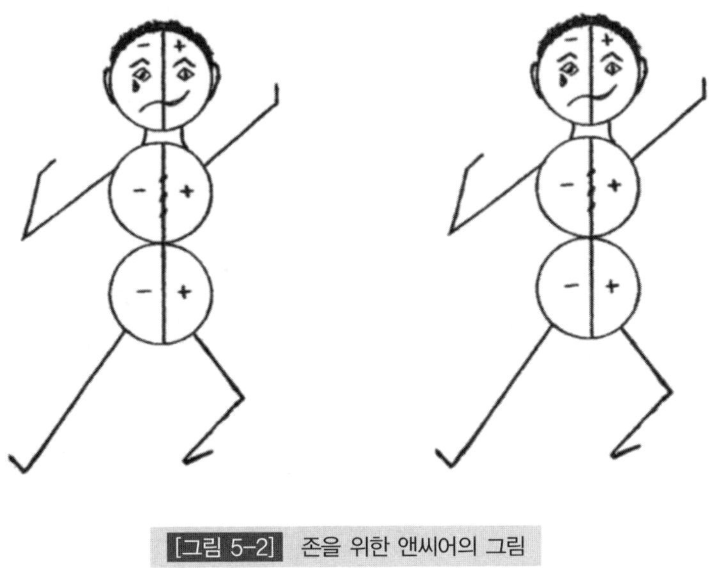

[그림 5-2] 존을 위한 앤씨어의 그림

을 포기할 줄도 알아야 한다는 것을 깨달았다).

존은 열심히 했고 그 과제를 마칠 때까지 우리는 함께 이야기도 했다. 작업을 마치자 그는 서서 자신의 결과물을 살펴보고 말했다. "한 사람의 머리가 더 커야 했는데……." 나는 그에게 정말 잘했다고 말해 주고는 확인시켜 주었다. 내가 다른 아이들과 그 그림판을 사용했을 때 그 아이들도 흥미를 느꼈는데 그것은 존이 이미 그 일을 했기 때문이었다. 존이 그렸던 것은 그와 나의 그림이었다. 나는 아닌데 왠지 아이들은 나를 빨간 머리로 생각했다. 회기 마지막에 우리는 각 동그라미 안에 서서 그것들의 기능에 대해, 그리고 다른 사람과 어떻게 교류하는지에 대해 이야기했다. PAC를 언급하는 대신에 아이들이 쉽게 인식할 수

[그림 5-3] 존의 그림

있는 이름으로 나는 생각하기, 행동하기, 느끼기란 말을 사용했다. 사실, 그들이 각 동그라미 안에 실제로 서 있는 것은 그것이 굉장한 도구라는 것을 증명하는 것이었다. 존은 판에서 비켜서면서 말했다. "나는 생각하기는 안 쓰는 거지요. 그렇죠?"

배운 것 사용하기

존이 그림을 그린 판은 내가 가진 가장 소중한 도구였기 때문에 나는 그것을 늘 보이는 곳에 두었다([그림 5-3] 참고). 단지 한 장의 밑그림을 사용함으로써 나는 내 학생이 앞으로 나아가도록, 잘 되지 않았던 행동에서 '풀려나기'가 되도록, 그리고 무엇을 하는 데 새롭고 흥미로운 방법을 발견하게 할 수 있었다.

사례 case 매튜

매튜(Matthew)는 밑그림 판을 좋아해서 항상 나에게 가지고 왔는지 물어보았다. 그 아이는 생각하기, 행동하기, 느끼기, 그리고 특정 상황이 잘못되어 갈 때 실타래를 풀어내는 데 굉장한 기술을 지니게 된 것을 보여 주었다. 최근 학교에서 그의 행동의 변화는 확실하게 나타났고 성취하기 시작했다. 그가 최근에 알게 된 '생각하기'를 사용한 것이었다. 지난번 내가 매튜의 선생님을 만났을 때 그는 매튜가 별로 좋지 않게 며칠을 보냈다고 말했다. 사실 '그는 늘 똑같았다.' 내가 매튜에게 그동안의 상황을 설명해 보라고 하자, 그는 바닥에 판을 펴놓고 부정적인 감정 위에 섰다. 그는 어른들이 자신의 노력에 대해 알아주지 않는 것에 상처를 받았다. 그는 매번 학교에 오기 전이나 전날 밤에 집에서 쓴 이야기를 가져왔지만 교사는 너무 바빠서 그것을 볼 수가 없다고 했던 것이다. 그것은 매튜에게 큰 상처였고, 자신의 노력이 아무 쓸모도 없는 것이라 느꼈던 것이다.

매튜는 우리가 그의 문제에 대해 만족할 만한 해결책을 찾지 못해도 자신의 느낌이나 생각, 그리고 어떤 일이 일어날지에 대해서 매우 잘 인식했다. 우리는 그가 원하는 것을 얻기 위해 어른들에게 어떻게 다가갈지에 대해 함께 탐색했다. 나는 매튜에게 "이건 제가 쓴 이야기인데 선생님이 읽어 봐 주셨으면 정말 좋겠어요. 지금 바쁘신 것 같은데 책상 위에 놓고 갈 테니 나중에 읽어 보실래요?"라고 말해 볼 것을 제안했다. 그의 얼굴이 밝아졌다. 우리는 판 위에 서서 시나리오에 따라 연습하기로 했다. 매튜는 생각하기로 들어갔고 그가 준비가 되었을 때 그는 행동하기 단계로 옮겼으며, 그의 생각을 전달했다. 그리고 그는 느끼기 단계로 가서 그 해결책에 대한 자신의 느낌을 보고했다. 매튜는 다른 각도에서 문제를 보는 법을 배우고 있는 것이고, 이것은 교사에게 때때로 매튜가 어떻게 말하고 행동하는지에 대해서 나에게 알려 줄 것과 아이가 자신의 욕구를 표현하게 하기 위해 교사와 내가 함께 작업하는 것을 제안할 좋은 시기라고 느끼게 만들었다.

사례 case 존

존과 내가 그다음에 만났을 때 나는 밑그림 판을 바닥에 펴놓고 다음과 같이 쓴 종이를 손에 쥐고 있었다. '만약 네가 어떻게 해야 할지 잘 모를 때 너는 어떻게 할 거니?' 그리고 이런 방정식을 주었다.

$$2(3+4)=$$

그는 '14' 라고 대답했고 나는 다음 방정식을 만들었다.

$$a(b+c)=$$

그는 이 방정식의 답을 몰랐고, 나는 그에게 만약 교실에서 이 문제를 풀어야 한다면 그가 생각하기에 밑그림 판의 어느 곳에 서 있을 것인지 물었다. 그는 망설임 없이 부정적인 감정 위로 갔다. 그는 화가 매우 났을 것이고 교사의 말을 듣지조차 않을 것이며 수업을 방해하고 굉장히 떠들어 댈 것이라고 했다.

그가 말로 표현하지 못하고 요구하지 못했던 것을 표현하기 위해 소란스러운 소리를 냈는데, 그것은 그가 어떤 것을 할 수 없을 때 자신의 괴로움이나 창피함을 덮기 위한 표현이었던 것이다. 그리고 존은 다른 아이들을 위해 게임을 만들 거라고 말해서 나를 놀라게 했다. 그는 종이를 찢어서 각각 합을 적었다. 밑그림 판에 그려진 두 사람 사이에 답이 적힌 종이를 놓아 두면 우리의 과제는 답을 고르는 것이었다. 그는 '생각하기' 위에 서서 선택을 했다. 나도 그와 같이 했다. 우리는 누가 그 게임에서 이겼는지 말을 하지 않았다. 물론 당연히 존이 이겼기 때문에 말할 필요가 없었다. 왜냐하면 존은 그동안 자신이 수업시간에 방정식 문제를 몰라 괴로움이나 창피함을 덮기 위한 표현으로 교실에서 소란스러운 소리를 냈지만 이제는 그렇게 하지 않아도 될 수 있다는 것을 생각해 냈기 때문이다. 나는 존과 함께 칠판에 두 사람을 그리는 것으로 회기를 마무리했는데, 한 사람은 나이고 다른 한 사람은 존이었다. 그런데 존은 울고 있었다. 그는 빨간 색으로 우리 둘을 동그라미로 묶으면서 "앤씨어(Anthea), 그리고 존, 영원한 친구"라고 말했다.

우리의 다음 만남은 별로 시작이 좋지 못했다. 존은 방을 들락거렸고 나는 아이들이 세 살배기처럼 굴 때 내가 보통 하는 행동을 했다. 책을 읽는 것이다. 그렇게 하면 적합하지 않은 행동을 빨리 멈추었다. 그러나 그가 내 반대편에 앉았을 때 울고 있다는 것을 알았다. 그는 자기는 잘 울지 않으며 지금 울고 있는 것을 믿을 수 없다고 말했다. 수문이 열린 듯 그는 아이처럼 울면서 더 이상 견딜 수가 없다고 말했다. 우리는 그가 겪는 하루가 얼마나 힘이 드는지에 대해 이야기했고, 그가 교실에서 그의 능력 부족에 쏠리는 관심을 피하기 위한 전략을 설명했다. 내가 존을 가여워하면서 나는 그가 모든 자아상태를 사용하기 시작했다는 것을 알았다. 그는 행동을 취하기 전에 자신의 생각을 알리기 위해 스스로 감정을 느끼도록 허용했던 것이다.

둘이 하나보다 낫다

나는 등교 거부로 의뢰받은 트레이시(Tracey)와 학교에서 퇴학당한 데이비드(David)를 각각 상담하였는데, 그 당시 나는 아이들이 함께 조력할 때 힘이 생기는 것을 알았다. 그들은 항상 엇갈렸는데 한 아이가 떠날 때 다른 아이가 도착했다. 아이들은 왜 다른 아이가 나와 상담을 하는지 어떤 활동을 하였는지 궁금해했다. 그들의 이야기는 많이 달랐지만 그들의 호기심 때문에 되든 안 되든 그들이 서로 지지할 수도 있지 않을까 하고 생각하게 되었다.

두 아이 모두 열세 살이었다. 트레이시는 아직도 상당 부분 행동하기 단계에 머물러 있었고 생각하기 단계로 옮겨 가는 것에 대해 저항하고 있었다. 그래서 처음에는 그 아이와 행동하기 단계의 활동을 하였다. 다음 단계로 나가기 위해 나는 사회기술을 기르고 규칙과 적절한 경계를 배우면서 내적 통제력을 향상시킬 수 있는 수영장에 데리고 가거나 차를 함께 마시러 나가는 것으로 시작하였다. 우리가 차를 마시러 교실을 나설 때 트레이시의 과제는 출발지로 무사히 돌아오는 것이었기 때문에 우리가 갔던 길을 적어두어야 했다. 트레이시는 그때까지도 등교를 거부하고 있었지만 우리가 협력하는 이런 외출로 약간의 진전을 보이기도 했다.

데이비드는 그간 새로운 학교를 배정받았다. 우리는 함께 방문을 했고 그는 정말 그 학교에 가고 싶다고 했다. 데이비드와의 상담은 성공적이었다. 당시 매우 화가 났던 이 소년은 한 가지 생각에 사로잡힌 채 내 방으로 왔었다. 그것은 복수를 하기 위해서 그가 제적되었던 학교로 돌아가야 한다는 것이었다(부정적인 반항하는 어린이 자아상태 반응). 그는 자기가 쫓겨났던 학교에 자신이 받은 것 같은 심각한 피해를 입히겠다고 협박을 하였고, 폭력적인 행동이나 생각에서 벗어나지 못하고 있었다. 우리는 화가 날 때 무엇을 할지 같이 작업했고, 내가 공기 펌프와 부풀린 펀치 백을 만들기 전까지는 내가 제시한 모든 제안에 저항했었다. 그러나 그것은 효과가 있었고, 그 아이는 그 생각들에서 벗어났다.

트레이시와 데이비드의 첫 만남에서 우리는 보드 게임을 했다. 그리고 데이비드는 왜 트레이시가 학교를 가지 않으려 하는지 알아보았다. 그는 새로운 학교에 흥분해 있었고 꼭 가기로 결정을 하고 있었기 때문에 트레이시가 등교를 거부하는 것을 이해할 수 없었던 것이다. 이것은 그들이 반복해서 말하던 주제가 되었다. 데이비드가 트레이시에 대해 얘기할 때는 확실하고도 눈에 보이는 양육적인 어버이 자아상태가 되었다. 우리가 함께한 회기는 세 사람 모두 자유스러운 어린이 자아상태여서(NC) 즐겁고 웃음으로 가득했다. 그러고 나서 데이비드가 세 가지 자아상태를 적절하게 보여 주게 되었는데, 그것은 실제로 '과녁 맞추기'[3] 상황이었다.

나는 학기를 마칠 때가 가까워지자 데이비드에게 작별인사를 할 것을 제안했고, 우리 셋은 견학을 가기로 했다. 트레이시는 도시 농장에 가는 것이 좋은 생각이라 했지만 우리는 데이비드를 놀라게 해 주기 위해 비밀로 해야 했다. 그러나 견학은 데이비드를 위한 것이기도 했기 때문에 나는 데이비드에게 이야기했고 그는 정말 신나했다. 회기를 함께하는 동안 나는 데이비드가 의식적으로 트레이시의 미숙함을 받아 주고 있다는 것을 이해하게 되었다.

그래서 내가 견학에 대해서 데이비드에게 말을 했을 때, 나는 우리 둘 다 [그림 5-4]에서 보듯이 어른 자아상태와 어버이 자아

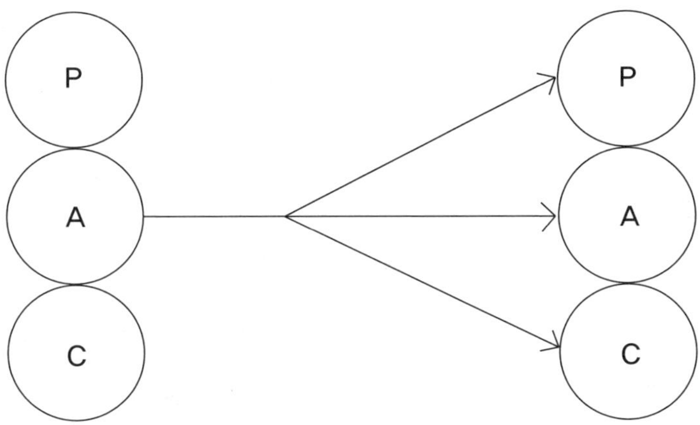

[그림 5-4] 과녁 맞추기 교류(Woolams & Brown, 1978)

3) 자세한 설명은 부록을 참고하기 바란다.

상태를 사용하는 것을 알았다.

우리는 견학 준비에 대해 이야기할 수 있었지만 트레이시가 즐거워하도록 그냥 두기로 했다. 여행가기 바로 전에 트레이시는 농장으로 가는 길에 데이비드의 눈을 가릴 수건을 가져오겠다고 말했다. 그러면 데이비드는 정말 놀랄 것이라고 했다. 나는 그러지 말라고 말하면서 데이비드가 무서워 할 수 있다고 했지만 트레이시는 단호했다. 그 순간 트레이시는 정말 세 살짜리 어린아이 같았고 내가 할 수 있는 일은 데이비드에게 알려 주는 것이었다. 견학을 가기로 한 날이 왔고 데이비드를 데리러 가기 전에 트레이시를 지원팀 사무실에서 만났다. 운전을 하고 가는 길에 트레이시는 이번 여행을 위해 준비한 바디스프레이와 헤어스프레이, 그리고 빗을 자신의 백에서 꺼냈다. 트레이시는 흥분을 해서 자신의 머리에 바디스프레이를 뿌렸고 우리는 둘 다 잠시 숨이 막혔다. 데이비드의 집에 도착하자 트레이시는 수건을 꺼내 들었다. 그러나 데이비드는 그의 잘 발달된 어른 자아를 사용하여 털모자를 쓰고 나왔고 농장에 가까워질 때까지 그 모자로 눈을 가리고 있겠다고 말했다. 다행스럽게 트레이시는 그 생각에 동의했고 데이비드는 꼭 약속을 지키겠다며 내가 사인을 보냈을 때 모자를 눌러 써서 눈을 가렸다. 나는 가끔 우리를 다른 사람들이 어떻게 볼까 궁금하기도 했다. 견학은 정말 성공적이었고 두 아이들은 각각 자신들이 미처 깨닫지 못한 채 상대에게 큰 것들을 주었다. 데이비드는 정말로 과녁 맞추기 교류를 하였다([그림 5-4] 참고). 그는 트레이시를 향해 어버이 자아로 '위험하니 말 뒤에 서 있지 마라.' 고 말을 했고,

그녀에게 그날 본 것에 대해서 말을 했다(어른 자아). 그리고 병아리들과 거위 새끼들을 손에 들고 즐거워했다(어린이 자아). 잘했다, 데이비드. 너는 스타야!

진정한 친구

트레이시는 우리가 처음 만난 이후로 정말 긴 여정을 걸어왔고, 그동안 특별한 순간들을 함께 나누었다. 트레이시가 좋아하는 여가 시간 중 하나는 가까운 공원에서 거위에게 먹이를 주는 것인데, 이것은 트레이시가 보다 잘 구조화된 하루의 활동 중에서 협력을 배우는 시간이 되었다. 하루는 빵이 떨어져서 우리는 가까운 카페에 가서 아이스크림을 먹기로 했다. 밖에서 말없이 다정하게 서로 기대어 앉아 있었다. 이후 내가 가야 할 시간이라고 말하자 트레이시는 내 신발에 묻은 진흙 때문에 자동차의 카펫이 더러워지면 어떻게 하느냐며 걱정을 했다. 그녀는 카페의 계산대로 가서 신발에 묻은 흙을 닦을 수 있는 종이를 좀 얻고자 했다. 그때 나는 트레이시가 그런 일을 하기를 어려워했던 것이 생각났다. 즉, 트레이시는 종종 자신이 원하는 것을 가지지 못할 때 슈퍼마켓의 바닥에 드러누워 있곤 했던 것이다. 그러나 나는 긍정적인 상황을 기대할 수 있다는 것을 그 순간 깨달았다. 나는 어떻게 우리가 거위에게 먹이를 주었으며, 편안하게 침묵 속에 앉아 있었으며(어린이), 어떻게 그녀가 양육적 어버이 자아를 사용해서 내 신발에 묻은 흙을 걱정했는지 생각했다. 나는 한 번 시도해 보기로 했고, 우리는 트레이시가 필요한 것을 계산대에 가서 가져올 수 있게 연습을 해 보았다. 그리고 트레이시는 계산대에 갔고 나는 걱정을 할 필요가 없었다. 그녀가 한 움큼의 종이를 가져와 우리는 구두를 닦았다.

이 모자의 느낌은 어때

아이들이 그들의 '생각하기'를 사용할 수 있게 되기 전까지 남겨 두는 활동이 있는데, 그것은 '모자들이 든 가방'이다. 그것은 말 그대로 여러 가지 경로로 모은 모자가 든 가방이다. 이제 아이들은 여러 장소에서 규칙을 배우고 여러 가지 다른 상황에서 각각의 규칙들과 그것을 지켜야 하는 이유 및 규칙을 어겼을 때 따르는 결과를 배웠다. 이제 여러 다른 상황에서 다르게 행동하는 것을 배우고 연습하는 시간이다. 나는 아이들에게 그들의 집에서의 '모자'와 학교에서의 '모자'를 고르게 한다. 아이들에게 그들이 아침에 집을 나설 때를 머릿속에 그리라고 한 다음 그들이 집에서의 모자를 벗어 놓고 학교에서의 모자를 쓰는 것을 떠올리라고 한다. 교실에서 공부가 시작되었을 때 그들은 일반적인 학교 모자를 벗고 생각하는 모자를 써야 한다. 함께 작업을 하면서 나는 아이들이 어떤 모자를 쓰고 있는지, 그리고 어떤 모자를 써야만 하는지를 점검하는데, 이것은 그들이 상황에 따라 행동도 적절하게 변해야 한다는 것을 배울 수 있도록 한다. 이 접근 방법에서 중요한 점은 아이들을 위해서 어떤 상황에서든 그들의 가정을 비난해서는 안 된다는 것이다. '나도 OK고 그들도 OK다.' 그리고 그들의 가정이나 가족도 OK다라는 것을 알려 주는 것이다.

나와 아이들이 함께 걸어온 길은 종종 불확실하고 불편한 길이었다. 그러나 그들이 행동을 알리기 위해 생각과 느낌을 사용할 수 있게 되었을 때 결과는 긍정적이었다. 우리가 좋은 일에 함께 웃으며 한 여정도 있었지만 이 아이들은 자신의 행동에 도전을 받고 나에게 화를 낸 적도 있었다. 그들이 소리를 지를 때, 가끔 물건을 집어 던질 때 나는 대단히 기뻤다. 왜냐하면 변화할 것을 알았기 때문이다. 나는 우리가 곧 다시 친구가 되고 그들의 성공을 향해 또 한 걸음 내디딜 것을 알았기 때문이다. '난 앤씨어(Anthea) 선생님이 미워!' 는 내 귀에는 정말 음악소리다.

06

나는 밖에 있는 거야 안에 있는 거야

이마고 이론을 사용해서 효과적인 집단 작업 발달시키기

— Emma Bradshaw & Gill Wong

- 왜 집단은 우리에게 그렇게 중요한가?
- 왜 집단은 때때로 우리가 기대한 것처럼 되지 않는가?
- 최초의 가족 이미지가 집단에서의 역할에 얼마나 강하게 영향을 미치는가?
- 우리는 집단이 건강하게 분명한 목적을 가지고, 안전하게 운영되도록 하기 위해 이마고 이론을 어떻게 활용할 수 있는가?

이 장에서는 TA 이론이 어떻게 집단을 발달시키는지 알아볼 것이다. 그리고 학교의 집단에서 TA의 영향을 생각해 보고 사례를 통해 보여 줄 것이다.

학교 생활 적응 지지집단 속에서 에릭 번의 이마고 이론의 소개

이마고(imago)[1] 이론은 집단이 어떻게 발달하고 유지되는지에 대한 관찰을 토대로 하여 에릭 번(Berne, 1963)이 개발하였다. 번은 치료 집단을 운영하며, 내담자를 돕기 위해 자신의 이론을 적

1) 주체의 내부상태와 역동에 따라서 다른 사람들에 대한 주관적인 이미지들이 생성된다는 사실을 강조하기 위해 이미지(image) 대신 사용되는 라틴어 용어다. 이는 자신의 양육자에 대한 수많은 정보를 하나로 혼합하며 하나의 이미지를 형성하여 자신도 모르게 내적인 영상을 갖는 것을 의미한다. 통상 이마고는 어린 시절에 가장 크게 영향을 끼친 사람들의 복합적인 이미지로 이루어진다.

용하였다. 교육적 맥락에서 집단은 교사 집단, 학급, 특수교육 필요 집단, 사회 기술 집단, 그리고 직원(스태프-팀) 집단까지 일상생활 중의 한 부분이다.

행동 지지 전문가로서 우리 일 중의 하나는 효과적으로 기능하지 못하는 집단과 정기적으로 일을 하는 것이다. 때때로 학생 개인이 문제를 일으키는 것으로 보이는 학급이 알고 보면 학급 내의 역동이 문제가 있는 경우가 있다. 우리는 학교 간에 언어나 수학 능력을 기준으로 집단을 나누고 지원을 활발하게 하는데 학교에서는 이러한 집단의 잠재적 역동이 에누리되고 있다. 집단의 많은 학생이 낮은 자존감과 학교에서 좋지 않은 경험을 가지고 있다. 우리는 이런 집단과 개인을 더욱 협력적이고 학교에 집중할 수 있도록 도와주는 일을 하고 있다.

기본적인 욕구기아

TA 관점에서 보면 인간은 세 가지 기본적인 욕구기아, 즉 인정기아, 구조화의 기아, 그리고 자극기아가 있다. 인정은 인간의 기본 욕구로 충족되지 않으면 극심한 박탈감을 초래할 수 있다. 인정과 마찬가지로 우리는 누구나 시간을 구조화하려는 욕구가 있고 집단의 일원으로 여러 가지 맥락 안에서 무엇인가를 한다. 우리는 타인과 관계 맺는 것이 필요한데, 흔히 이것을 성장 과정에서 익힌 친숙한 방법에서 찾는다. 번은 우리가 오래되어 익숙한 슬리퍼를 편하게 신는 것처럼 우리의 최초의 가족과 가정환경에 대해 느꼈든 편안함을 생각하며 재생산하여 재경험하려 한다고 보았다. 사람들은 이것이 부정적인 것을 재생산하는 방법이라 할지라도 그렇게 할 것이다. 과거와 연결이 되어 있거나 반복되는 개인의 발달사적 유형의 행동은 모두 친숙하지만 경우에 따라서 도움이 되지 않기도 한다. 따라서 번의 집단 발달 단계가 학교를 배경으로 어떻게 집단이 기능하는지에 대한 이해를 촉진시켜 주는지 살펴보기로 하자.

집단 발달 단계

1단계: 잠정적인 이마고

처음 단계에서 개인은 집단에 대한 강한 이미지를 가지고 그곳에 들어간다. 이것은 그 사람이 과거에 했던 집단 경험에 기초한 것이다. 지배적인 이미지는 최근, 그리고 다년간 계속되어 온 경험에 영향을 받을 것이며 가족이나 어린 시절의 양육 경험은 집단에 대해 생각할 때 강한 영향을 주는 경향이 있다. 그래서 개인이 처음에 기대하는 집단의 모습은 그들의 기억 속에 있는 원가족의 이미지와 비슷하다. 예를 들면, 그들은 아빠, 엄마, 형제를 어떤 사람이 대표하는 것으로 기대하는 것이다. 그들은 리더를 그들 자신의 이마고 속에서 리더와 같은 사람으로 찾을 것이기 때문에 집단 발달의 초기 단계에 리더는 중요하다. 그들은 리더와 연관되고자 하고 배려받고자 하며 무엇을 어떻게 할지에 대해 구조화하고자 한다. 이 단계에서 문제는 그들이 들어간 집단이 과거 경험에 기초해서 만들어진 개인의 이마고와 완전히 다를 때 생긴다.

사례 case 짐

짐(Jim)은 열 살로 엄마와 엄마의 남자 친구와 살고 있다. 그에게는 한 살 많은 형이 있는데 짐과는 달리 이미 가정에 잘 적응하고 있었다. 엄마의 남자 친구는 짐에게 폭력을 썼고, 엄마는 화를 내며 욕을 했다. 이 가정의 인정과 관심은 갈등과 놀림 같은 형태로 나타나는 경향이 있었다. 짐은 학교 교사들과 갈등을 일으켰는데, 특히 남자 교사들과는 더 심했다. 그러다가 결국 퇴학을 당했다. 또한 짐은 지속적인 관심 받기를 바랐는데, 그는 이것을 교사에게 소리를 지르고 교사가 어떤 일을 시킬 때 맞서는 것으로 표현하였다. 짐은 다른 아이들을 귀찮게 하고 바보스러운 행동으로 아이들을 화나게 만들기도 했다. 그는 학교에서 가족의 이마고를 찾고 있었던 것이다. 남자들과 맞서면서 그들이 자신을 좋아하지 않기를 원했고, 여자들을 신뢰하지 않아 늘 자신에게 실망을 준다고 믿었다. 친구들은 자신의 형제와 같은 이미지로 보면서 싸움을 하려고 했다. 짐은 부정적 관심을 이끌어 내는 데 매우 능숙했다. 번에 의하면 우리는 모두 관심이 필요한데 아무런 관심이 없는 것보다는 부정적인 관심이라도 받는 것이 훨씬 낫다고 했다. 우리는 짐처럼 긍정적이든 부정적이든 살아 있다고 느끼기 위해 타인과의 교류가 필요하다.

짐은 학교생활 적응지원실에 의뢰되었고 짐의 새 학교 배정을 돕기 위해 계약이 조정되었다. 계약의 요약은 [그림 6-1]과 같다.

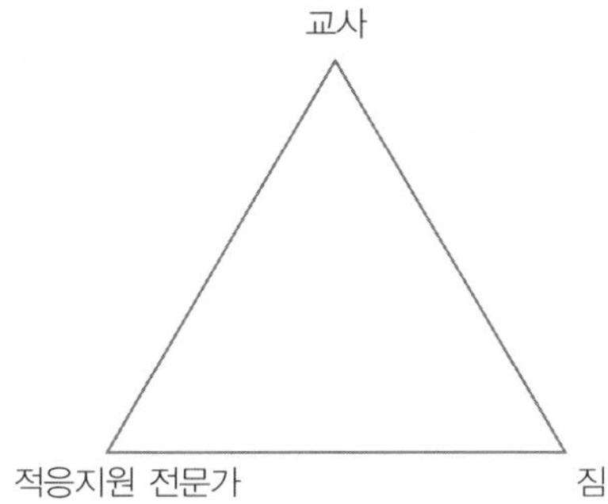

[그림 6-1] 짐과의 작업을 위한 삼각계약

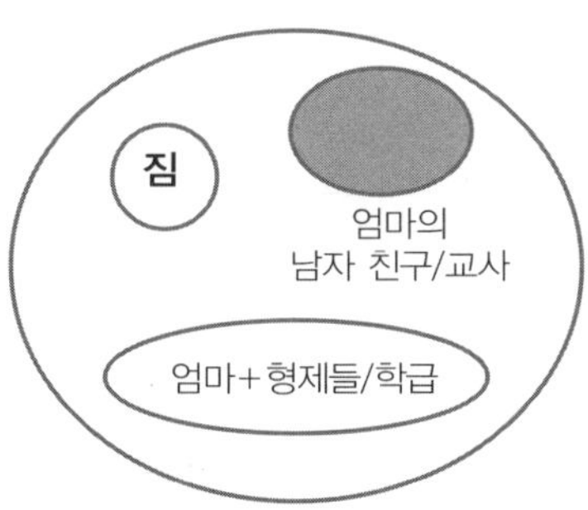

[그림 6-2] 짐의 잠정적 이마고

짐은 전 학교에서 문제가 있었기 때문에 퇴학을 당했다. 그는 크리스마스 바로 전인 학기 중간에 새 학교로 옮겼고, 이 시기는 짐의 가정이 경제적인 어려움으로 특히 힘든 시기였다. 짐의 잠정적인 이마고의 리더는 엄마의 남자 친구로서 비판하고 통제하는 사람이었다([그림 6-2]). 그 남자는 폭력적이고 학대적이며 자주 짐과 갈등을 일으켰다. 짐에게는 다른 모습을 보여 줄 다른 집단의 경험이 필요했다. 그는 친구들을 알아 갈 시간이 필요하며, 집단에 대해 짐이 가지고 있는 건강하지 못한 믿음과 환상을 떨쳐 줄 새로운 집단에 대한 탐색이 시작되었다. 그를 받아 주고 긍정적 스트로크를 주기 위해 새 학교에는 짐을 도와줄 작은 형태의 집단이 있었다. 그 집단에는 부드럽고 구조화를 잘하는 학교생활 적응지원 전문가의 강한 리더십이 있었다. 그리고 짐이 이 사람들은 자기 가족과 같이 행동할 것이라는 어떤 예측도 하지 않도록 구조화된 활동이 필요했다. 각자 소개를 하며 서로 알도록 하는 게임 등은 서로에 대한 안전한 정보를 나눌 수 있고 개인적 특성이 바로 드러나기에 이 단계에서 유용하다.

그는 이 집단의 구성원을 가족과 분리하여 보기 시작했고 부정적인 관심보다 긍정적인 관심을 기초로 한 건설적인 관계를 만들었다. 이 발전은 짐을 집단 발달의 다음 단계로 나아가게 만들었다. 집단 형태의 이러한 초기 단계는 다음에 이어지는 단계의 기초가 되기 때문에 반드시 필요하다. 이 시간을 잘 보내면 다음 단계 집단의 기능에 매우 효과적인 역할을 한다.

초기 단계 집단 발달을 효과적으로 촉진하기 위한 주안점

- 각 구성원 개인마다 자신의 중요한 사람에 대한 잠정적인 이마고를 인정하는 것
- (이마고를 통해 확정된) 리더가 매우 중요하다는 것
- 확실한 계약과 집단 규칙은 필수라는 것
- 안전한 환경이 중요하다는 것. 예를 들면, 놀리는 것은 절대 허용하지 않고 구성원이 안전한 곳에 있다는 확신을 주는 리더십이 있는 조용한 교실
- (A 대 A 교류) 차원에서 '왜'라는 질문은 생각과 계약의 진전을 돕는다는 것
- 서로 알아가는 시간을 갖는 것은 좋은 시간이라는 인식

2단계: 적응기

에릭 번(Eric Berne) 모델의 다음 집단 발달 단계는 적응 단계다. 이 단계에서도 리더는 여전히 중요한 인물이지만 집단의 개념은 개인 간의 밀접한 관계 발달에서 시작된다. 규칙이나 계약이 중요하고, 집단원은 그곳이 안전한 곳인지 탐색을 하는 때이기도 하다. 따라서 규칙이 잘 지켜지는지 집단원들은 시험해 보려 한다. 리더는 이런 시험을 견뎌내고 굳건하게, 그리고 구조화를 통해 잘 버텨야 한다. 이 시기에 리더나 집단원이 서로에게 지지적이지 않고 관심이 부정적이라면 집단의 진행이 멈출 수도 있다. 종합적으로 말하면 집단이 발달하기에는 아직 충분히 안전하지 않은 상태다. 따라서 이 단계에서는 리더가 구조화한 계획된 활동을 잘 조절하면서 진행하는 것이 큰 도움이 된다.

사례 case 짐

이 단계에서 짐은 새 학급에 들어가게 되었고 작은 지지집단에 속하게 되었다. 짐은 학급이 남학생, 여학생 두 집단으로 구성된 것을 알고 그들이 강제적이고 위협적인지 경계를 시험해 보고, 리더(교사)가 그와 학급을 안전하게 보호하는지도 시험해 보았다. 교사는 짐이 잘 대답할 수 있도록 조용하게 말했고, 짐이 잘 반응했을 때 상을 줄만한 것을 찾아냈다. 이것은 긍정적 강화를 통해 규칙으로 정하게 되었다.

짐은 학급 친구들을 알아가기 시작했고 지지집단 속의 학생들이 짐을 돕는 과제를 성공적으로 수행함으로써 긍정적인 경험도 하게 되었다. 이러한 경험은 짐이 교실에서 안전감을 느끼고 부정적 관심보다 긍정적 관심이 더 낫다는 것을 깨닫게 했다([그림 6-3]).

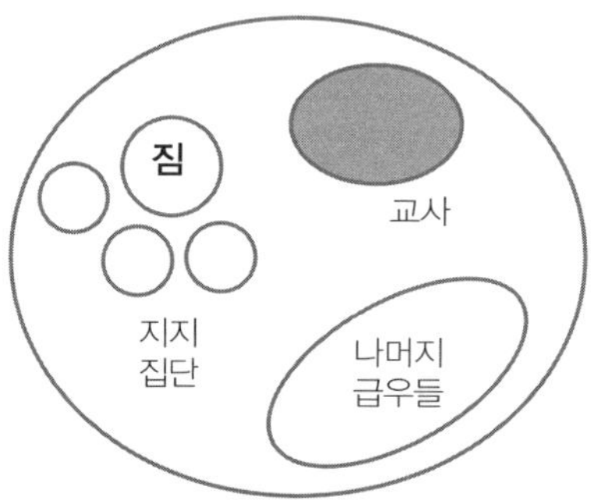

[그림 6-3] 짐의 적응된 이마고

교사는 여전히 짐에게 학급 안에서 안전감을 갖는 데 도움을 주는 역할을 하는 중요한 사람이었으나 짐이 점심시간에 안전하다고 느끼지 못할 때 도울 사람이 필요했다. 짐에게는 구조화되지 않은 시간에 옛날 이마고와 관련된 행동으로 돌아가지 않도록 리더십과 구조화가 필요했다. 학교생활 적응지원 전문가(BSW)는 짐이 점심시간에 사회성을 가지고 관계할 수 있도록 게임과 활동을 구조화했다. 또한 그 전문가는 짐과 담임교사를 만나 진행 과정을 점검하고 짐의 변화 과정을 이야기해 줌으로써 짐을 도왔다.

적응 단계 집단 발달을 효과적으로 촉진하기 위한 주안점

- (교실 내에 존재하는 개인과 집단 간) 경계가 어떠한지를 시험하는 것은 OK라는 것
- 관계 발달을 위한 시간은 아직 더 필요하다는 것
- 무조건적인 칭찬과 인정은 필수적이라는 것
- 구조화되고 리더가 주도하는 활동은 이 단계를 완성하는 데 매우 중요하다는 것

3단계: 조작기

에릭 번 모델의 다음 단계는 조작 단계다. 이 단계에서 개인은 관심을 받기 위해 익숙한 방식에 빠진다. 이것은 인정을 받기 위한 부정적인 옛날 습관과 관련된다. 집단에서 농담하는 사람, 조용한 사람, 희생자, 혹은 따돌림을 당하는 사람 등이 가능한 역할들이다. 조작 단계는 중요한 집단 경험 중 하나로 빨리 진행되거

나 밀어붙인다거나 건너뛰어서는 안 되며, 리더의 예민한 감각과 촉진 능력이 필요하다. 구조화를 잘하고 긍정적 스트로크를 줌으로써 심리 게임을 하거나 익숙해져 있는 부정적인 방법으로 관심을 끌려고 하는 반응은 최소화되어야 한다.

리더는 집단원이 다른 역할을 할 수 있게 과제를 (A 자아상태를 통한) 이성적이고 논리적으로 처리하도록 격려해 주어야 한다. 그러면 집단원은 긍정적인 방법으로 관심을 받고 행동할 수 있다고 느낀다. 그들은 진정한 인정 스트로크를 위해 과거의 부정적 전략에 의존할 필요가 없는 것이다.

사례 case 짐

짐은 이제 새 학교와 학급에 적응이 되었다. 짐은 자신과 교류하는 학급 아이들 대부분의 이름을 알았고([그림 6-4]), 지지집단의 다른 남자아이들과 농담을 하거나 '자식' '놈' '녀석' 등 생활 속의 비속어를 주고받기도 하였다. 때로는 농담과 놀리는 것의 경계가 정확하지 않았고 짐이나 그의 새 친구들은 집단에서 소외되면 화를 냈다. 이러한 일은 구조화되지 않은 상황에서 일어났다. 담임교사는 이런 패턴을 관찰하고 지지집단의 남자아이들에게 특별한 일을 맡겼다. 그들은 한 살 어린 반의 축구 시간에 도움을 주어야 했는데, 모두 자신이 맡은 일을 잘 해냈다. 이 일은 그들에게 긍정적인 관심을 가지는 기회가 되었고 학급에서 남자아이들은 같이 혹은 따로 과제를 해냈다. 그들은 또한 작은 집단 안에서 자신의 감정을 이해하고 자존감을 얻는 방법도 배웠다. 학교생활 적응지원 전문가가 사회기술집단을 이끌면서 아이들이 서로를 에누리(discount) 할 것인지 아니면 다른 것을 할 것인지 선택할 수 있도록 도움을 주었다.

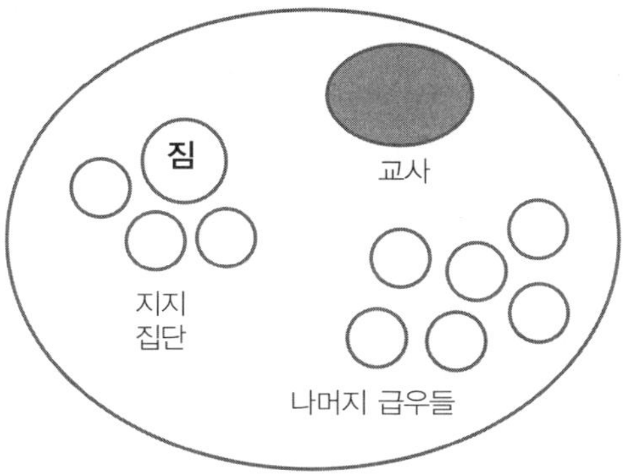

[그림 6-4] 짐의 이마고 조작기

집단 발달의 조작 단계를 효과적으로 촉진하기 위한 주안점

- 개인이 다른 역할을 맡도록 격려하는 것
- 정서 활용 능력을 가르치는 것
- 집단이 부정적 관심을 얻는 낡은 방식으로 빠져들어 가는 단서가 될 수 있는 교실 밖에서나 구조화되지 않은 상황에서의 행동을 관찰하는 것
- 리더의 개입은 집단을 긍정적으로 재보증해 준다는 것

4단계: 2차 적응기

에릭 번 모델의 다음 단계는 2차 적응 단계다. 이 단계에서 집단은 좀 더 집단 자체의 고유한 조정 수준을 유지하고 구성원들은 서로 지지하기 시작한다. 리더의 역할은 덜 중요해지고 집단의 자동 조절 기능이 생긴다. 현재의 집중받는 것은 부정적인 것보다 긍정적인 것이 주가 된다. 집단의 초점은 그들이 만들어 온 과업이며 높은 수준에서 수행한다. 개인은 집단의 배움 속에서 위험을 감수하고 서로를 지지한다. 집단 역동이 나타나기도 하고, 교사를 비롯해서 배움이 재미있어지기도 한다. 규칙과 구조화는 진전되고 강제성은 훨씬 줄어든다.

사례 case 짐

짐은 집단의 일원인 것을 즐기며 새로운 경험에 빠져들었다. 이러한 것은 집단이 짐의 원 가족 이마고의 실행 가능한 대체 환경이 되었다는 의미다([그림 6-5]).

집단 발달의 2차 적응 단계를 효과적으로 촉진하기 위한 주안점

- 집단 내의 긍정적인 문화는 당신이 이 단계에 있다는 것을 시사한다는 것
- 이 단계에서 개입하고 싶은 유혹에 저항하는 법: 집단이 스스로 하도록 내버려 두는 것
- 집단의 일원이 되어 그들과 함께 과제를 수행하는 것

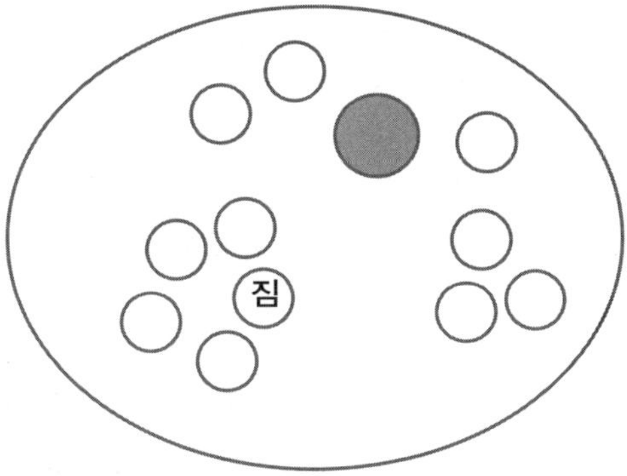

[그림 6-5] 2차 적응기에서 짐의 이마고

5단계: 명료기

에릭 번 모델의 마지막 단계는 명료기 단계다. 이때 집단의 초점은 마무리를 잘하는 것과 그것을 잘 받아들일 수 있게 하는 것, 그리고 구성원들이 긍정적인 집단에서의 활동 경험을 다른 상황에서도 적용할 수 있도록 하는 것이다.

그렇기 때문에 이 단계에서는 반드시 종결을 위한 절차를 활용한다. 동시에 이 집단에서의 과업을 끝내는 시점에서 학습한 것이 다른 집단에 어떻게 적용될 수 있을지를 검토하고 반영하는 시간을 갖는 것이 중요하다. 이러한 시간은 새 학기에 학생들이 새로운 학급에 합류하는 것이 지금의 성공적인 집단 경험과 비슷하다는 것을 알게 해 준다. 나아가 그들은 새 집단에 건설적으로 기여할 수 있고 긍정적인 경험을 할 수 있다(종결 과정을 촉진하는 것에 관한 더 자세한 사항은 부록 1을 참고하라).

사례 case 짐

이 단계에서 짐에게 집단이 끝나는 것과 작별 인사를 하는 것은 슬픈 것이고, 당연하다는 인식을 심어 주는 것은 매우 중요하다.

이 단계는 현재 이 안전한 집단에서 짐이 획득한 사회 기술과 멘토링이 종결되는 시기다. 이것은 단계별로 되었고 짐이 미래의 변화 과정에 대한 느낌을 검토하고 준비성을 알아보는 기회가 된다.

짐은 도움이 필요하면 요청할 수 있게 되었고, 자신감은 그가 새로운 7학년 학생 중 취약한 학생을 도와줄 기회를 줌으로써 북돋아졌다. 학교생활 적응지원 전문가(BSW)는 이 프로젝트를 기획하여 조용하고 온화한 지원을 통해 훌륭하게 종결했다.

집단 발달의 명료 단계를 효과적으로 촉진하기 위한 주안점

- 종결 시기를 아는 것
- 초기 계약과 초기 목표를 되돌아보고 성공 부분을 점검하는 것
- 종결을 위한 시간을 갖고 종결 의식을 하는 것
- 미래 집단에서 집단원들이 맡을 역할을 지원하는 것－이것은 처음과 같이 중요함
- 헤어지는 것에 대한 슬픔은 괜찮다는 것

집단 이마고와 인생각본

짐의 이야기는 우리가 변할 수 있다는 낙관적인 믿음을 준다. 우리 모두는 어린 시절 어떻게 인정을 받을 수 있었는지를 생각하고 그에 따라 결정하는 경향이 있다. 이것은 개인의 성장과 학습에서 긍정적이거나 도움이 될 수도 혹은 부정적이거나 한계가 있을 수도 있다. 가정 내에서든, 학교집단 내에서든 한 사람의 존재에 관한 우리의 개인적 생각은 이 세상에서 자신을 창조하는 이야기인 우리의 개별적 각본을 만드는 데 크게 기여한다. 우리는 매우 어린 시절 경험을 기준 삼아 그 당시 유용했던 정보를 바탕으로 최선의 결단을 내린다. 그러나 우리는 또한 지금-여기에서 생각함으로써 초기 결단을 변화시킬 수도 있다. 이마고 이론은 가정에서든 학교에서든 우리가 경험한 집단 과정을 이해하는 도구가 될 수 있다. 또한 그것은 아이들이 자신에 대해, 그리고 타인에 대해 배우고 건강한 성장과 발달을 가능하게 하는 데 사용할 수 있다.

〈표 6-1〉 **집단 이마고 단계의 요약**(Napper & Newton, 2000 참고)

잠정기	적응기	조작기	2차 적응기	명료기
• 누가 누구인가? –리더 찾기 • 누가 남을 것인가? • 누가 떠날 것인가? • 이 집단은 내가 경험했던 집단과 같을 것임	• 집단 안에서 동맹찾기 • 집단 목적과 리더를 시험함 • 어느 정도 철회 –수동적/행동하기(공격적)	• 안전감 느끼기 • 집단원을 개인으로 알아가기 • 진짜 의견 표현하기 • 친숙한 드라마 연출하기 –인정을 받기 위해 –집단의 광대 역할 · 조용한 사람 · 심각한 사람	• 친밀감 • 집단 과업 완수 • 서로 지원함 • 전에 가져본 적이 없는 가족이 될 수 있을까? • 긍정적인 집단 경험에 기대거나 전환함	• 집단의 종료 • 새로운 경험으로 앞으로 나아가거나 다른 집단 경험에 적용함 • 상실에 대한 애도 –슬퍼해도 괜찮고 배운 것을 적용하기 위해 앞으로 나아가야 함 • 언제 종료할 것이고, 언제 새로 시작할 것인지를 아는 것이 중요함
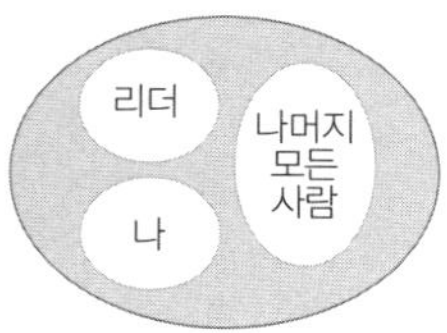	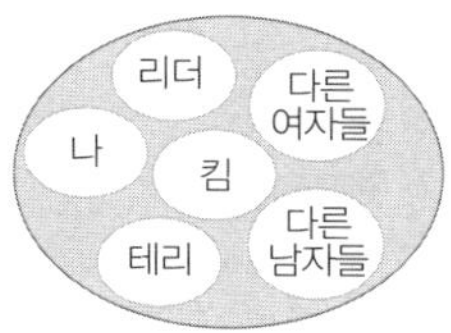	리더와 보다 가까움  리더로부터 멀리 떨어짐	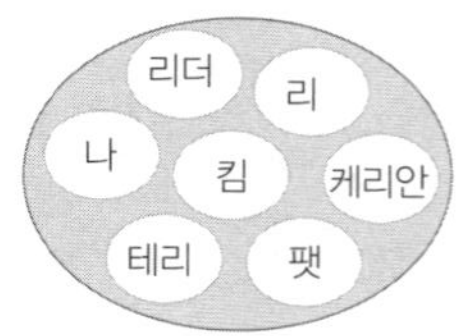	

도움이 되는 요소	도움이 되는 요소	도움이 되는 요소	도움이 되는 요소	도움이 되는 요소
• 만날 수 있는 안전한 장소–교실 • 리더를 세우는 것은 필수적이다. • 명확한 계약/집단 규칙 • '왜'라는 질문 –우리는 왜 여기 있는가(우리의 목표는) • 장소가 중요하다. • 서로 알아가는 시간 – 서먹한 분위기를 부드럽게/집단 과업을 너무 일찍 시작하지 않는다.	• 규칙과 경계를 시험하는 것은 집단 안정감을 느끼는 데 도움이 된다. • 집단원들이 서로를 개별된 사람으로 서로 알고 보는 것 –내가 항상 싸우던 '언니'가 아니다. • 집단은 안전감을 느껴야 하고 무조건적 인정이 필수다.	• 도움이 되지 않는 행동 알기 –다르게 행동하는 것에 대한 허가 –너는 다른 역할을 할 수 있다. • 다른 역할을 탐험하는 데 시간이 필요하다. • '나도 OK고, 너도 OK다.' 같은 정서적인 능력을 가르치기에 좋은 단계 • 모든 사람은 생각할 수 있고 변화할 수 있다. –집단 작업을 위한 훌륭한 원칙이다. • 진행에 대한 정보는 중요–무슨 일이 일어나고 있는지–결정을 알리기 위한 정보를 사용한다.	• 집단의 성취감을 주는 과업 • 지지하고 서로 고무 시켜 주는 것 • 규칙과 구조화를 아는 것	• 종료 시기를 아는 것 • 좋은 종료 의식을 갖는 것

방해 요인	방해 요인	방해 요인	방해 요인	방해 요인
• 변동이 심한 집단 –시작할 때 같이 있지 않았거나 정서적으로 함께하지 않은 경우/수동적/철회 • 여러 집단원의 건강하지 못한 예측 –이 집단은 우리 가족 같을 것이다. • 확실하지 않은 기능 –목표	• 변동이 심한 집단은 이 단계에서 멈출 수 있다. • 놀림–부정적 스트로크는 사람들에게 안전감을 느끼지 못하게 하고 정직하게 자신의 이야기를 나누는 것을 망설이게 한다. –환상으로 이끌 수 있다.	• 집단원들이 건강하지못한 역할을 할 수 있음. –인정을 받기 위해, 그리고 다른 방식으로 존재하려고 노력하지 않는다. 따돌림 같은 부정적인 가정 상황을 재연한다.	• 리더의 지나친 개입	• 언제 끝나는지, 초점을 다시 맞출지, 구성에 대해 모르는 것 • 흐지부지되어 버리는 것

동물원이다

드라이버와 허가를 이해함으로써 왕따 극복 전략 만들기

— BEN WYE

- 왕따를 당할 때 아이들은 어떻게 하는가?
- TA 이론이 가해자와 희생자 관계를 이해하는 데 어떤 도움이 되는가?
- 왕따를 하는 아이와 당하는 아이가 어떻게 자율적인 행동을 하고 타인을 배려하게 도울 수 있는가?

많은 지역에서 아이들이 초등학교를 마칠 무렵 개인의 안전을 목적으로 'Junior Citizen(일명 어린 학생 시민)'이라 불리는 활동에 참여한다. 이 활동은 경찰관들이 계획하고 잘 훈련된 전문가들이 운영한다. 이 장에서 논의할 활동들은 런던 도심지역의 학교생활 적응지원팀들이 운영한 것이다. 이 활동들은 재미있으면서 현실 상황에서 개인의 안전에 필요한 기술이나 자신감을 경험적으로 발달시키는 좋은 기회가 된다. 청소년 클럽부터 공원에 이르기까지 여러 장소에서 열리게 되는데, 다행스럽게도 우리는 런던 동물원을 2주 동안 사용할 수 있었다. 통제된 공공장소를 옮겨 다니면서 여러 활동을 하는 것은 아이들의 독립심을 고무시켰다. 우리가 계획한 활동은 학생들이 왕따에 대한 경험, 생각 그리고 적절한 반응을 발달시키는 것이었다.

배 경

고등학교를 진학하는 학생들의 안전 촉진 프로젝트 조사에서

1,000명의 학생들이 왕따를 본 적이 있다고 대답했다. 행동 지원 교사였던 나는 '달려라, 소리 질러라, 말하라' 라는 구호를 내세우는 어린이 보호 단체인 '키드스케이프(Kidscape)' 가 개발한 프로그램의 효과성을 조사하고 훈련을 담당하고 있었다. 6학년 학생들은 중 · 고등학교에 진학해서 왕따를 극복하지 못하거나 왕따와 관련된 문제에 연루되는 것에 대한 두려움을 이야기했다. 우리는 일단 아이들이 왕따는 극복할 수 있는 일이라고 깨닫는다면, 즉 그런 문제에 맞서거나 견딜 수 있다면 앞으로 보다 더 잘 대처할 수 있을 것이라고 확신했다. 그들은 더욱 자신감을 가질 것이고 적극적인 자기 보호 기술을 연습할 것이다. 우리는 학생들끼리 하는 자기주장훈련과 역할극을 통해 실험하였는데, 교실에서 아무리 잘해도 막상 현실에 적용하기에는 그리 간단치 않다는 것을 알았다. 우리는 아이들이 '두려움에 맞서서' 되도록이면 현실 상황에서 나이가 더 많고 공격적인 아이들과의 대면에서 잘 대처하는 것을 경험하고 자신감을 갖길 원했다. 그래서 행동지원팀은 지방자치단체의 연례 행사인 'Junior Citizen' 의 일환으로 모든 6학년 아이를 위한 '왕따 극복' 프로젝트를 제안했다. 다음해에 진학할 중 · 고등학교에서 맞닥뜨릴 일련의 위협적인 상황에서 6학년 아이들이 필요한 대처 기술을 사정하고 향상시키기 위해 우리는 가능한 한 가장 '힘든 경우의 시나리오' 를 새롭게 각색, 설정하기로 결정했다. 이런 경험이 성공하면 그들은 자신감을 가져 왕따를 당할 가능성이 낮아질 것이라고 기대했다. 또한 우리는 아이들이 왕따 상황에 도움이 되지 않는 '비효과적이고

매우 소극적인 반응' 을 대체할 긍정적 지지어의 사용을 인정해 줌으로써 적극적인 자기주장 기술을 향상시키고 새 학교에서 보다 자율적으로 공부하며 건강한 학교생활에 매진할 수 있을 것이라고 기대했다.

보호와 허가

활동을 시작하면 학생들을 소집단으로 나누어서 시나리오를 실행하게 되는데, 이때 항상 지원팀의 전문가들이 지켜보게 된다. 이들은 같은 유니폼이나 배지를 달고 있다는 내용이 각 학급에 전달된다. 또한 아이들에게도 '너희는 여러 가지 위험 상황과 마주치게 될 것이고 만약 걱정이 되거나 겁이 나면 어른에게 도움을 청해야 한다.' 는 내용이 전달되었다.

이러한 가상 상황에 대한 대략적 개요를 가지고 교사와 부모의 허가를 미리 얻었고, 아이들과의 계약은 시작하는 날 아침에 확실하게 이루어졌다. 우리는 아이들이 가진 개인적인 기술을 마음껏 사용해서 중 · 고등학교에서 안전하게 생활하기를 원했다. 프로젝트 관계자들은 아이들이 도착하자 인사를 하고 밖의 조용한 공 공장소에서 기다리라고 말했다. 우리가 아이들 집단을 떠날 때는 항상 '너희 여기 있어도 괜찮겠니?' 라고 묻고 우리가 어디에 있는지 알려 준 다음 경찰이 있는 곳을 보여 주면서 걱정이 되면 언제든지 그들을 부르도록 확실하게 보호했다. 이런 소개 단계에서 우리는 혹시 긴장하고 있는 학생은 없는지 살펴보았다. 긴장을 하는 경우 그 아이에게 이것은 단지 역할극일 뿐이고 원한다면 그저 보기만 해도 좋다고 다시 확실하게 주지시켰다.

우리는 희생자 역할을 하는 사람들이 자신들의 안전에 현실적 위협이 있을 때 나타나는 정서적 · 신체적 징후들을 잘 알고 있었다. 위험에 대한 측정 방법의 하나로, 우리는 교사에게 기능적으로 매우 취약한 아이가 있다면 알려 줄 것을 요청했다. 그러고는 그들을 시나리오에 참여시키지 않고 지켜보게 한 다음 연습에는 참여시켰다. 또한 어떤 학생이라도 혼란스러워 하거나 지금 참여하고 있는 일에 대해 이야기를 하고 싶어 하면 즉시 전문상담가를 지원했다. 1,000명이 넘는 아이들이 함께했는데 다소 힘들고 불편해 한 학생은 5명 정도에 불과했다. 아이들의 중요한 발달 과업은 환상과 현실을 분리하는 것이었다. 이를 위해서는 역할극을 통해서 아이들의 발달 단계가 정체감 단계(부록 1 발달 단계를 참고하라)임을 인식하게 하는 것이 중요하므로 이 연구에서는 역할극에 더욱 중점을 두었다. 배우를 소개하고 실험을 마치면서 아이들은 그들의 생각과 감정을 통합시키고 그들의 힘과 정체감을 생각해 보면서 새로운 기술을 배웠다. 나중에 우리는 이와 비슷한 사건이 거의 발생하지 않을 것이라는 점과 거리에서 갑작스러운 습격을 하는 이 실험에 배우 외에 일반인의 참여는 전혀 없었다는 것을 강조하였다. 마지막에 프로젝트 관계자와 교사가 이들에게 극과 현실 생활을 분리할 수 있을 것이라는 긍정적인 보증을 해 주었고, 이들은 희생자가 되지 않을 것을 결심했다. 이런 관점과 결단은 '현실에 바탕을 둔' 것이었다.

실 행

이 행사 전에 지역 소재 중 · 고등학교의 드라마 동아리에서 활동하는 열두 명의 열여섯 살 된 학생들을 인터뷰하고 교육을 시켰다. 이들은 남학생과 여학생들로 여러 민족이 섞여 있었으며, 짜인 각본대로 어린 아이들에게 위협적인 태도와 놀리는 듯한 농담으로 접근하는 것을 교육받았다. 학생들은 좀 더 그럴듯한 대사를 만들어 아이들의 낡은 신발을 언급하며 그들 학교에 대해 조금 모욕적으로 접근하기로 했다. 이 젊은 학생 연기자들은 이내 곧 연기를 아주 잘하게 되었는데, '괴롭히는 아이'들의 전형적인 옷차림과 걸음걸이에 익숙해졌다. 한 소녀는 교회의 착실한 신자인데 아주 무섭게 보이는 눈빛 연기를 매우 잘했다. 이것은 매우 효과적이어서 같은 집단의 덩치가 크고 험상궂은 남학생의 연기만큼 위협적으로 보였다. 그러나 이들이 어느 정도까지 연기를 현실감 있게 해야 하는지에 대한 범위와 한계는 명확하게 하였다. 즉, 어떤 경우라도 욕이나 신체 접촉은 금지되었으며, 지나치게 긴장하는 아이들에게는 민감하게 주의를 기울일 것을 지속적으로 강조하였다. 또한 연기자들에게 아이들이 느끼는 심리적인 불편감을 파악하는 방법을 가르쳐 아이들이 보이는 반응을 다섯 가지 정도로 나누어 각기 다른 색의 기호로 표시하게 한 다음 나중에 아이들에게 피드백을 할 수 있도록 훈련시켰다.

동물원에서 학생들을 소집단으로 나누어서 우리가 행사 관계자 텐트에 들어가 있는 동안 기다리도록 했다. 그동안 '괴롭히는 아이' 들은 주위를 어슬렁거리며 소집단으로 모여 있는 아이들에게 다가가 위협적으로 쳐다보거나 말을 걸고, 아이들의 옷에 대해 트집을 잡고, 어른이 오는지 망을 보라고 시키기도 했다. 이들은 아이들이 스트레스 징후를 보이기 전까지는 소집단의 탄력성을 파악해 가면서 신중하게 긴장의 강도를 점차 높여갔다.

우리는 대항금지령과 드라이버 행동(Kahler & Caper, 1974)의 개념을 사용해서 스트레스의 다섯 가지 지표를 범주화하였다. 이것은 아이들이 자신이 OK라고 확신할 때 만든 초기 결단을 확인하는 데 도움이 된다(〈표 7-1〉 참고). 바꾸어 말하면 〈표 7-1〉에 나와 있는 드라이버에 순응하고 있는 상태, 즉 그들이 스스로가 힘이 있고 만족스럽고 완벽하고 잘 버티고 있다고 생각하는 경우에만 OK 상태로 견딜 수 있는 것이다.

어느 시점까지는 자신이 OK라는 것을 내보이며 '괴롭히고 위협적인 아이들' 에게 적절한 반응을 하지만 어느 단계가 되면 그러한 반응은 도움이 되지 않는데, 예를 들면 그들에게 둘러싸여 있는 동안 아이들은 얼어붙어 버리는 것이다.

아이들이 즉시 반응을 보이거나 최대한 2분 이상 그러한 반응을 보이면 괴롭히는 연기자들은 물러나고 상황을 지켜보고 있던 관계자들이 텐트에서 나와, 그들을 구해 주는 것처럼 보이지 않게 조심하면서 아이들을 불러들인다. 우리는 아이들을 축하해 주면서 그들이 무엇을 했는지 알려 주고, 또한 '달려라, 소리 질러라, 말하라' 프로그램에 대해서 가르친다. 연기자들은 아이들의 반응을 범주화하고 적절히 긍정적 지지어를 제시하면서 이미 가르친 전략을 더 잘 사용할 수 있도록 시나리오를 다시 연기할 준비를 한다.

〈표 7-1〉 **학생 시민 왕따 시나리오에 기초한 반응, 드라이버, 징후와 허용에 대한 요약**

갈등에 수동적인 반응	드라이버 나는 단지 …… 할 때 OK다.	관찰자나 연기자들이 확인할 수 있는 초기 징후	도움이 되는 허가
얼어붙음 아무것도 하지 못함-우두커니 있음	**강해져라** 내가 원하는 것은 결코 가져본 적이 없어.	몸이 꼿꼿해지며 방어함-가만히 있거나, 표현이 없고, 오래 멈추어 있고, 짧게 말하고, 조용해 보인다. 많은 학생이 팔짱을 끼고 중립 입장을 취하며 서 있다. 경찰에 의하면 개인의 안전을 위해서 좋은 태도가 아니라고 한다.	강해지고 욕구를 가져도 OK다. 마음을 열고 네가 원하는 것을 말하라.
범람(홍수) 골목대장과 같이 하는 과잉 적응	**다른 사람을 기쁘게 하라** 이것 후에 나는 OK일 수 있어.	크게 뜬 눈, 웃음, 고개를 끄덕임, 고개는 숙이고 눈을 치켜뜸, 손바닥을 위로함, 문장의 마지막 말이 올라감, '그런 거지, 아마 OK일 거야' 등의 말을 씀, 한 아이에게 어떤 종류의 운동화를 신고 있는지 물었을 때 그는 과잉적응하여 신발을 벗어서 주었다.	네 자신의 욕구를 충족하고 네 자신을 기쁘게 해도 OK야.
안절부절못함 공황-혼란	**열심히 노력해라** 왜 항상 이런 일이 일어나지? 거의 다 했는데…….	손은 턱 혹은 귀 양쪽에 둠. 동료들에게 긴장하고 완성되지 않은 문장으로 말함. '노력해, 어려워, 생각할 수 없어.' 같은 단어를 사용한다.	너를 위해 무엇을 할지, 그리고 그것을 할 것을 결정해도 OK야.

싸움 혹은 욕을 퍼부음	**완벽해라** 내가 끝낼 때까지는 OK일 수 없어.	똑바로 정확하게 바로 봄, 입을 삐죽 내밈, 목소리가 일정함, 정확하고 자세하게 전달하려고 노력함, '정확하게' 혹은 '대략' 같은 말을 손가락과 함께 사용한다.	가끔은 무너져도 좋다. 너는 너 자체로 OK다.
도주 도망가거나 혹은 아무 일도 일어나지 않은 척함	**서둘러라** 다음엔 어떻게 하지?	초조, 망을 봄, 가만히 못 있음, 얼굴을 찌푸리고 주위를 둘러봄, 빨리 말함, '빨리' 혹은 '해야 해'라고 말한다. 어떤 아이들은 안전한 집단으로 도망을 가기는 하지만 흔히 그들은 생각하지 않고 그들이 모르는 곳으로 혼자 달려가서 더욱 위험할 수 있는 상황에 놓인다. 이런 행동들은 정신적 도주의 징조인데, 마치 괴롭히는 아이들이 없는 것처럼 말하고 행동하는 것 등이다. 인생 태도, 이것은 흔히 또 다른 드라이버와 합쳐진다.	시간을 가져라. 생각을 먼저 하는 것이 OK다.

관찰

- 많은 아이가 〈표 7-1〉의 다섯 가지 반응의 변형을 적절하게 사용하고 그들의 자신감을 내내 유지하였다.
- 단지 5% 만이 무섭다고 느끼며 즉시 도망을 갔다. 몇 명은 목소리를 높여서 주변 어른의 주의를 끌거나 괴롭히는 아이들을 물러서게 했다. 한 아이가 그들을 밀었으나 그들이 연기자라는 말을 듣자 안심하였다.
- 몇 명은 괴롭히는 아이들을 에누리해서 상황이 더 심각하게

되지 않았고 다른 반응을 보였다.

- 10% 정도는 괴롭히는 아이들과 이야기를 계속했는데, 몇 명은 매우 호감적으로 행동해서 연기자들이 더 이상 위협을 할 수가 없었다.
- 일반적으로 아이들이 드라이버에 순응하고 있는 한 OK라고 느낀다. 그러나 상황이 심각해지자 현실 상황을 처리하기 위해서 아이들의 반응은 더욱 전형적인 드라이버 행동을 보이기 시작했다.
- 생각 없이 도망가는 것은 위험하다. 한 소년이 친구들로부터 빠져나와서 정신없이 달려 막다른 골목으로 갔는데, 이것은 오히려 괴롭히는 아이들에게 둘러싸이는 결과를 가져왔다.
- 가장 효과적인 대응은 종교 학교의 소녀들이었는데, 서로 손을 잡고 소리를 지르며 경찰에게 알리고 무리를 지어 웃으며 대항한 것이었다. 이들은 소수 종교 학교의 아이들로 이 학교는 항상 안전의 문제가 있었다. 사실 안전요원이 그들과 함께 동물원에 왔다.
- 관찰자에게 가장 눈에 띈 것은 1,000명의 6학년 아이들 중 80%가 얼어붙은 것이다. 심지어 어른이 와서 괜찮은지 물어도 대답을 못하기도 했다. 그러나 아이들이 '그들이 우리를 괴롭히고 있어요!' 라고 입 모양으로 말해서 우리가 언제 개입할지를 알려 주는 매우 조심스러운 사인을 보냈다. 30%의 아이들은 절대로 누군가에게 괴롭힘에 대해 말하지 않았다.

학생 시민 프로그램의 하나로 실제 생활에서 그들이 얼마나 안전한지 각 집단은 1에서 5까지 점수가 매겨졌다. 만약 집단이 위협을 받고나서 '느끼고 생각하기'를 선택하거나 혹은 '지금-여기에서 행동' 한 경우, 각본 반응에 따라 행동한 것보다 더 높은 점수를 주었다.

이러한 것은 번이 강조한 자율성, 즉 자각, 자발성, 친밀감과 관련된 세 가지 능력으로 볼 수 있는 것들이다(Berne, 1964: 161).

어떻게 이론이 학습적 맥락에 적용되는가

공격에 대한 두려움은 학습을 지체시키고 중·고등학교를 시작할 때 무단 결석을 증가시키는 요인이다. 세계적으로 중·고등학교 1학년 때 성적이 떨어지는 경향이 있다. 친밀감에 대한 두려움 등 학습에 대한 심리적 장애물은 학습 부진을 초래하는 가장 큰 요인이다. 흔히 처음에 혼자 학교를 가는 일은 아이들을 점차 불안하게 만들고 아이들은 이를 방어하기 위해 '무리'로 다니게 되는데, 이것은 문제를 악화시킬 수 있다.

DfES[1]에 따르면 왕따는 모든 학교에서 일어나는데(2000), 대부분은 다음의 세 가지 양상을 포함한다.

- 왕따 행동은 의도적인 괴롭힘이고,

1) Department for Education and Skills, 2001~2007까지 운행된 영국 정부의 교육조직과 학생 서비스를 위한 교육기관이다.

• 왕따는 일정 시간 지속되며,
• 피해자들이 스스로 왕따에 대항하는 것이 어렵다.

그러나 청소년들은 역할극 활동과 같이 흔히 왕따를 단 한 번의 사건으로 설명한다. 우리의 접근법을 다른 왕따 극복 프로그램과 비교해 보면, '기술'에 중점을 두기보다는 개인의 반응이나 전략을 되돌아보게 함으로써 '왕따에 대한 자기인식'에 좀 더 초점을 맞춘다. 이를 자아상태 측면에서 설명하면, 어린이들이 행동해야 하는 것에 대한 지침은 자신들이 성장하면서 받은 교육적 과정의 일환으로 이루어져 있는 것으로, 이는 그들의 어버이 자아상태에 들어 있게 되고, 따라서 어버이 자아상태가 아이에게 어떻게 하라고 이야기하는 것이다. '현실'적인 시나리오를 만들게 함으로써 아이들은 지금-여기에서 기존의 방식과는 전혀 다른 방법으로 상황을 이해하는 것을 경험할 수 있다. 아이들 자신의 드라이버 행동을 돌아보게 함으로써 아이들은 깨닫고, 직면하고, 어린이 자아상태의 사고에 대한 변화를 생각할 수 있었다.

이 개입의 유연성은 번의 빠른 치료 개념을 시사한다(Tudor, 2002). 이 개입은 가르치는 접근보다 자연스러운 경험이었기 때문에 효과가 있었다. 학급에서 가르친 것보다 현실적인 시나리오가 더욱 기억에 오래 남았고, 내가 이야기를 나누었던 열여섯 살의 모든 아이가 그들의 초등학교 경험을 생생하게 기억하고 있었다. 경험적 학습이 순환되는 과정을 요약하면 [그림 7-1]과 같다.

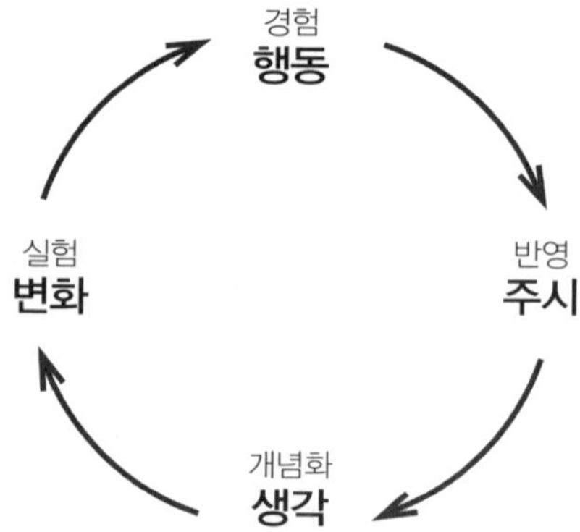

[그림 7-1] 경험적 학습의 순환(Napper & Newton, 2000: 16)

학생 시민 프로그램과 발달 단계

학생 시민 프로그램의 과정은 클라크(Clarke)와 도슨(Dawson, 1998)의 '발달'과 '긍정적인 지지어'의 단계와 관련하여 이해할 수 있다(발달 단계와 관련된 긍정적인 지지어의 완전한 목록은 부록 1을 참고하라). 다음은 어떻게 역할극 활동이 각 단계와 잘 연결되었는지 설명하고 있다.

- 존재(Being): 아이들은 동물원에 혼자 가는 것에 대해 흥분과 걱정을 동시에 한다. 이 시기 아이들의 내면에 있는 중대한 두려움은 길을 잃어버리는 것인데, 이 두려움이 괴롭히는 아이들을 만났을 때 도망가는 것을 꺼리게 한다. 아이들은 헨젤과 그레텔의 우화 속에서도 길을 잃는 두려움에 직면하는 것을 무

서워하고 현대사회에서 길을 잃어버리는 비극을 마주하는 것을 두려워한다.[2] 어떤 아이들은 왕따 시나리오를 듣고 걱정을 했다. 우리는 그들에게 인사를 할 때 그들이 자신의 현재 감정에 대해 잘 알 수 있도록 감정상태에 대해 명확하게 물었다. 그리고 무서우면 우리를 부를 것과 가까이 있는 어른을 가리키면서 보호해 줄 것에 대해서도 말했다. 우리는 "너희는 너희가 느끼는 모든 것을 억압하지 말고 느끼고 표현해도 돼." 그리고 "너희가 여기 있기를 원하면 너희를 돌봐 주고 싶어." 같은 지지의 말도 했다.

- 행동(Doing): 실제 시나리오에 참여하는 것으로서, 다음과 같은 긍정적 지지어를 말해 줌으로써 우리가 관찰하고 보호하고 있다는 것을 알려 준다.
  - 너희는 탐험하고 경험할 수 있으며 우리는 너희를 지지하고 보호할 거야.
  - 활동적일 때든 조용할 때든 언제나 너희가 좋아.
  - 우리는 너희가 자라고 배우는 것을 보고 싶어.
- 생각(Thinking): 아이들의 흥분이 가라앉은 후에 곧 아이들에게 어떻게 느꼈는지, 그리고 그 감정을 처리하는 데 다른 선택을 생각해 보았는지 물었다. 우리는 그들에게 괴롭히는 아이들에 대한 반응으로 '드라이버에 무조건 따르는 것보다 '달려! 소

2) 동물원에서 길을 잃어버리는 것에 대해 한 소년이 사자에게 먹혔다는 오싹한 경고의 시도 있다.

리쳐! 말해!'를 제안했고, 이것을 다른 상황에서도 시도 가능한 전략의 하나로 제시하였다. 우리는 아이들이 자신을 위해 생각할 때 정말 기쁘고 좋다는 것을 알려 주었다. 연기자들이 왔고 아이들은 그들에게 중 · 고등학교 생활은 어떤지, 그리고 다른 상황에서 무엇이 효과가 있는 것인지를 물었다. 우리는 연기자들이 이러한 상황을 이끌어 가도록 하였다.

- 정체감(Identity): 아이들은 역할극을 통해 무엇이 현실이고 무엇이 환상인지 명확하게 탐색해 볼 기회를 가졌다.
- 기술과 조직화(Skills and Structure): 우리는 아이들에게 다시 한 번 시나리오를 연습하고 나아가 새로운 것을 배우며 성공적으로 대처할 수 있도록 격려했다. 아이들은 '자신에게 도움이 되는 적절한 반응 방법을 찾을 수 있다는 것'과 '자신의 실수에서 배울 수 있다는 것'을 알게 되었다.

아이들의 새로운 행동은 칭찬과 인정으로 스트로크를 주었다. 이런 것들은 생각하기와 변화하기, OK라는 것에 대한 솔직한 스트로크를 내포하고 있었고, 또한 관찰된 드라이버 행동과 일치하는 허가도 포함하고 있었다. 이에 대한 내용은 〈표 7-1〉에 제시하였다. 우리는 희생자에게 스트로크를 주고 중 · 고등학생 연기자들이 자신들을 소개하도록 하면서 또한 적극적 자기주장과 관련이 있는 '나도 OK고, 너도 OK다.'의 태도를 지지했다. 특별히 강력했던 스트로크는 관계자가 가까이 있던 경찰에게 큰 소리로 아이들의 성공을 알린 것이다. 이것은 마치 당구에서 '3 쿠션'과 같은 교류로 한 사람에게 간 스트로크가 다시 돌아서 남아 있는 사람에게까지 전달된(Woolams & Brown, 1978: 74) 것이다. 궁극적으로 이것은 공개적이지만 거슬리지 않게 다른 사람을 통해서 자신에게 주어지는 스트로크 형식이다.

압력에 대한 심리적 반응

싸우거나 도망가는 것은 협박에 대해 가장 친숙한 생존 반응이다. 그러나 또 다른 심리-사회적 생존 결정은 욕구를 만족시켜 줄 환경을 신뢰할 수 없을 때 영아들에 의해 내려진다(Clarke, 1999: 44-46). 우리가 관찰한 다른 반응, 즉 '얼어붙음, 감정의 범람, 그리고 안절부절못함'은 아이들의 부모 모습인 '양육하고 성격을 형성화하는 방식'에서 비롯될 수 있다.

클라크와 도슨의 양육-형성 도식은 부모의 육아와 가르치는 방식이 협박에 대응하는 개인 성격에 얼마나 영향을 미치는지 확실하게 보여 준다(Clake & Dawson, 1998: 103).

임시 양육자는 자극이나 인정, 확신을 덜 주게 된다. 아이들은 이것을 느끼고 그들이 무엇인가에 압도당했을 때 스스로에게 많은 요구를 하지 않는 것을 배운다. 비록 이렇게 하는 것이 아이 자신에게 지지적일 수 있다 하더라도 만약 아이가 이러한 전략이 실패하면 창조나 몽상을 통해 자신의 욕구를 충족시키려고 한다. 결국 나중에는 자신도 모르는 사이에 월터 미티[3)]처럼 환상의 세계에 빠져 버리게 된다. 아이들 중 한 소녀는 이렇게 얼어붙어 버리더라고 말했다. "나는 그들(괴롭히는 아이들)이 마치 거기 없는 척했어요." 아이들은 만약 자신이 강해질 수 있거나 혹은 열심히 노력하거나 남을 기쁘게 할 수 있을 때면 OK일 것이라고 믿는다.

지나친 기대를 하거나 엄격한 어른들에게 양육된 아이들은 높은 수준의 자극에 의존적이다. 만약 자극이 높지 않으면 아이들은 더 큰 자극을, 마음을 사로잡거나 교묘하게 조정하는 방식으로 찾는다. 유기 불안을 견디기 위해서 아이들은 더 강해지거나 더 노력하거나 타인을 즐겁게 해 주어야 한다고 생각한다.

미숙한 어른은 경계가 정확하지 않거나 경직되어 있거나 혹은 유기와 지나친 응석을 받아 주는 것 사이에서 예측할 수가 없다. 어떤 때는 아이들의 행동을 사랑으로 받아 주고, 어떤 때는 화를 내는 방식이다. 아이는 인정을 받기 위해서 조심스러움과 영리함을 배우지만 이것이 제대로 안 되면 지나치게 경계심을 갖거나 그 자신과 환경을 통제하려고 한다. 이것은 아이들이 꼼짝 못하게 되는 것을 관찰한 것으로, 아이들이 행동을 하기 전에 보이고 관찰된 것이다. 흔히 협박에 맞서는 상황에서 자기통제감을 유지하기 위해 결정을 내리는데, '내가 언제까지나 강하다면 나는 OK다.'라고 반응하는 것이다.

---

3) 「월터 미티의 비밀스러운 인생 이야기」라는 제임스 터버의 단편 소설의 주인공으로 생생한 환상 속에서 살아가는 인물로 묘사된다. 이 이름은 몽상가를 말할 때 일반적으로 사용하는 단어가 되었다.

개입의 영향 관리하기

위험을 지나치게 경계하거나 지속적으로 불안해한다면 희생자들은 효과적으로 배울 수 없다. 어른으로서 우리는 희생자든 가해자든 아이들이 자율적으로 행동하고 다른 사람을 생각하도록 도와줄 책임이 있다. 먼저 희생자와 가해자 양쪽 모두에게 다음의 '어른' 기능이 필요하다.

- 알리고 왕따를 그만두고,
- 희생자에게 힘을 부여하며,
- 괴롭히는 쪽의 욕구를 알아내고 해결한다.

대부분의 학교 학생들은 행동에 대해 확실한 금지령이 있다.

- 달아나지 마라.
- 소리지르지 마라('No' 라고 말하지 마라).
- 이야기하지 마라.

비록 질서 정연한 학교에서는 이러한 금지령에 대해 이론의 여지가 있지만, 이들 금지령은 왕따에 대한 반응과 관련된 생존 기술로는 효과적이지 않다. 키드스케이프에서는 허가에 해당되는 것을 추천했는데, 주로 다음과 같은 내용이다.

- 달려라
- 소리 질러라
- 말하라

학교 관리자들 또한 왕따의 위험성을 증가시키는 요인에 대해서 신중히 고려할 것이며, 다음의 내용이 해당된다(DfES, 2000).

- 친한 친구가 적어진다.
- 소극적이 된다.
- 가족 내에서 지나치게 보호된다.
- 다른 소수인종이나 소수민족 집단의 일원이 된다.
- 지나치게 두드러진 행동 방식으로 다른 아이들과 확실히 구별된다.
- 특수교육이 필요하거나 장애가 있다.
- 적절하지 않게 행동한다. 예를 들면, 마음대로 하거나 귀찮게 한다.
- 비싼 장신구를 소지한다.
- 보복하지 못할 것이라는 모습을 보인다.
- 공격적이 되거나 왕따를 자극한다.

동시에 우리는 일곱 가지의 희생자 유형을 알 수 있다.

- 왕따 희생자는 예전에도 경험이 있는 아이들이다.

- 취약한 희생자는 뭔가 다르게 보이기 때문에 쉽게 알아볼 수 있고, 아마 중심 집단으로부터 괴롭힘을 당하고 있을지 모른다. 특별히 보호가 필요한 아이들, 소수인종의 아이들은 자신들이 소속되어 있지 못하다는 느낌을 가진다.
- 소극적 희생자는 공격 앞에 무력하다. 그들은 보통 작고, 약하며, 제대로 움직이지 못하거나 친구를 사귀지 못하는데, 아이들을 괴롭히는 집단의 우선 목표가 된다.
- 결탁된 희생자는 주의, 승인, 인기를 끌기 위해 희생자 역할을 한다. 가정에서 희생양의 역할을 맡거나 다른 사람의 힘의 욕구를 만족시켜 주는 역할에 익숙한 경우 매우 편안해한다.
- 도발적인 희생자는 의도적이든 혹은 우연이든 왕따의 촉발제가 된다. 내가 아는 한 소년은 부모를 향한 분노를 학급 친구들에게 퍼부었는데 다른 아이들은 그가 보여 주는 행동에 안전함을 느끼지 못하고 그를 왕따시키게 되었다.
- 거짓 희생자는 관심을 갈구하거나 다른 원인으로 일상화된 불안 때문에 힘들어하고 자주 어른들에게 간과된다.
- 가능한 희생자는 우리 시나리오에서는 누구라도 된다. 그러나 계획과는 반대로, 의미 없고, 예기치 않으며, 이유 없는 공격에 대한 우리의 두려움은 행동을 부자연스럽게 할 수 있거나 공격을 유발하는 우리의 품행에 영향을 줄 수 있다(Clarke, 2003).

다음의 허가는 특정 유형의 희생자가 다른 사람과의 관계에서 어떻게 생각하고 행동하며 태도를 가져야 할지에 대해 매우 유용한 자료가 될 수 있다.

왕따 희생자들	존재해도 괜찮다.
취약한 희생자들	잘 있어도 괜찮다.
소극적 희생자들	성장해도 괜찮다.
결탁된 희생자들	제대로 수행해도 괜찮다.
도발적 희생자들	가까워져도 괜찮다. 아이여도 괜찮다.
거짓 희생자들	너 자신이라도 괜찮다.
가능한 희생자들	생각해도 괜찮다.

흐름과 함께하면서 배울 것

스트레스 상황에서 자연스럽게 벗어나기 위해 개인은 직접적으로 스트레스 상황을 붙잡고 막으려 하기보다 어떻게 문제에 대해서 독창적으로 길을 찾을지를 배운다. 이것은 자신감, 자각 그리고 자발성이 요구된다. 진 일슬리 클라크(Jinn Illsley Clarke)는 왕따에서 자연스럽게 벗어나는 열일곱 가지 방법을 제시했다(2003). 이것은 명확하지 않고 부분적으로만 동의가 된 다른 전문가들이 사용한 전략과 비교된다.

산만함

전환

조정함 재구조화

유머 재정립

친구가 됨 에누리 최소한 최대한

선택적으로 들음

독백 이상 행동

기대하지 않은 행동

미연에 방지 혼란 혹은 탈선 가입

결 론

학교 밖의 '전문가' 들의 지원과 함께 이 프로젝트가 진행되면서 아이들이 믿고 잘 알며, 따뜻하고 친숙한 어른의 존재가 부족함을 알게 되었다. 학급의 담임교사가 이런 종류의 개입에 최적임자이고 조심스럽게 경계를 두고 접근한다면 학급 친구들이 괴롭히는 역할과 당하는 역할을 번갈아 맡는 것이 좋다. 그러면 그들의 진짜 문제를 다룰 수 있고, 역할을 분명히 하면 현실적으로 관련된 위험을 줄일 수도 있다. 중요한 것은 교사가 아이들이 하지도 못할 특별한 반응을 가르치는 것보다 상황에 따라 위협에 반응하는 것을 허가하는 것이다. 앞뒤가 다른 반응은 오히려 희생을 낳을 뿐이다. 이것은 자율성을 키우는 데 강력한 도구가 될 수 있고, 교사나 아이들에게 조금 어려울 수는 있으나 모든 학습 공동체의 목표가 되어야 한다.

08

드라마 삼각형 역할에 빠지는 위기에서 벗어나기

학교 관계자들은 게임 이론을 자율성 촉진에 어떻게 사용하는가

— BEN WYE

서 문

이 장에서는 학교 관계자들이 TA를 사용해서 동료를 지지하며 그들의 전문성을 증가시킨 방법에 대해 세밀하게 살펴볼 것이다. 주요 개념은 해결중심 기술을 더한 승자의 드라마 삼각형이다. 다른 장에서는 대부분 TA 개념을 아이나 청소년에게 직접 활용하는 것을 다루었다면 이 장에서는 TA 아이디어를 학교에서 바쁜 교사들에게 적용하는 데 주안점을 두었다.

주임교사나 교육과정 책임자, 그리고 교사, 많은 학교 관계자가 되풀이하는 경험으로 주로 이야기되는 것은 그들이 담당하게 된 학생과 관련된 것이다.

주임교사인 그녀는 집중해서 수업을 진행하고 있다. 누가 문을 두드리고 한 소년이 들어온다. 낙담해 보이는 소년은 손에 노트를 들고 있고 그것을 봐 달라고 한다. '데미안이 반복해서 무례하게 굴어 이제 더 이상은 용인할 수가 없습니다.' 한숨을 내쉬고 주임교사는 자리에 앉힌 다음 다시 수업을 시작한다. 몇 분 후에 또다시 누군가 문을 두드리고 화가 잔뜩 난 샤론이 들어온다. 그리고 거칠게 구겨진 노트를 책상 위에 던져 놓는다. '이 소녀는 준비가 안 되었어요. 이 아이가 사과를 할 때까지 받아 주지 않을 겁니다.' 샤론은 남아 있는 자리에 앉는다. 5분 후에 다시 문이 열린다. 또 다른 망명자(말썽을 부린 학생)가 친구에게 웃음을 지으며 교실 뒤 주임교사의 책상 앞에 있는 의자를 끌어다가 앉는다. 이것은 수업시간에 세 번이나 네 번쯤 반복되는 일이고, 늘어난 피난자들(말썽을 부린 학생)은 교실 벽 옆의 난방기 옆에 진을 치거나 교실 뒤 선반 앞에 서서 잠정적인 조치에 따라 시간을 보낸다.

수업이 끝나고 주임교사는 새로 온 아이들과 문제에 대해서 의논을 시작하지만 곧 다른 아이를 데리고 온 화난 교사의 방해를 받는다. 그들은 서로 노려보고 있다. 교사는 아이가 잘못한 것에 대해 벌을 주겠다고 하고 아이는 무고하다며 항변을 한다. 이제 주임교사 앞에는 지난 시간 여섯 명의 아이들과 관심을 바라고 있는 화가 난 두 사람, 복도에는 그녀의 빠른 해결을 기다리는 여러 교사와 아이들이 줄을 서 있다. 겨우 월요일 점심시간일 뿐인데! 스트레스는 많고 보답은 적고 끊임없는 요구에 시달리는 중간 관리자의 이런 일은 전혀 부러워할 것이 못된다.

카프만의 드라마 삼각형

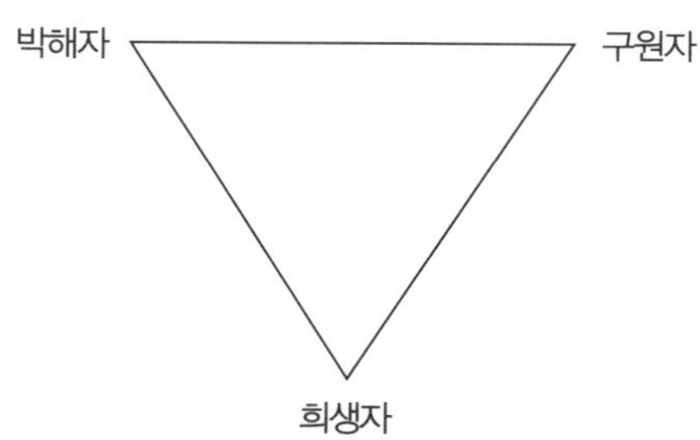

[그림 8-1] 드라마 삼각형

내가 꾸준히 인식하고 있는 바는 중간 관리자들의 이런 경험을 카프만의 드라마 삼각형의 역할에 따라 이해해야 한다는 것이다 (Karpman, 1968). 드라마 삼각형은 [그림 8-1]과 같다.

연습 회기의 참가자들은 박해자, 희생자, 구원자의 역할을 인식

〈표 8-1〉 **드라마 삼각형의 역할과 관리자의 경험**

드라마 삼각형 역할	관리자의 경험
구원자	다른 교사들이 학생들과 힘들어하면 도와준다. 다른 교사를 대신해서 훈육을 한다. 동료인 교사가 결근을 했을 경우 학생과 조정한다. 특정 학급이나 학생을 보면서 동료 교사가 얼마나 힘들어하는지 알고 있다. 학년의 일과 교무 부처에서 일어나는 일에 전적으로 책임을 져야 한다고 생각한다. 교사를 지지하는 것과 좋지 못한 환경으로 힘든 상황에 있는 학생을 위로하는 것 사이에서 갈등한다.
희생자	여러 가지로 증가하는 개인적 요구를 극복하려다 보니 완전히 지치고 소진한 느낌이다. 시간도 많고 위기대응기술도 있는 오래된 교직원에게 이용당하는 느낌이 든다. 다른 교직원의 행동에 관대하다. 변화 가능성이 전혀 없어 매우 혼란스럽다. 중간 관리자 역할을 하면서 계속되는 문제의 규모에 압도되는 느낌이며, 이러한 것은 반복된다.
박해자	다른 사람들의 무능이나 게으름에 신물이 난다. 다른 사람에게 일을 시키는 것에 대해 양가감정과 좌절감이 든다. 만약 다른 사람들이 지시받은 대로 하면 상황은 그다지 어렵지 않을 거라고 생각한다. 중간 관리자만이 학교에서 무슨 일이 일어나는지 안다는 믿음이 있다. 주임교사는 교실에 잘 오지 않고, 담임교사는 더 큰 문제에는 어찌할 바를 모른다고 믿는다.

하고 이들 역할들의 극적인 전환이 게임의 결말이라는 것을 깨달을 때 크게 놀란다. 중간 관리자들은 그들의 경험을 바탕으로 세 가지 역할이 서로 연결된 것을 〈표 8-1〉에 제시하였다.

이 단계에서 특히 강조할 것은 카프만의 드라마 삼각형의 초기 작업에 관한 다음의 몇 가지 특징이다.

- 카프만은 개인은 의식하지 않고 게임의 역할을 맡는다고 했다. 다른 말로 중간 관리자들은 의도적으로 구원자나 박해자를 하려고 하는 게 아니라 타인과 교류할 때 역할이 나타난다는 것이다. 우리가 의도적이지는 않아도 게임은 타인과의 교류에서 친숙한 교류 방식이 될 수 있다.
- 카프만은 드라마 삼각형 상황일 때 개인은 일어난 일에 대해 지금-여기에서 현실적인 검토를 무력화시키는 개념을 만들어 낸다고 하였다. 다른 말로 개인은 직장이나 다른 곳의 예전 경험에서 빌려 온, 사실이라고 가정하거나 불확실한 정보를 바탕으로 인식한다.
- 카프만은 게임을 하고 있다는 것을 인식하게 되는 것은 어려운 상황에 대해 무언가를 긍정적으로 하려는 걸음을 내딛는 것이라고 하였다. 이 장에서 우리가 무엇을 할 수 있는지, 학교 안 관계에서 게임을 하고 있다는 것을 깨닫는 것에 대해 생각해 볼 것이다.

박해자, 구원자, 희생자의 역할을 잘 파악하는 것은 중간 관리자들이 교사들과의 관계를 돌아보는 데 중요한 시작이 된다. 〈표 8-2〉는 어떻게 게임의 역할을 인식하는지에 대한 단서를 보여 준다.

드라마 삼각형의 가장 중요한 측면은 역할이 반드시 전환된다는 것이다. 게임을 하는 상황에서 개인이 처음 맡았던 역할은, 예를 들면 구원자에서 시작한 게임이 끝날 때는 다른 역할로 바뀐다. 중간 관리자의 일반적인 경험은 그들이 무심코 구원자의 역할을 맡는 것이다. 예를 들면, 다른 학급에서 학생을 보내면 그 일을 처리해 주는 것이다. 이 역할은 다른 학급의 학습을 돕는다는 명목으로, 한 주 혹은 학기 내내 지속될 수도 있다. 그러나 결국 중간 관리자는 희생자로 전환되어 버리는데, 그것은 희생자보다 지금 박해자로서 더욱 익숙해져 버린 다른 교사들의 요구에 감당을 못하고 압도되어 버리기 때문이다.

역할의 전환은 게임을 지탱하는 중요한 방법으로써, 개인은 역할을 왔다 갔다 하면서 인정을 구하는 것이다. 그러나 역할의 전환을 알아차리는 것은 우리가 게임에 말려들었다는 것을 인식하는 기회가 되기도 한다. 그러므로 당신이 항상 '나에게 그런 일이 늘 일어나는 것 같아.' 라는 생각과 느낌이 다음과 같은 상황에서 든다면 당신은 게임을 알아차린 것이라고 할 수 있다. 즉, '나는 항상 그 문제 해결 모임에 있고, 그러한 문제를 가져온 교사들과 있으며, 그러한 교사들의 수업을 대신하게 되거나, 그 교사들의 학생과의 일을 해결하려 하는' 경우다. 이렇게 알아차리는 것이 게임에 관해 무언가를 하는 첫걸음이다.

게임을 알아차리는 또 다른 방법은 상대의 말을 주의 깊게 듣는

〈표 8-2〉 **드라마 삼각형 역할의 확인**

드라마 삼각형의 역할	생각해 볼 것
구원자: 다른 사람을 위해 무언가를 하려는 경향 다른 사람을 도와주어야 한다는 감정과 자신의 일에 대한 책임감을 다하는 것 사이에 사로잡혀 있다. 다른 사람을 위해 생각을 대신한다. 예를 들어, 결정을 대신 해 준다. 다른 사람이 무엇이 필요한지 예측한다. 예를 들어, 생각을 알아보지 않는다. *인생 태도: 나는 OK지만, 너는 not OK다.	나는 타인을 위해 그들의 생각대로 무엇인가를 하는 사람인가? 다른 사람이 내가 그 일을 하는 것을 원하는지 알아보지도 않고 다른 사람을 위해 일을 하는가? 나는 내가 원하지 않으면서 다른 사람을 위해 어떤 일을 하는가? 다른 사람을 위해 어떤 일을 하지 않을 때 죄책감을 느끼거나 가끔은 신의를 저버린다는 느낌이 든 적이 있는가?
희생자: 상황에 대해서 무력감, 희망 없음을 느끼는 경향 오로지 감정적인 경험에 집중해서 개인의 능력을 부인한다. 가능한 것이 아니고 무엇이 잘못되었는지에 사로잡혀 있다. *인생 태도: 나는 not OK고 너는 OK다.	다른 사람들이 나무란다고 느끼는가? 다른 사람들이 내 감정을 에누리한다고 느끼는가? 다른 사람들이 나에게 물어보지 않고 내가 무엇을 해야 한다고 결정하는 것 같은가? 일이 더 이상 진척이 없을 것이라거나 조금이라도 나아지지 않을 것이라고 느끼는가?
박해자: 다른 사람들이 무언가 하도록 만드는 경향 다른 사람의 생각, 감정, 안(案)을 생각하지 않고 행동의 필요성을 강조한다. *인생 태도: 나는 OK지만, 너는 not OK다.	다른 사람의 무능 때문에 좌절하는가? 지지해 주지 않으면 동료에게 보복하는가?

것이다. '네, 그러나……' '항상' '결코' 라는 말은 게임에서 항상 사용된다.

'네, 좋은 생각이네요. 그러나 학급에서는 안 통할 것 같은데…….'

'이 아이들은 절대로 그들의 행동을 바꾸지 않을 거예요.'

'당신은 항상 아이들을 내게 보내는데…….'

이러한 말들이 교사들 간에 일상적으로 나온다면 게임이 진행 중이라고 보아야 할 것이다.

드라마 삼각형에서 탈출

카프만의 최초 모델이 게임을 이해하는 데 기억할 만하고 접근이 쉬운 방법을 제공해 주기는 했지만 그것은 우리가 타인과의 관계에서 어떻게 실패하는지 비관적인 시각을 주기도 했다. 드라마 삼각형에서의 어떤 역할도 건강하거나 지속 가능하지가 않다. 결과적으로 게임을 하고 있다는 것을 알면 가장 좋은 전략은 다른 역할로 바꾸는 대신 게임에서 벗어나는 것이다.

게임의 상황에서 벗어나는 방법에는 여러 가지가 있는데, 다음의 두 가지 원칙을 기본으로 한다.

- 각 역할에 있는 사람이 에누리하고 있는 것이 무엇인지 알아내고 반응한다.
- 처음의 좋은 의도나 합리적이고 지지적인 역할을 알아내고 반응한다.

에누리와 드라마 삼각형

다음은 드라마 삼각형 역할에 따른 에누리에 관한 일반적이며 경험적인 법칙들이다.

- 구원자의 역할을 할 때 다른 사람의 생각이나 자신의 감정에 대해서 에누리를 하는 경향이 있다.
- 박해자의 역할을 할 때는 다른 사람의 생각과 감정을 에누리하는 경향이 있다.
- 희생자의 역할을 할 때는 자신의 생각과 다른 사람의 감정을 에누리하는 경향이 있다.

그래서 자아상태 면에서 본다면 어느 역할도 어른 자아상태의 생각, 감정, 행동을 하고 있지 않다는 것이다. 이것은 중간 관리자가 게임을 피하는 방법의 첫 번째 단서가 된다. 어른 자아상태를 소개하는 것이 좀 더 건강한 관계로 바꾸는 데 좋은 시작이 되는 것이다.

좋은 의도와 합리성 알아내기

카프만은 처음에는 게임을 하는 당사자들의 역할이 합리적 목적에 의해 시작된다고 하였다.

- 박해자 역할은 무엇인가 일을 끝내는 것이 필요한 경우 순수하게 행동의 필요성을 강조하면서 시작된다. 그러고 나서 사람들에게 어떤 일을 하게 만들고 타인에 대해 매우 비판적인 시각을 가지는 것으로 왜곡된다.
- 희생자 역할은 진정한 자신의 취약함 때문에 발생하는데 나중에는 자신이 무가치하고 무능력하다는 느낌으로 연결된다.
- 구원자 역할은 순수하게 다른 사람을 돕고자 하는 마음에서 시작되지만 나중에는 다른 사람을 위해 어떤 일을 해 주는 것으로 발달한다.

각 역할에 숨은 초기의 좋은 의도를 알아차림으로써 중간 관리자는 게임에서 다른 차원의 반응을 만들어 갈 수 있다.

해결중심 단기치료의 소개

게임에서 어른 자아상태로 반응하도록 발달하려면 중간 관리자들이 해결중심 단기치료 방법을 사용하는 것이 유용하다. 비록 전통적인 TA 이론에 뿌리를 두진 않지만 이 접근은 보다 확장되고 강력한 차원에서 TA와 강하게 연결될 수 있다. 해결중심 단기치료는 1950~1960년대에 발달된 체계적 접근에서 나왔다. 처음에는 가족치료 분야였다가 그 기술이 확장되어 사회복지, 정신건강, 조직, 교육으로 광범위하게 사용되었다. 해결중심 치료의 주안점은 진단과 병리적인 부분에 집중하는 것에 반대하고 미래의 해결책을 마음에 그리는 것을 강조한다. 해결중심 단기치료와 발전적이고 확장해 가는 TA 사이의 연결점을 만드는 것은 그다지 어렵지 않다. 예를 들면, TA의 세 가지 핵심 신념을 가지면 된다.

- 나도 OK고, 너도 OK다.
- 모든 사람은 생각할 수 있다.
- 누구나 변화할 수 있다.

그리고 해결중심 단기치료의 핵심 원리를 함께 생각해 보는 것이다.

- 개인은 근본적으로 선(善)한 의도(意)를 가지고 있고, 그들은 최선을 다한다.
- 개인은 성공의 경험이 있다. 그들은 자원이 풍부하다.
- 개인은 자신이 원하는 미래를 설명하도록 격려받을 수 있다.

두 접근에서 일반적으로 강조하는 점은 희망적인 것과 수용적인 것이고 긍정 심리학의 전형적인 아이디어들이다. 중간 관리자의 도전은 문제중심 상황의 반응에서 이러한 가치를 보여 주는 것이다. 해결중심 단기치료는 이런 반응을 만드는 데 매우 효과적이고 실용적인 방법을 제공한다.

해결중심 단기치료 기술과 드라마 삼각형

해결중심 단기치료 기술은 개인이 이전에 이루어 낸 성공을 분명히 하고 문제에 치중하기보다는 원하는 바가 무엇인지 확실하게 알아내며, 무슨 일이 일어나고 있는지 생각하도록 격려하는 일련의 질문이 중심을 이룬다. 보통 어린이 자아의 호기심이 발동되는 동안 어른 자아에서 생각하도록 하는 것이다.

해결중심 단기치료의 가장 중요한 특징은 질문이 순수하게 개방적이라는 것이며, 질문자가 정말 답을 모르고 질문을 하는 위험이 있다. "수업 시작 전에 아이들을 줄을 세우지 그래요(교사들이 이렇게 해야 한다고 강력하게 제안한다)?" 라고 말하는 대신 우리는 "만약 수업 전에 아이들이 줄을 서면 어떤 일이 생길까요……?" 라고 한다. 중간 관리자들은 다른 사람의 생각을 대신하는 것을 피하고, 좀 더 교묘한 수준일지라도 다른 사람이 그들 스스로의 일을 하도록 격려하는 질문을 해야 한다. 이것은 실천과 훈련을 통해서 능숙해져야 하는데, 동료들의 문제 상황에서 중간 관리자의 생각으로 문제를 해결해 주는 전문가가 되기보다 다른 사람이 해결 방법을 생각해 내고 스스로 해결해 나가도록 질문과 답이 오가는 토의를 잘 이끌어 가는 데 더욱 전문가가 되어야 한다는 의미다. 이것은 많은 연습이 필요한데, 전문가들은 구원자의 역할에 아주 익숙하기 때문이다. 해결중심 단기치료 기술의 종합적인 질문 목록과 그와 연결된 드라마 삼각형의 역할은 〈표 8-3〉에 제시하였다.

승자의 삼각형[1)]

우리가 드라마 삼각형으로부터 이동할 때 어떻게 되는지에 대한 이해를 하는 한 가지 방법은 아세 초이(Acey Choy)의 승자 삼각형을 보는 것이다(1990). 개인의 역할에 집중하는 대신에 초이는

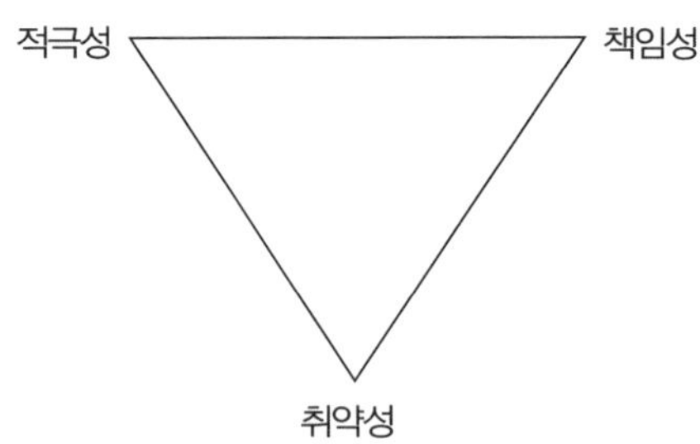

[그림 8-2] 승자의 드라마 삼각형

1) 보다 자세한 내용은 부록을 참고하라.

〈표 8-3〉 해결중심 단기치료와 드라마 삼각형

해결중심 단기치료 질문	승자의 삼각형을 촉진하는 해결중심 단기치료의 측면	해결중심 단기치료 측면이 드라마 삼각형 교류에 대항하는 방식
당신이 정말 성공했을 때의 이야기를 해 줘요.	개인적 자원	희생자 역할을 강화하지 못하게 함-능력과 가능성을 알아낸다.
최근에 잘된 일은 어떤 일이죠?	개인적 자원	희생자 역할을 강화하지 못하게 함-능력과 가능성을 알아낸다.
어떻게 그 어려운 시간을 견디었죠?	개인적 자원	희생자 역할을 강화하지 못하게 함-능력과 가능성을 알아낸다.
당신이 성공적일 때(일이 잘 되어 갈 때) 당신이 하는 일과 생각은 무엇인가요?	개인적 자원	희생자 위치에서 힘을 가진 위치로 옮겨 가도록 격려함
무엇이 가장 최적의 시나리오일 것 같나요? (어떻게 되는 것이 향후 당신 인생에서 가장 좋은 시나리오일까요?)	원하는 미래	희생자 위치에서 힘을 가진 위치로 옮겨 가도록 격려하고 구원자가 개입하지 못하게 함
만약 기적이 일어난다면 당신 삶에 무슨 일이 일어날 것 같나요?	원하는 미래	희생자 위치에서 힘을 가진 위치로 옮겨 가도록 격려하고 구원자가 개입하지 못하게 함
어떻게 이런 상황을 처리해 오셨죠?	개인적 자원	희생자 역할을 강화하지 못하게 함-능력과 가능성을 알아낸다.
만약 일이 조금 더 잘된다면 어떻게 될까요?	다음 단계	희생자에서 힘을 갖도록 격려하고 구원자가 개입하지 못하게 함
비슷한 상황에서 당신이 어느 정도 잘 해냈을 때를 기억할 수 있나요?	개인적 자원	희생자에서 힘을 갖도록 격려하고 구원자가 개입하지 못하게 함

이 상황의 가장 좋은 점은 무엇인가요?	다음 단계	가능성의 인정과 반추하도록 격려함
이 상황에서 희망은 무엇인가요?	원하는 미래	희생자에서 힘을 갖도록 격려하고 구원자가 개입하지 못하게 함
내가 정말 이해할 수 있고 감사하는 부분은 당신의 능력, 장점, 전문성, 자원입니다.	개인적 자원	개인이 가진 잠재력을 언급함으로써 구원자나 희생자가 되지 않도록 함
당신의 능력, 장점, 전문성, 풍부한 자원을 이 상황에 어떻게 사용할 수 있을까요?	다음 단계	개인이 가진 잠재력을 언급함으로써 구원자나 희생자가 되지 않도록 함
이 상황에서 당신이 정말 원하는 것이 이미 일어난 것은 없나요?	다음 단계	개인이 가진 잠재력을 언급함으로써 구원자나 희생자가 되지 않도록 함

게임 중에 있는 개인이 역할에 저항하기 위해, 그리고 다른 사람을 그 역할에서 나오게 하기 위해 승자의 삼각형의 특징을 조합하여 활용하는 것을 선택할 수 있다고 했다. 승자의 삼각형의 세 가지 관점은 다음과 같다.

- 적극적이고 합리적 주장을 한다.
- 돌보는 역할을 한다.
- 취약성을 인식하고 이를 극복해 나간다.

초이는 게임 중의 개인이 언제라도 어려운 상황을 그만두기 위해서 승자의 특성을 사용할 수 있다고 했다. 실천적인 방법 중 하나는 〈표 8-3〉에 제시된 해결중심 단기치료 질문을 사용하는 것이다. 중간 관리자와 일을 하는 동안 나는 드라마 삼각형에서 승자 삼각형으로 전환되는 것을 반복적으로 관찰했다. 관리자들은 해결중심 단기치료 질문이 그들의 상황에 대해 책임을 지고 개인적인 전문성과 동료 직원들이 일을 해결하도록 격려하는 데 얼마나 유용한지 자주 이야기했다. 어른 자아에서 생각하도록 격려하는 것은 동료 사이의 어려운 관계를 바꾸게 하는 데 유용했다. 이러한 이유로 나는 관리자들이 첫 번째 반응으로 동시에 승자 파트너십을 만드는 방법으로 해결중심 단기치료 기술을 활용하도록 권한다.

대항에 대한 이해와 반응

드라마 삼각형 상황에서 개인은 각기 다른 수준에서 게임을 한다는 중요한 관찰을 되돌아볼 필요가 있다. 게임은 우리 모두 자주 하고 있고, 대부분 사회적 수준에서 한다. 다시 말하면, 개인은 게임에서 그들의 역할을 파악하고 타인의 역할과의 관계에 어떻게 맞추어야 하는지 어렵지 않게 알아낸다. 이 수준에서는 우리의 역할에 대해 논의하는 것도 좋은 방법이며 쉽게 게임을 그만둘 수 있다. 해결중심 단기치료 질문은 이 단계 게임의 개입에 특히 효과적이다.

개인이 조금 더 깊은 수준인 이차적인 수준의 게임을 할 수도 있다. 여러 가지 이유로 사람들은 특정한 역할에 더욱 친숙해지는

데 그것은 마치 그 역할이 그들의 정체성에 필수적이라고 인식하기 때문이다. 결과적으로 사람들은 자신의 역할을 유지하는 데 엄청난 투자를 하며 보상은 더욱 강력하다. 이 경우 관리자들은 어른 자아상태에서 생각하는 것이 어려울 수 있다. 이러한 이차적 수준의 게임 반응에서 우리는 생각하기와 함께 무엇을 에누리하고 있는지 돌아보는 것도 좋은 방법이다. 중간 관리자는 일반적인 상황에서 타인의 생각할 수 있는 능력을 에누리했을 뿐만 아니라 자신의 감정에 대해서도 에누리했다(사례 참조). 중요한 것은 중간 관리자가 구원자가 되지 말고 그 상황에서 다른 사람에게 자신이 무엇을 느끼는지 알아차리도록 해 주는 것이다. 해결책은 중간 관리자가 그런 감정에 압도되거나 부적절하게 표현하거나 혹은 더욱 억압하지 말고 최근의 분노, 피곤함, 좌절 등의 감정을 인정하는 것이다. 이것은 전문 직업의식을 반드시 유지해야 한다고 생각하고 환경적 · 정신적 압박감 속에서도 강해야 한다고 생각하는 관리자에게 어려운 일이지만 게임에서 중요한 요소다.

사례 case 베리(주임교사)

베리는 8학년 주임교사로 경험이 많고 학교에서 확실히 인정받고 있었다. 학생들에게도 인기가 많고 학생의 훈육과 학생들 간 관계 등에서 좀처럼 어려움을 겪지 않았다. 가을 학기로 넘어갈 무렵 교사들은 수업 중에 그에게 학생들을 보내는 사례가 점차 늘었다. 처음에는 단순하게 그의 일반적 업무로 생각하여 협력을 했다. 그러나 시간이 갈수록 그에게 보내는 학생들이 늘자 그는 점차 짜증이 나기 시작했다. 게다가 다른 교사들이 자신의 일을 하는 동안 그는 휴식 시간에 일어나는 싸움을 해결하기도 했다. 학기 중간이 되자 그는 그 상황에 몹시 짜증이 났다.

베리는 훈련 회기에 배웠던 드라마 삼각형을 떠올렸다. 다른 교사들이 희생자의 역할을, 학생들이 박해자의 역할을, 그리고 자신이 무심코 구원자의 역할을 하고 있다는 것을 알았다. 시간이 지나면서는 자신 또한 희생자의 역할을 하게 되고, 좌절감이 자신을 잠재적으로 박해자의 역할로 몰아가고 있다는 것도 알게 되었다. 그는 해결중심 단기치료 질문을 어떻게 사용할 것이며, 어떻게 다시 제자리로 돌아갈 수 있을지 생각했다.

몇 주 후에 다시 만났을 때 베리는 여전히 낙담을 하고 있는 상태였다. 그는 해결중심 단기치료 기술이 자신의 학급에 대해 책임감이 강한 몇몇 교사에게는 큰 도움이 되는 것을 알았지만 이러한 사실을 에누리하고 있었고, 여전히 어려움을 겪고 있는 다른 두 교사와의 일에 초점을 맞추고 있었다. 그 교사들은 처음에 그랬듯이 그의 개입을 점점 더 요구하고 있는 상황이었다. 그래서 두 번째 전략으로 넘어갔다. 베리는 이제 점차 힘들어지는 자신의 감정적 반응을 고려해야 할 시간이었다. 베리는 교사들이 자신의 고생을 생각해 주지 않는 것과 자신에게 보내는 아이들 때문에 수업이 얼마나 방해를 받는지 고려하지 않는 것에 화가 난다고 말을 했다. 또한 자신의 계속되는 지지에도 불구하고 매우 소극적이고 미미하게 해결 전략을 적용하는 교사들에게도 짜증이 난다고 했다.

베리는 교사들에게 느끼는 불만을 말했지만 그는 이것이 전문가의 자세가 아니라고 느꼈고, 힘든 상황에 맞서서 묵묵히 견디는 것이 자신의 책임이라고 믿기도 했다. 다른 한편으로는, 자신이 정말 지금 잘 지내는 상태인지에 대해 걱정을 했고 처음으로 다른 직업을 찾는 것을 생각하기도 했다. 또 교사들에게 자신이 그들에 대해 어떻게 생각하는지 단언적이고 전문가답지 않게 비난하듯이 말을 하게 되면 어쩌나 하는 걱정도 하고 있었다.

베리는 자신의 취약함에 대해 이야기한 뒤 교사들에게 자신의 말을 '어떻게 생각하는지 말해 줄 것'을 요청하기로 결심했다. 미리 할 말을 준비하는 것은 그가 박해자가 되는 가능성을 최소화하기 위한 것이다. 내용은 다음과 같다.

> 나는 이번 학기에 일어난 일들에 대해서 정말 화가 났었습니다. 여러 차례 학생들이 의뢰되어 나도 피곤하였으며 지난 두 달 동안 여러분과 공유했던 아이디어를 여러분이 적용하지 않는 것에 실망했습니다. 여러분이 내 말을 이해하였는지 알고 싶습니다. 지금 당장은 아니라도 좋습니다. 내일쯤 우리 모두 이에 대해 좀 더 생각을 해 보고 이야기를 나누고 싶습니다.

이렇게 하고 나서 베리는 안도감을 느꼈는데, 처음으로 다른 교사들과 관계가 바르게 되었다는 생각이 들었기 때문이다. 또한 그가 박해자가 되지 않아도 된다는 것과 교사들에게 생각을 하고 그것을 실천하도록 격려했다는 것이다. 그리고 중요한 것은 지금까지의 관계에서는 에누리되었던 요인인 듣는 것의 필요성에 대해 이야기했다는 것이다.

베리가 더 오랜 기간 자신의 역할을 잘할 수 있었던 것은 다음에 소개된 세 번째 전략인 '게임에 이름 붙이기' 방법을 찾았기 때문에 가능했다.

게임에 이름 붙이기와 정보의 중요성

게임을 하는 것은 정보가 부족한 것에 기인하는 경향이 있다. 드라마 삼각형 상황에서 어른 자아상태가 마음에 부재하다는 것을 인식할 때, 정보를 제공하는 것은 게임을 줄이는 데 매우 효과적인 방법이 될 수 있다. 중간 관리자는 교사가 어떤 정보가 없거나 부족한지 생각해 볼 필요가 있다.

- 교사는 학생을 수업에서 빼서 내보내는 것에 대한 계획을 가지고 있는가?
- 학급 관리 기술을 교사가 알고 있는가?
- 교사는 학생의 행동 관리에 대한 학교의 방침이나 최근 변경된 방침을 알고 있는가?
- 학급 교사에게 전달되지 않은 학교 중간 관리자의 최근의 변

화가 있는가?

- 교사가 미처 모르고 있는 일반적인 사실이 있는가? 예를 들면, 지역에서 관심을 가져야 하는 특별한 집단이나 학생, 특정한 과목에 따른 관심, 지역 교육청의 긴급 점검 방문 등

또한 상대나 다른 사람은 알 수 없는 직접적인 대인관계에 관련된 수준의 정보가 있을 수도 있다.

- 중간 관리자는 그 상황에 자신이 어떻게 느끼는지에 대한 정보를 교사에게 주었는가?
- 무슨 일이 있어나는지에 대한 각자의 책임 관련 논의가 있었는가?
- 모든 교사가 드라마 삼각형의 역할이나 게임을 하는 것에 대해 알고 있는가?

마지막 질문은 더욱 세밀하게 살펴볼 만하다. 게임은 이름이 없는 채로 일어나는 경향이 있다. 다시 말하면, 게임이 분명하게 자각된 후에는 게임을 하거나 역할을 맡는 것이 어려워진다. 그것은 게임의 진행이나 각각의 역할을 이야기하면 게임을 하는 만족감이 떨어지는 것과 같다. 만약 주임교사나 부서의 팀에서 드라마 삼각형의 개념을 소개한다면, 이 새로운 정보는 구성원이 게임에 초대하는 것을 막고 실제로 일어나는 일에 훨씬 잘 적용할 수 있게 된다는 것이다. 그러므로 가장 중요한 것은 중간 관리자가 드

라마 삼각형의 개념을 자신의 팀에 소개하는 것이다.

훈련 회기 중에 중간 관리자는 가끔 게임의 이름에 대한 좋은 생각을 구한다. 어떤 사람은 게임에 이름을 붙이는 것은 교사에게 너무 공격적이거나 무섭게 하는 것이라고 믿는다. 또 다른 사람은 그 팀이 이해하지 못하거나 혹은 반대로 게임에서 그의 역할을 다시 한 번 깨닫게 될 것이라고 믿는다. 이런저런 이유로 관리자는 정보를 나누지 않거나 자기도 모르는 사이에 자신의 팀 관계에서 구원자 역할을 하게 되는 것이다(정보를 나누지 않는 것은 그 사람이 구원자로서 역할을 하게 되는 하나의 방법이 될 수도 있다).

어떤 중간 관리자는 게임에 이름을 붙이는 것의 장점을 생각했는데, 다음과 같은 유용한 반응도 포함되었다.

- 사람들은 '흠, 그녀는 무슨 일이 일어나는지 알고 있군, 우리는 더 이상 게임을 할 수 없어.' 라고 생각할 수 있다.
- 사람들은 게임을 알아차리고 그것을 그만둘 방법을 찾을 수 있다고 안심할 수 있다.
- 사람들은 드라마 삼각형에 대해 강한 흥미를 느끼고 더 알고 싶어 할 수도 있다.
- 사람들은 직장에서 어떻게 중간 관리자가 자신을 보는지에 대한 생각을 바꿀 수도 있다.

구경꾼

구경꾼의 역할은 관리자들이 게임 이론을 사용하는 것에 대해 생각해야 할 마지막 부분이다. 페트라스카 클락슨(Petruska Clarkson, 1987)은 카프만의 초기 모델에 의미 있는 첨가를 하였다. 아파르트헤이드(apartheid) 시대에 남아프리카에 살았던 경험으로 그녀는 구경꾼이라는 강력한 네 번째 역할[2)]을 제안했다. 이 역할에서 개인 혹은 집단은 드라마 삼각형의 세 가지 역할과 역할의 전환도 관찰한다. 다른 한편으로 클락슨은 구경꾼은 게임에 관여를 할 수 없으므로 매우 불편한 경험이라고 했다. 그들이 관여를 하지 않는 것은 다른 사람에게도 영향을 끼치는데, 특히 희생자의 자리에 있는 사람의 느낌을 증폭시킨다.

교사나 학생들은 다른 사람들이 어려운 상황에 빠져서 꼼짝 못

---

2) '구경꾼(Bystander)'은 누군가가 도움을 요청하는 상황이거나 필요한 상황에서 적극적으로 관여하지 않는 사람을 말한다. 나아가 한 사람 혹은 여러 사람이 위험에 처해 있는 상황에서 자신이 피하거나 모른 체하지 않고 행동하면 그 상황에 매우 긍정적인 영향을 미칠 수 있음에도 가만히 있는 사람이다. 구경꾼은 다른 사람의 게임에 관여하지 않음으로써 자신이 갖는 가치와 양심, 도덕, 준거틀에 입각하여 매우 불편한 경험을 하게 된다. 자신들이 관여를 하지 않는 것은 결국 다른 사람에게도 영향을 끼치는데, 특히 희생자가 계속 힘든 상황에 머물게 한다. 집(배우자, 부모, 자녀), 학교(보직교사, 교사, 학생, 학생들 간), 직장(상사, 부하, 동료 간) 등의 상황에서 이들은 다른 사람이 어려운 상황에 빠져서 꼼짝 못하는 두려움을 지켜보는 것이 불편할 수 있다. 그럼에도 이들은 행동하지 않는다.

하는 두려움을 지켜보는 것이 불편할 수 있다. 이에 더해 드라마 삼각형을 학생들에게 소개할 때 왕따에서 구경꾼의 역할과 부분적으로 관련이 있을 수 있다.

동료들을 관리하는 측면에서 다른 사람들이 게임을 하는 것을 관찰하고 주목하는 것은 가치가 있는 일이다. 구경꾼은 그들의 능력을 에누리하고 있는데, 특히 다른 사람에게 어떤 도움이 될 수 있는 그들의 역량을 에누리한다. 좀 더 건강한 역할로 전환이 되는 해결책은 그러한 가능성을 가진 개인으로 관여를 하는 것이다.

다음의 사례는 이것이 실제적으로 어떤 의미인지를 보여 준다.

사례 case 앤-약한 유대

주임교사가 보기에 앤은 팀원 중 업무수행 능력이 다소 부족한 사람으로 생각되었다. 그래서 앤이 자신의 일을 더 잘할 수 있도록 돕기 위하여 분명한 목적과 함께 지원을 준비하게 되었다. 나는 앤이 좋아지기를 기대했다. 주임교사는 그녀가 구원자에서 희생자로 역할을 끊임없이 전환하면서 좋아지지 않는 점이 실망스러웠고 뭔가를 해야겠다고 결심했다(박해자의 가능성). 나는 주임교사의 곤혹스러움과 함께 앤에게서는 상당한 조심성을 감지했다. 그런데 이것은 첫 토의와 관찰 후에 다른 부서 교사들의 훌륭한 성과와는 대비되는 앤의 부진한 업무수행을 보고 명확해졌다. 비교적 새로운 팀원인 앤은 적응을 잘하지 못해 어려움을 겪고 있었고 동료들의 모범적인 일처리에 겁을 먹고 있었다. 더 중요한 것은 그 부서에서 대화가 별로 없다는 것이었다. 결과적으로 앤과 다른 교사들 사이의 어려움이 있을 것 같았고, 오직 주임교사만 교사들 간의 차이에 대해 알고 있었다.

그 부서의 진짜 약점은 팀의 성공적인 전략에 대한 공유가 아주 적은 것이었다. 앤만 동료들이 어떤 일을 하는지에 대한 정보를 놓치고 있었던 것이 아니라 부서에서도 함께 잘해 나갈 수 있는 가능성을 간과하고 있었다. 그래서 앤을 돕는 것에 초점을 맞추는 대신 교과과정의 계획이나 적용에 대해 부서에서 토의하는 기회를 정기적으로 만들었다. 결과적으로 다른 과목의 교사들(구경꾼)도 전체 팀을 위해 더 큰 자율성을 가지고 참여하게 되었다.

정 리

교무실은 게임이 일어날 수 있는 장소다. 카프만의 드라마 삼각형은 교사들 사이에 어떠한 관계가 발달되는지를 잘 보여 주는 모델이다. 중간 관리자는 다른 사람의 구원자로 나서기 쉬운 위치에 있으며, 이것은 교사, 그리고 학생과의 인간관계를 제한되게 만든다. 개인이 어떤 역할을 맡는 것에는 여러 가지 요인이 있으나 어떤 단계에서도 사람들은 게임에서 빠져나오겠다는 선택권이 있다는 것을 분명히 기억해야 한다.

이 장에서는 어떻게 해결중심 단기치료의 기술이 관리자와 동료에게 게임을 그만하고 일에 대한 책임을 질 것인지에 대한 실질적인 도움을 제공하였다. 또한 게임에 이름을 붙이거나, 구경꾼을 참여시키거나, 승자의 삼각형에서 확인된 특성을 나타내 보이는 등 다른 전략을 사용함으로써 게임의 초대에 대항할 수 있는 실질적인 방법을 제시하였다.

궁극적인 목표는 진실한 관계의 발달과 유지에 있는 것이다. 동료들과 함께 이러한 본질을 확인하고 인식하는 것은 중요한 함의를 가질 수 있다. 이러한 함의는 학생들이 힘든 상황을 이겨나가기 위한 자신들의 전략을 발달시킬 것이고 교사의 행동에 유용한 준거점을 제공할 수 있다는 것이다. 독자들은 학교 내에서든 학교 환경을 벗어나서든 건강하고 안정적인 관계를 촉진하는 데 이러한 것이 얼마나 유용한지 스스로를 위해 참고하고 행동할 것을 결정할 수 있다.

09

학교에서의 3차원 긍정성

3차원 긍정의 수용을 통한 긍정적인 학교문화 발달시키기

— TRUDI NEWTON

'아이들은 OK고' 교사들 역시 OK다! 만약 우리가 진심으로 이것을 믿는다면 우리는 어떻게 변화와 성장의 과정에 참여할 것인가? 이 장에서 우리는 몇 개의 짧은 이야기를 살펴보면서 '우리가 말한 대로 실천하기'의 방법에 대한 탐색을 할 것이다. 그것은 원리, 태도, 실천적 기술, 그리고 TA의 긍정적 철학을 촉진하는 도구를 발달시킴으로써 가능하다.

이 장에서는 또한 교실에서의 이마고와 계약, 스트로크, 에누리 등과 이 책 저자들의 관찰과 경험으로 얻은 생각과 결론, 그리고 몇 년이 넘게 지속된 TA에 관련된 아이디어들도 다룰 것이다.

3차원 긍정이란 무엇인가

'나는 OK고, 너도 OK다.' −이것은 많은 사람이 TA에 대해 알고 있는 것이고 좋은 출발점이다. 정확하게 말하자면 그것은 다음과 같다.

> 나는 나 스스로 OK고, 나와 함께하는 너도 OK다. 나는 나 자신과 너를 존중하고 받아들이며 너도 나와 같을 것이라고 믿는다.' 이 믿음의 숨은 의미는 우리가 주변 사람들과 관계 맺을 때 마치 우리와 그들이 OK인 것처럼 우리는 그들을 향해 긍정성을 내비친다. 이 철학의 함축적인 의미를 정리하면, 개인은 그들 자신을 위해 생각할 수 있고 결정을 내릴 수 있으며 문제를 해결하고 성

> 장하고, 또 변화한다고 말할 수 있다. 사람들은 자주 'not OK' 방식으로 행동을 한다. 이런 행동은 대화나 인간관계에서 효과적이지 않은 전략을 사용한 결과다. 그리고 그러한 것들은 'OK-OK' 접근이나 올바른 정보를 가짐으로써 변화될 수 있다(Barrow et al., 2001: 6).

이러한 믿음은 세 가지 원칙에 근거하여 우리에게 생각하고, 느끼고, 행동하는 방법을 제공한다. 그러나 어느 조직과 마찬가지로 학교에서도 에누리에 빠지는 것을 막기 위해 다른 차원의 긍정성이 필요하다. 에누리에 빠지는 예는 '만약 이런 학생, 교사, 교감, 교장, 교육부서 들만 없었다면 이 학교는 정말 좋은 학교였을 텐데' 이고, 관련된 게임은 '만약 그들만 아니었더라면(자세한 설명은 부록을 참고하라)' 이며, 부정적인 각본의 신념, 즉 '절대로 변화되지 않을 아이들을 위해 네가 할 수 있는 일은 하나도 없다.' 다.

번(Berne, 1962)은 원래 [그림 9-1]에서 보듯이 나는 OK다, 너도 OK다(혹은 not)를 강조한 일대일보다는 양극적인 '나-타인' 혹은 '나(우리)-너(그들)' 라는 긍정성의 위치를 제시했는데, 정말 필요한 것은 모든 사람과의 긍정성이다.

사실 진실하게 나는 OK다, 너는 OK다(++)의 접근은 나는 OK다, 너는 OK다, 그들은 OK다(+++)인 것처럼 믿고 행동하는 것이다. 최근에 크리스 데이비드슨(Chris Davidson, 1999)은 이 생각을 여덟 가지 태도와 더불어 3차원의 긍정성 다각형 모델로 발달시켰다([그림 9-2]). 학교 교사들에게 이 도표를 보여 주면 대개는 자

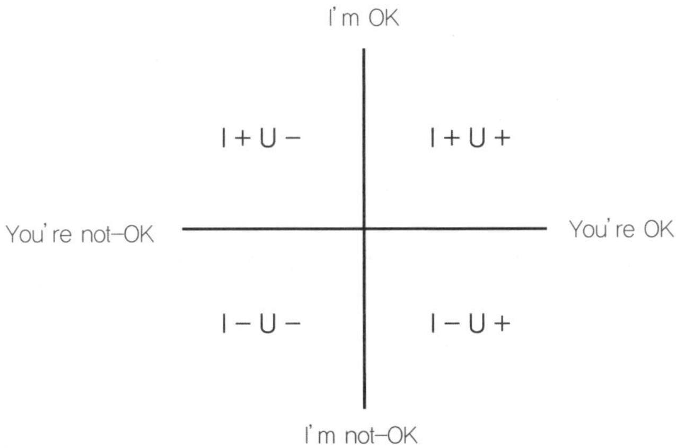

[그림 9-1] 인생 태도

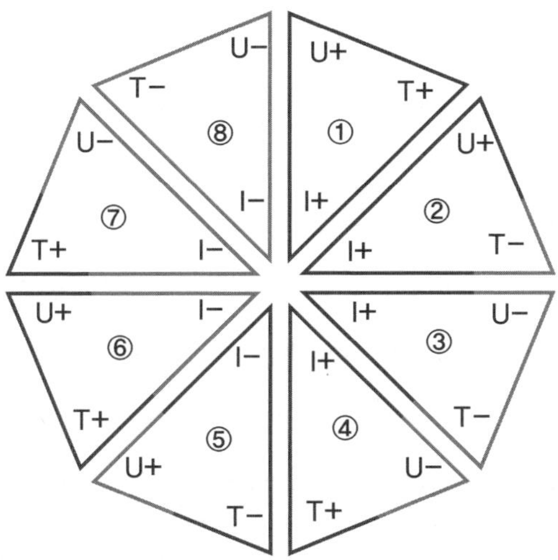

[그림 9-2] 3차원 긍정성(adapted from Davidson, 1999)

신의 행동을 인식하지 못하기 때문에 의아해하는 반응을 보인다. 교사들은 다음의 예에서 보다시피 3차원 긍정성에서 작은 삼각형 속의 태도를 하나씩 옮겨가며 관계를 맺는다.

사례 case

> 나는 학교 운동장 밖에 서서 남자아이들 중 한 명과 축구에 관한 이야기를 하고 있었다(I+U+).
>
> 그 아이가 가고나자 동료 교사 한 명이 와서 그 학생과 그의 수업에 대해 투덜대기 시작했다. 나는 곧 그와 한편이 되어서(②) 아이들에 대한 그와 비슷한 이야기를 하였다. 그러고 나서 나는 그에게 학급에 대한 이러한 말을 하는 것을 좋아하지 않으며, '만약 당신이 힘이 들어도 그런 말은 하지 않았으면 한다.' 고 이야기했다(③). 간단하게 말하면, 나는 학교 전체에 대해 희망이 없다는 느낌(⑧)으로 옮겨가기 전에 '그 아이들이 문제가 아니고 당신이 문제야.' (④) 라고 생각했던 것이다.

때로 우리는 일상생활 속에서 '다시 시작하기' 의 이야기를 들을 기회가 있다. 주임교사인 메리 마셜(Mary Marshall)은 각 학기가 시작하는 세 번째 주까지는 행동이 나무랄 데 없었던 5학년 남자아이를 기억했다. 그 아이는 3주가 지나면서 정기적으로 그녀의 교무실로 오게 될 만큼 행동이 나빠졌다. 그녀가 무엇 때문에 그렇게 변하는지 물어보자, 그는 "글쎄요, 난 항상 좋게 시작해요. 그런데 선생님은 나의 어떤 행동과 말에도 관심이 없었어요."라고 대답했다.

모든 교사는 이러한 순간을 경험하는데, 바로 아이들이 배우고 자라기 위해 어느 정도 수준의 어떠한 스트로크가 필요한지 아이들 스스로 알고 있다는 것을 깨닫는 순간이다. 만약 우리가 적극적으로 듣는다면, 그리고 정확한 정보를 준다면 우리는 문제가 무엇이든 그들이 말할 수 있도록 할 수 있다. 그것은 교사들에게도 마찬가지다.

만약 우리가 이런 익숙한 시나리오에서 변화하기를 바란다면 어떻게 행동하여 3차원적 긍정성을 시작할 수 있을까? 간단한 예로 2장에서 소개되었던 피터 쇼턴(Pete Shotton)의 팀이 학교 복도에서 만나는 교사나 학생들에게 인사를 했던 것을 들 수 있다.

다른 예는 중학교 주임교사인 닉키 로즈웰(Nicky Rosewell)의 예다. 다문화, 난민, 망명 신청자, 소외 계층 등 이러한 가족 자녀들이 대부분이었던 학교에서 그녀는 1년간 교사들과 학생들이 PAC에 대해서, 그리고 스트로크, 드라마 삼각형에 대해서 어떻게 알 수 있게 되었으며 그로 인해 TA 용어가 학교에서 일반적인 언어처럼 사용하게 되었는지에 대해 말했다. 이것은 단기간의 해결책이 아니라 교사나 학생들의 참여와 변화가 필요하다고 그녀는 이야기하고 있다. 그녀는 학교에서 많은 경우 학생들 간에, 그리고 교사와 학생 관계에서 'TA의 철학과 주요 개념이 행동으로 실천되는' 증거를 보았다고 했다. 그 결과 학교에서는 학부모 워크숍을 비롯해서 학교의 모든 교사와 직원이 참여하고 상호 협력을 지원하는 사업을 확대하기로 하였다(Rosewell, 2003).

메리 시콜(Mary Seacole) 초등학교에서는 3차원적 긍정성을 분명하게 눈으로 확인할 수 있게 해 주었다. 패트리샤 블레이크(Patricia Blake)는 2003년 흑인 역사의 달에 학교 전체의 반응에 대해 매우 고무되었고, 무엇이 이 학교에서 정서적 성장을 촉진했는지 관찰하기 시작했다.

사례 case

"그렇게 어려운 학급을 맡았다니 유감이네요."

"그들은 정말 지도하기가 어려워요. 내일 다시와 줄 수 있나요?"

"우리는 오늘 당신이 와 줘서 정말 좋았고 아이들도 고마워할 거예요."

"그 학교는 정말 다시는 가고 싶지 않은 학교예요."

"만약 내가 당신의 기관과 잘 이야기하면 한 주에 3일을 일할 수 있나요?"

몇 년간, 나는 런던지역에서 보조교사로 일을 하였다. 그 시절 학급에서 나는 시계를 보면서 스스로에게 이렇게 말하곤 했다.

"이제 두 시간 남았어. 그러면 너는 여기서 나갈 수 있고 다시는 돌아오지 않아도 돼. 확실하게 서류에 사인을 하고 자유를 향해 나가는 거야."

내일은 언제나 다른 날이었고 교육청에 가서 일을 알아볼 때 나는 내가 다시는 가지 않겠다고 결정한 특정 학교는 언제나 '아니요'라고 할 수 있었다. 내가 갔던 모든 학교가 다 나쁘거나 악마 같은 주임교사가 있거나 강사 방이나 화장실이 따로 없었던 것은 아니다. 뭔가가 그저 나와는 맞지 않는 느낌이었다.

그래서 교육청에서 학기 말에 전화로 다음 9월에는 어떻게 하겠냐고 물으면, "난 특별한 도움이 필요한 아이들과 일하고 싶어요. 자신의 행동을 통제하기 힘든 아이들 말이에요."라고 대답했다.

내가 방문한 학교에서 감지했던 유형은, 내가 한 손에는 수업 계획서를 들고 다른 한 손에는 자료를 들고 도착하면 주임교사는 보통 "우리는 반을 나누었어요. 말 안 듣는 애들은 다 보내 버렸어요."라고 말한다. 그러면 나는 "그거 유감이네요. 그들을 다시 모을 수 있을까요? 만약 내가 말썽꾸러기까지 포함해서 학급 전체를 통제할 수 있다면 정말 도전적인 멋진 일이 될 텐데요."라고 말했다.

나의 자연스러운 감정은 학급에서 불만을 가진 아이들에게 더 끌리는 것 같았다. 만약 내가 그들과 시간을 더 보낼 수 있다면 그들을 도울 수 있을 것 같은 느낌이 들었다. 그때 나는 TA 개념에 대해서는 전혀 아는 바가 없었는데도 불구하고 하루 혹은 일주일 동안 그들 행동에 대한 나의 기대와 나에 대한 그들의 기대 속에서 '계약'을 맺었던 것이다. 이것은 내가 배우며 즐겁게 일을 해나가는 데 큰 원동력이었다. 어쨌든 나는 다른 사람과는 다르게 행동하는 교사였던 것이다. 나는 공부하면서 혹은 단것을 먹으면서 음악을 듣는 것을 좋아하고, 음악 수업 중에는 최신 음악을 연주하는 것을 좋아하거나 날씨가 좋으면 의자를 끌어다 교실 창가 쪽 햇볕이 잘 드는 곳에 앉아 있었다. 창의적은 아니었지만 자유스러운 어린이 자아가 늘 내 속에서 나왔다. 그냥 그것이 전부였다.

한 교실에서 하루를 시작하고 하루를 마감하는 일이 나에게 재미있는 일은 아니었다. 오해는 하지 않기를 바란다. 그것이 아주 어려운 일이라는 것을 알지만 나는 신선한 공기와 신념을 유지시켜 주고 나를 북돋워 주는 다양한 환경이 좋았고 사랑을 퍼뜨리는 것이 좋았다. 그래서 학교생활 적응지원팀의 일을 제안받았을 때 나는 한 학교에 머무는 것 대신에 다양한 문화, 예법, 그리고 여러 학교에서 경험을 가질 기회를 선택했다.

내가 지원팀과 함께 전일제 교사를 맡았을 때 처음으로 메리 시콜이라는 학교에 대해서 알았다. 학교의 사회경제적 수준은 낮았고, 326명의 학생 수는 전국의 대부분 초등학교보다 더 많은 수였다. 기본적으로는 다섯 살부터 일곱 살까지 특수교육이 필요하다고 판정이 난 아이들을 위한 학교였다. 아이들의 대다수가 지역 공영주택단지에서 왔고 세 살부터 학교에 들어오기 시작했다. 다섯 중 한 명은 소수인종이고, 영어가 모국어가 아니었으며, 열 중 한 명은 난민이거나 망명 신청자였다. 학생들의 전 · 입학률은 26%였고, 아이들은 끊임없이 이사를 가고 또

오곤 했다.

내가 부임하여 동료와 함께 학교에 갔을 때 팀에 의뢰되기를, 학교에서는 운동장에서 학생을 보살필 교사가 필요하다고 했다.

그 학교의 첫인상은 늘 내 기억에 남아 있을 것이다. 나는 교무실로 가는 현관 앞에서 미소를 띤 교무실 직원에게 환영을 받았고, 나의 일과 관련된 장소를 가르쳐 주었다. 교무실에는 메리 시콜이라는 간호사의 이름을 딴 학교답게 그녀의 많은 사진과 정보가 진열되어 있었다. 학생들의 활동이나 여러 풋볼경기와 배구경기에서의 트로피들과 학교위원회와 관련된 것도 진열되어 있었다. 교무실에는 어디나 그렇듯이 많은 음료수와 과자, 과일이 있었고 프린터는 제 할 일을 하고 있었다. 나처럼 사람들의 이름을 잘 기억하지 못하는 것을 배려하여 칠판에는 항상 그날의 활동이 표시되어 있고 학교 방문자의 이름과 그들이 만나야 할 사람들이 적혀 있었다.

가장 중요한 것은 안전함, 편안함, 그리고 학교에 대한 소속감이었다. 교사들과 방문객들은 내가 학교 교정을 걸어갈 때 웃음을 보내 주고 학생들은 종종 내게 말을 걸거나 "우리는 언제 당신 집단으로 들어가죠?" 하고 물었다.

무엇 때문에 메리 시콜이라는 학교가 나에게 다르게 생각되었을까? 그것은 아마 내가 학교에 처음 가서 주임교사를 만났을 때 "제가 새로 와서 무엇을 할 수 있을지 잘 모르겠네요."라고 말할 수 있을 만큼 편안했다는 것이다. 그래서 우리는 학생들을 위해 발전 가능한 방법을 의논하고 교사, 학생, 그리고 수업시간표 전반에 걸쳐 적합한 파트너십 계획을 고안할 수 있었다. 나는 학생들을 불필요하게 수업에서 빠지지 않도록 노력했으며 아이들이 좋아하는 수업, 즉 체육, 드라마, 미술을 할 수 있을 때 아이들의 반응이 더 좋은 것을 발견했다. 아이들의 행동에 초점을 맞출 때 왜 그렇게 반응이 좋은 것일까? 이 학교에서는 학생들이 최선을 다하고 자존감을 키워 나가는 모습을 볼 수 있었다. 이러한 것은 조회시간, 수업시간 혹은 운동장에서 그대로 나타났다.

새로운 일에 적응하는 데는 시간이 걸리고 나는 내가 원하는 만큼 창의적이어도 된다는 허가를 받은 느낌이었는데, 그것이 나를 편안하게 만들었다. 우리가 팀으로 함께 일할 것이라는 눈에 보이지 않는 계약에 서로 동의했고 혼자라거나 꿔다놓은 보릿자루 같은 느낌은 없었다. 그것은 '당신이 필요한 것은 무엇이든 우리에게도 중요해요.' 라는 메시지같이 만약 아이들이 결석을 하면 교무실 직원은 미리 전화를 해서 우리에게 알려주었고, 어떤 자료가 필요하다 하면 그것들을 준비해 주었다. 또 학교에 특별한 조회라거나 운동회, 학교 공연과 같은 특별한 행사에 늘 초대받았고 나 또한 그들과 소속되어 있다는 느낌을 가졌다.

작년에 나는 흑인 역사의 달 특별 조회의 개회사를 요청받았는데, 학생들은 '나의 흑인 역사 속 성장 과정에 대한 이야기'를 열심히 들어주었다. 그 이야기의 요지는 인종이나 색깔, 종교,

사회경제적 수준과는 상관없이 그들이 누구든 학생들은 특별하다는 것이었다. 나는 학교에 자메이카에서 가져온 '특별상자'를 전시해 놓았다. 그 상자는 지금 방문객이나 학생들이 자신들에게 긍정적 지지어가 필요하면 언제든 들여다볼 수 있도록 학교의 현관 입구에 전시되어 있다. 주임교사의 아이디어로 상자 밑에는 거울이 있어서 들여다보면 자신의 모습을 볼 수가 있다.

다양한 문화가 공존하는 이러한 학교에 대해 학생들은 큰 기대를 가지고 있다.

다음은 작년에 학교를 둘러본 교육청 직원의 이야기다.

> 이 학교는 학생들이 교육의 중심이 된 진정한 지역학교입니다. 학생들의 행동이나 학습에 대한 태도, 그리고 교사들이 모두 긍정적입니다. 학교는 학생 모두를 소중하게 생각하고 그들의 눈높이에 맞추어 행동합니다. 이 학교는 지역사회에서 높은 위상을 가지고 그 역할을 잘하고 있습니다.

나는 메리 시콜에서의 일을 정말 즐겼으며 정규 학급 교사의 일로 돌아가고 싶은 생각이 생긴다면 당연히 그곳에 신청서를 낼 것이다. 전체 학교가 당신이 누구든 당신을 좋아하고 마음을 열고 새로운 아이디어를 기꺼이 적용한다면, 불가능한 일은 아무것도 없다. 왜? 이 학교에서는 가능성이 무궁무진하니까.

내 일을 정말 특별하게 만들어 준 교사와 학생들에게 감사드린다.

원칙에서 실천까지

어떤 집단이든지 집단의 크기에 상관없이 효과적이 되기 위해서는 그들이 공유하는 가치가 있어야만 한다. 실천에 관한 3차원적 긍정성의 의미를 생각해 보는 것이 그러한 가치를 분명히 하는데 도움이 된다. 원칙과 규칙, 그리고 그에 따르는 절차 등 실천적인 전략을 결정할 수 있는데, 〈표 9-1〉은 힐(hills) 중학교의 예다.

〈표 9-1〉 **가치와 실천**

철학: 모든 인간의 본질적인 가치	가치: 존중	우리는 왜 이것을 하는가? 우리는 학교의 모든 사람이 중요하다고 믿는다.	예: 모든 사람을 위한 학교문화의 발달을 통해 개개인의 특정한 행동에 역점을 두어 다룰 필요성을 인식하는 것
원칙: 평등, 소속감	절차/방침: 모든 사람이 인식하는 행동 관리 방침을 발달시키기	우리는 무엇을 하는가? 어떻게 우리의 행동 방침이 우리의 믿음을 반영하는지 알아보기	예: 행동 관리 전략을 변화시키는 방법의 하나로 정서 활용 능력 촉진하기
실천: 계약적 방법, 긍정적 접근	행동: 새로운 전략의 시행과 관찰	우리는 어떻게 해야 하는가? 신념과 같은 선상에 있도록 전략을 변화시키기	예: 전체 학교 조직에 TA 가르치기

부분과 전체가 같은 모양이 반복되는 구조처럼 학교 활동의 일부분은 전체 형태를 보여 주며 '큰 그림' 은 작은 사건들로부터 보이는데, 예를 들면 "안녕하세요?" 하면서 눈을 맞추고 웃는 것들이다. 안내 데스크 직원의 웃음은 메리 시콜에서 패트리샤의 첫 경험으로 작은 사건이었지만 그것은 전체 학교의 형태를 보여 주는 것이었다. 이것은 작은 변화가 큰 형태에 영향을 끼친다는 것이고, 마치 한 학생을 위해 무엇이 빠졌는가에 대한 메리 마셜의 깨달음과 같다. 가치나 철학 같은 교육의 토대는 '무엇을 위한 교육인가?' 같은 질문을 함으로써 더 탐색할 수 있다. 어떤 사람에게는 무의미한 질문같지만 대답은 자명하다. 교육과 밀접하게 관련 있는 교사, 보조교사 그리고 학부모는 가르침과 배움의 기본이 되는 가치의 다른 점을 잘 모르기 때문에 여러 가지 미묘한 방식으로 이들 서로에게 영향을 끼치는 가치의 갈등도 알아내기가 어렵다. 교육의 가치가 다르게 부여된 다음의 정의에 대한 명확한 차이를 알아보자.

- 교육은 우리의 문화와 가치를 다음 세대에 전수하는 방법이다.
- 교육은 자격이 있는 일꾼들을 사회의 수요에 맞춰 공급하는 기능을 한다.
- 교육은 개인이 스스로를 발전시키고 자기실현을 할 수 있도록 한다.
- 교육은 사람들에게 영향을 줄 수 있고 자신의 삶을 변화시킴

으로써 자유로워지고 힘을 갖게 되는 과정이다.

이들 각각은 가치를 가지고 있지만 다른 것들을 에누리하고 그 중 하나만 강조되면 행정적 · 전문적 · 심리적 차원의 모든 수준에서 학교 운영에 대한 계약을 지시하게 될 것이다.

강조되고 지시받은 접근법을 지지하지 않는 교사들의 무의식적인 갈등은 스트레스와 투쟁으로 나타나기도 하고 학생들에게는 더욱 엄청난 손상을 입히는 결과를 가져온다. 가령, 두 번째 정의에 초점을 맞추어 정형화된 표준을 강조하게 되면, 세 번째 정의인 당연히 효과적인 배움의 전제 조건이라고 할 수 있는 '정서적인 발달'을 위한 적절한 지지의 필요성을 강조하는 인간중심 접근의 중요성을 가끔 에누리하게 된다.

학습의 형상

이마고 모델을 사용해서 우리는 교육에 대한 접근 방식을 구별할 수 있는데, 이것은 학급을 몇 가지 '형상'으로 나눈다(Newton, 2003). 즉, 지식의 습득을 기본 원칙으로 하는 첫 번째와 두 번째 정의는 교육과정의 중심이기도 하다. 이와는 달리 세 번째와 네 번째 정의는 인간중심인데 진정한 학습은 관계적이고 발달적이라고 믿는 것이다.

자유주의적 교실 우리 중 다수가 경험한 교육 모델로 우리의 어버이 자아와 문화각본을 투사한 형태인데, 가르침과 배움의 전형

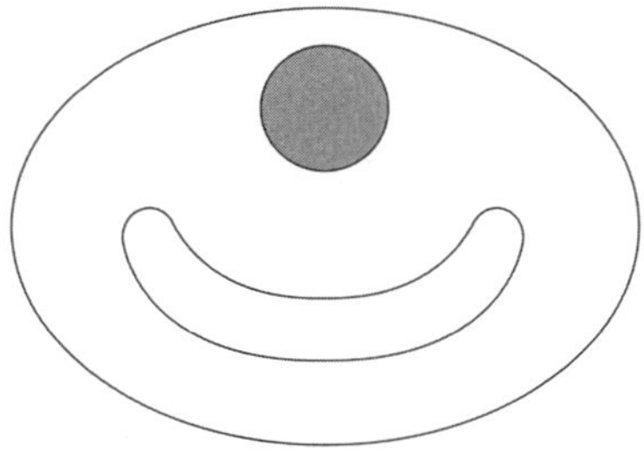

[그림 9-3] 자유주의적 교실의 이마고

적인 방식으로 오랜 역사를 가지고 있다. 이것은 교실의 전형적 패턴으로 교사는 학생에게 '내가 가르쳐 줄 테니 나에게서 이걸 배워.' 라는 의미가 함축된 것으로, 학생은 마치 배움을 퍼부어 줌으로써 채워지는 빈 그릇 같은 것이다. 초점은 정보로서의 지식이며 인지 능력, 원인, 지식적 기술은 지지와 인정을 받지만(예를 들면, Gardner, 1993) 다른 체제는 에누리당하게 된다. [그림 9-3]은 학습자들은 모두 같다고 여기는 이런 교실의 이마고를 보여 준다.

지적 발달의 이득이라는 믿음에 뿌리를 둔 전통적 교육방법은 종종 창의적으로 배우는 것을 좋아하는 일에 불을 지피고 영감을 주는 데 사용되어 왔다. 그러나 많은 사람이 교사(지식의 공급자)가 모든 힘과 책임을 가지고 있다고 기대한다.

과학기술주의적 교실 지식중심에서 발달한 과학기술적 모델의 관점은 배우는 사람들은 배움에 의해 다듬어지는 도구로 보는 행동주의 심리학자의 생각이 바탕이 된다. 표준과 산출이 보상과

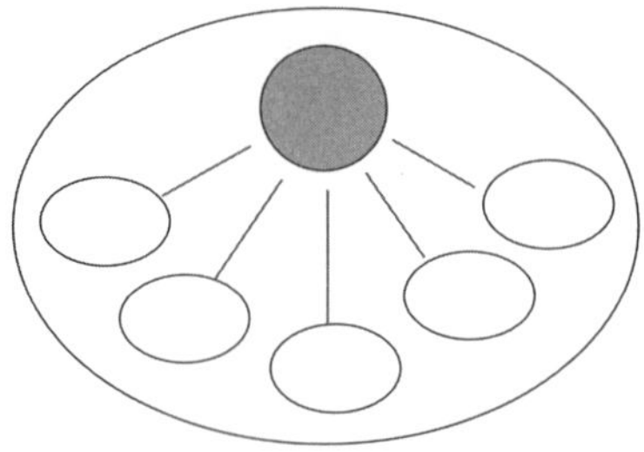

[그림 9-4] 과학기술주의적 교실의 이마고

사회적인가처럼 강조되는 말이다. 이 모델의 목표는 교육을 모험으로 촉진시키는 것보다는 기준을 설정하고 획득하는 것이다. 결과적으로 적응과 순응은 스트로크를 받게 되며, 창의나 열린 교육은 에누리된다. 교사와 학생들 간의 계약은 애매한데, 교사는 가르치는 동시에 평가도 하는 사람이기 때문이다. 이마고([그림 9-4])는 교사가 학생 개인과 각각 관계를 맺는 것을 보여 준다. 이러한 두 모델의 형식은 학습의 이미지로서 강력하고 또한 그들이 말하는 것은 중요하다. 그러나 만약 이 두 모델이 나머지 다른 두 모델의 어떠한 측면에 의해 조정되고 보완되지 않는다면 많은 아이는 충분히 이해받지 못할 것이다.

인본주의적 교실 인본주의적 교육의 목적은 전인적 인간을 성장시키는 것이고 교사와 학생들 간의 관계는 "내가 너의 성장을 위해서, 그리고 네 자신이 될 수 있도록 지지해 줄게."라고 표현된다. 배우는 사람은 보살핌과 물이 필요한 나무다. 이것은 가르

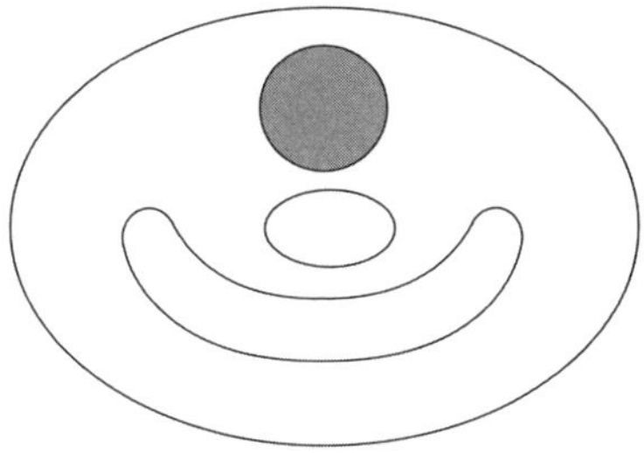

[그림 9-5] 인본주의적 교실의 이마고

침과 배움이 관계로 맺어져야 하며, 개인적 성장이나 창의성은 스트로크를 받는다. 배움의 정서적인 차원이 고려되고 학생들은 서로를 돕도록 격려된다. 어떤 학생에게는 도전이 부족할 수 있다. 이마고에서는 각 개인을 위한 교사의 관심, 학급에서의 지지를 보여 준다([그림 9-5]). 개인의 성장과 서로 지지를 보여 준 린다 힐러비(Linda Hellaby) 학급의 이야기가 좋은 모델이다.

급진주의적 교실 교육의 급진주의적 모델은 파울로 프레이리(Paulo Freire, 1972)의 연구에서 나온 것인데, 모든 사람이 참여하는 가르침과 배움의 새로운 관계와 새로운 지식은 대화를 통해 만들어진다는 것을 제안했다. 이마고에서는 교사는 없이 모든 사람이 함께 배운다는 성숙한 단계로 보이며([그림 9-6]), 계약은 '우리는 함께 배운다.' 로 표현된다.

배우는 사람들은 처음에는 틀에 박힌(전통적인) 교육에 '묶여 있는 것' 으로 보이고 목표는 자유와 능력의 부여, 혹은 진정한 자율

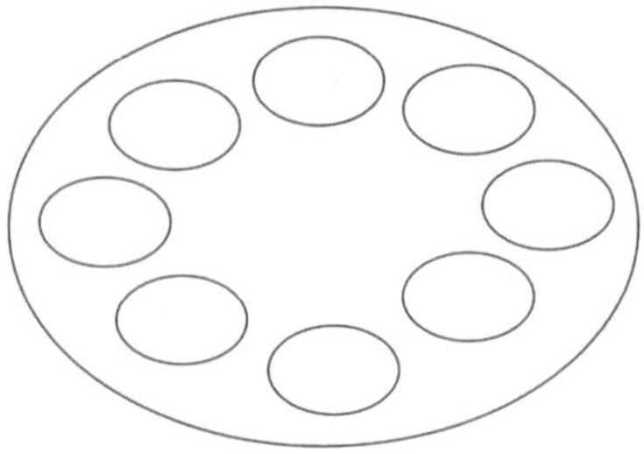

[그림 9-6] 급진주의적 교실의 이미지

성과 TA 준거 틀 속의 상호 의존이다. 3차원적 긍정성이 핵심이며 참여하는 모든 사람은 '배우는 자'와 '가르치는 자'로 존중되고 각자의 경험과 자원을 가지고 참여한다. 이 교육의 개념은 성인 교육에 크게 영향을 끼쳤다. 프레이리는 그의 생각이 아이들의 배움에 적용되는 것도 보았는데, 교육은 중립적이지 않고 어린 세대가 현재 제도 속으로 통합되거나 순응하는 기능도 아니며(프레이리는 이것을 '길들인다'고 하였다) 혹은 그것이 자유의 연습이 된다고 하였다. 그 뜻은 사람들이 현실적으로 비판과 창의성을 다루고 어떻게 그들 세계에 참여하고 변화하는지를 발견한다는 것이다(pp. 13-14). 변화의 가능성과 세상을 변화시키는(혹은 각본의 변화) 능력이 인간에게 있다는 이런 긍정적 믿음은 교육에서 이 모델이 TA의 관점을 공유하고 있는, 특히 최근에 떠오르는 관점이다.

상호 창의적 미래

최근 TA 발달 중 하나는 상호 창의적 접근이다. 이것은 책임과 현재 중심적 발달을 공유하는 '우리(we-ness)' 라는 원칙에 근거한다(Summers & Tudor, 2000).

2장에서 피터 쇼턴은 문화각본의 변화와 밀접한 관련이 있는 구성주의 원칙(2장의 설명을 참고하라)을 이야기했다. 교육에서 의미란 심리치료처럼 대화를 통해 발달하고 학습은 새로운 가능성을 제공해 주는 삶과 관련된 것이며 자아관 등이 포함되는 본질적인 넓은 의미의 이야기를 교사와 학생이 서로 만들어 낼 수 있는 것이다. 자아상태, 교류 그리고 각본은 모두 타인과의 관계 경험을 통해 상호 창조된다. 우리는 개인적으로나 지역사회에서 새로운 이야기를 함께 만드는 것을 선택하고 우리가 무슨 이야기를 할 것인지 선택할 수 있다. 이 과정의 예로는 3장에서 유치원에 관련된 사람들이 절망스러운 상황에서 빠져나와 다른 이야기를 만드는 데 일조했던 나단의 이야기가 있다.

이 책은 학교에 TA를 적용함으로써 '우리가 말한 것을 실천한' 이야기를 들려준다. 또한 우리의 소속 공동체에 적용함으로써 함께 경험하고 배웠던 집단의 이야기이기도 하다(Wenger, 1998). 우리는 학교에서 TA를 사용하고 결과를 반영하며, 이러한 것을 공유하면서 함께해 왔다. 그리고 우리가 일하고 있는 사회에 대한 관심을 함께 나누고 실천에 대한 의미를 부여하며, 정체성과 발달을 함께 나누었다. 웬거(Wenger)처럼 우리 또한 스스로에게 자문해 보았다.

> 만약 우리의 인생 경험에서 배움에 대한 다른 관점을 받아들였다면, 만약 우리가 배움이란 삶을 유지하는 데 불가피한 먹거나 자는 것처럼 인간의 본성 중의 하나라고 가정한다면, 그리고 기회가 주어진다면 우리는 잘할 수 있을까? 나아가 만약 배움이란 그 자체로서 중요하고 사회현상의 본질이며 인간으로서 우리 사회 본성의 반영이라고 가정한다면……(p. 3)?

우리의 대답은 그간 집단과 함께해 오며 배운 방법에서 명확해졌다. 주제에 대한 어떤 계획도 없었지만 어느 특정 시점에 한 명 또는 그 이상의 구성원들로부터 우선적인 것과 관심이 나오기 시작했다. 집단에서 리더십은 사람들이 자신들의 자원과 통찰, 열정, 발견을 가져올 때 한 사람에게서 다른 사람으로 옮겨 갔으며, 우리가 함께 그러한 것을 탐색해 나갔을 때 이들 모두의 성장과 변화를 볼 수 있었다. 거기에는 어떠한 한계도 존재하지 않았다. 우리 집단의 가치는 협력과 가능성, 그리고 긍정적 지지였다. 이것은 단순하게 검사지를 체크하는 방식을 훈련하는 것과는 다른 모델이었다.

상호 창조적인 접근은 새로운 이야기에 대해 말한다. 다르게 말하면 TA팀 안에서 각본의 변화를 유도하는 것이다. 그것이 불만스러운 학생(혹은 교사)의 개인 각본이든 학교(혹은 나라)의 문화각본이든 상관없다.

우리는 이 책에서 우리의 '새로운 이야기들'을 몇 가지 소개했다. 당신도 이 이야기들을 말하는 데 함께하기를 바라며 새로운 장소, 나아가 어디서든지 이 이야기들에 당신의 이야기가 더해지기를 바란다.

10

결론

마지막 장에서는 지금까지 살펴본 장에서 서로 엮인 핵심 가닥을 함께 모으고 TA에서의 '말한 대로 실천하기'를 위한 이해와 해야 할 사명을 명확히 하려고 한다. 초기 TA 이론 형성에 공헌한 이론가들의 업적에서 비롯된, 나누고 싶은 세 가지 중요한 사항이 있다. 각 이야기는 TA적 사고가 어떻게 아이와 어른들이 그들의 배움과 삶의 공동체를 이해할 수 있게 하고 보다 넓은 차원의 전후 맥락에 영향을 끼쳤는가 하는 것이다.

말한 대로 실천하기 – 시스템 바꾸기

밴 웨이(Ben Wye)는 아이들 행동이 더 나아지도록 지지하고 교육하는 일을 해 왔다. 다른 대부분의 전문가와 마찬가지로 그도 많은 아이들과 직접적으로 일을 했다. 가끔 개입의 초점이 아이들이라기보다 어른일 경우도 있었다. 환경이 개인의 행동에 크게 영향을 미친다는 가정에서 일을 할 때, 다음의 사례는 어른과 함께 한 작업의 엄청난 효과를 입증하고 있다.

사례 case

초등학교는 학교 놀이터에서의 행동에 상당한 관심을 나타낸다. 특별히 점심시간은 학생들과 교육청, 학교의 근심을 야기하는 높은 수위의 벌이나 정학을 처벌하는 일들이 일어나는 때라 힘든 시간이다. 벤은 MDS(Mid-day supervisors: 점심시간이나 휴식시간에 아이들을 돌보는 교육을 받은 어른들로서 소위 '안전요원 교사' 라 부른다)와 6학년 학생들을 함께 교육하기로 결정했다. 점심시간을 좀 더 효과적으로 보내는 것에 목표를 두고 이와 관련된 파트너십 활동 계획을 덧붙여 하기로 했던 것이다. 개입의 핵심은 드라마 삼각형, 스트로크, 그리고 '긍정적 지지어' 를 포함한 TA의 주요 개념을 적용하는 것이었다. '안전요원 교사' 에게 주어진 임무는 휴식시간에 6학년 학생들간 갈등과 다툼을 줄이고 재미있게 노는 기술과 자신감을 갖도록 하는 것이었다. 이 프로젝트의 효과는 질적이고 양적인 차원에서 관련 자료를 중심으로 사정되었다. 결과는 모든 참여자가 높은 참여와 만족도를 나타냈다. [그림 10-1]과 [그림 10-2]에서 보는 바와 같이 어른의 행동 성향으로 행동한 듯 괄목한 만한 성과를 보여 주었다.

결과에 미친 영향을 요약하면 다음과 같다.

- 전체 학교에서 프로젝트를 실시하기 전에는 방과 후 벌을 받은 학생 수가 67명이었다. 프로젝트를 실시한 후 결과는 절반 이상이 감소한 31명이었다.
- 6학년의 방과 후 벌은 TA 수업 후 20명에서 5명으로 75%가 떨어졌다([그림 10-2]).

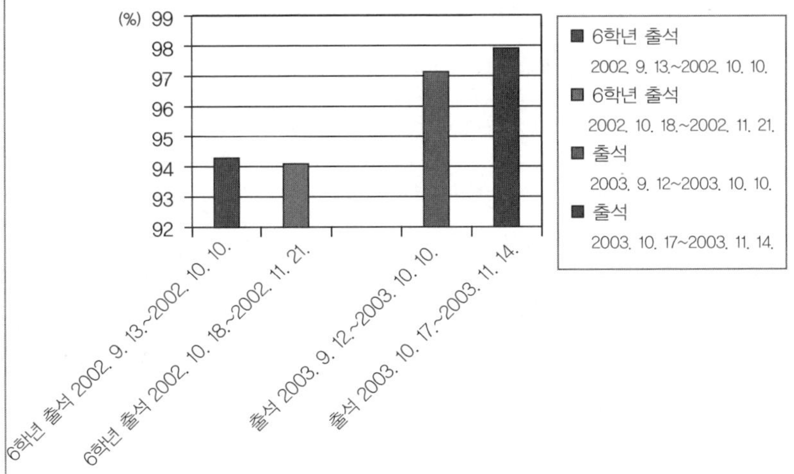

[그림 10-1] 출석에서 프로젝트의 영향

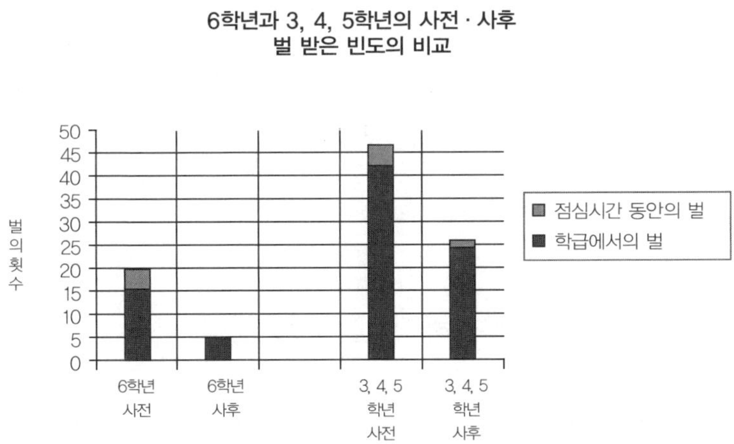

[그림 10-2] 벌의 횟수에서 프로젝트의 영향

- 프로젝트 전에는 4명이었던 6학년의 점심시간 동안의 벌은 완전히 멈추었다. 3, 4, 5학년은 프로젝트 전과 후의 결과가 그림에서 보듯이 5명에서 2명이 되었다([그림 10-2]).
- 그전 해와 비교해서 6학년 출석자는 평균 94.2%에서 97.5%로 올라갔다([그림 10-1]).
- 6학년 출석자의 프로젝트 한 달 전과 한 달 후를 비교해 보면 97.2%에서 97.9%가 되었다([그림 10-1]).
- 유기정학 일수는 6학년의 경우 프로젝트 전에는 6일이었으나 개입 후에는 없었다.

교육적 TA의 중요한 특징은 학습의 맥락 안에서 변화에 미치는 영향을 강조하는 것이고, 개인의 변화가 단독으로 일어난다는 생각에 빠지지 않게 하는 것이다. 벤의 개입은 여러 수준에서의 접촉의 중요성을 보여 준다. 다르게 말하면, 문제가 학생의 역기능적인 면에서 보인다면 TA 실천가는 개인, 집단, 학교 수준에서 성장 가능성을 고려해야 한다는 것이다.

실천하기: 전문성 향상

두 번째 이야기는 수턴(Sutton) 학교생활 적응지원팀에 관련된 것으로 특별히 엠마 브래드쇼(Emma Bradshaw)와 길 웡(Gill Wong)이 했던 훈련 프로그램에 관한 것이다. 이 훈련의 주제는 집단 작업이었으며, 그들은 참석자들에게 이마고 이론을 적용하였다. 과정은 다음에 언급되어 있고, 이것이 전문성 향상에 효과적이었는지는 내용과 마찬가지로 훈련 과정을 어떻게 운영하는가에 달려 있음을 보여 준다.

사례 case

집단 훈련 프로그램은 여러 지역의 학교에서 온 다양한 역할의 교사들에게 실시되었다. 목표는 참여자들에게 이마고 과정을 가르치는 것뿐 아니라 집단의 단계를 끝까지 경험해 보도록 하는 것이었다. 이 과정은 새로운 것이었고 우리에게 가르치고 배우는 또 하나의 도전이 되었으며, 매우 성공적이었고 재미도 있었다. 우리는 집단 이마고 발달이 효과적으로 전개되는 과정을 보여 주고자 솔선수범하였다. 다음 자료는 우리가 집단 운영을 TA적으로 하는 훈련 프로그램, 특히 이마고를 활용하는 집단을 하룻동안 각 단계별로 어떻게 진행했는지를 보여 준다.

잠정적 이마고의 인정

- 소개, 옆에 앉은 사람에 대해서 모르고 있는 것 중 한 가지를 알아내기 위해 여러 사람에게 그 사람에 대한 질문해 보기
- 하루를 위한 삼자 계약(나와 집단원 그리고 지도자) 협의하기

- 잠정적 단계의 설명
- 과업: 세 가지 다른 색의 종이를 각 사람에게 주고 다음의 것들에 대해 쓰기
  - 집단원 중 누구와 저녁을 먹고 싶은지, 그리고 무엇을 먹고 싶은지
  - 좋아하는 책이나 CD
  - 미래의 소원

모든 종이는 모아서 다시 집단 구성원들에게 나눠 주고 자신의 것이 아닌 다른 사람이 작성한 세 장의 색종이를 갖게 한다. 돌아가면서 자신이 가진 색종이를 읽는다. 구성원들은 다른 사람에 대해 조금 더 알게 되고 누구와 홍미가 비슷한지, 소원이 같은지 알게 된다. 또한 자신들이 첫인상에서 추측했던 것과 다르다는 홍미 있는 사실을 발견하게 된다.

집단을 다시 하위 집단으로 나누고 구성원들이 우연히 경험했던 역기능적인 집단의 이마고에 대해 생각하고 기록하도록 한다. 그러고 나서 각 하위 집단에서 구성원 중 한 명을 집단 앞으로 나오게 한다. 역할극을 위해 기록한 것을 칠판에 쓰게 한 뒤 다른 집단에게 시나리오를 재연해 보도록 한다. 그런 다음 집단은 익숙하지 않은 역할을 하게 되는 그 상황을 다시 해 보도록 한다.

나누기 시간에 집단 구성원들은 서로를 잘 알게 되었고 자신들이 속한 작은 집단이 부담을 주지 않아 안전함을 느꼈기 때문

에 자신들이 그렇게 할 수 있었다고 보고했다. 이 활동은 특별한 역할을 좋아하는 아이는 다소 부담스럽더라도 새로운 역할이나 기술을 시험적으로 해 봐야 하므로 초기 단계에서 왜 특별히 더 집단의 지지가 필요한지를 생각하게 해 준다.

조작기의 발달 소집단은 차례로 안쪽과 바깥쪽에 두 개의 원을 만들어 둥글게 선다. 바깥 집단은 플라스틱 공을 던지고 안쪽의 집단은 받을 수 있는 만큼 공을 많이 받는다. 각 집단은 여러 번 시도하고 방 안의 어떤 도구라도 사용할 수 있다. 공은 전부 한꺼번에 던진다. 이 게임은 정말 재미도 있고 성공하기 위해서는 집단 안에서 협력적인 대화가 되어야 한다. 흥미로운 사실은 지도자가 집단 사이의 경쟁에 대해 언급하지 않아도 집단은 다른 팀을 이기기 위해 도전을 한다는 것이다.

2차적 적응 단계로 이동 조작 집단의 참여자들에게 다른 구성원들에 대한 한 가지 긍정적인 말을 쓰도록 하였다. 각 하위 집단은 손 모양의 카드에 그들 집단의 구성원에게 주는 긍정적인 말을 써 주었다. 이 집단 과정은 대부분의 사람이 단지 만난 지 두 시간 정도 후에 이루어졌다. 참여한 구성원들은 이러한 집단 과정을 매우 즐거워하였고 아무도 수줍어하지 않았다.

명확한 집단 이마고 단계 도달-결론: 선언하면서 공을 굴리자 원을 그리고 집단이 서서 서로에게 공을 굴리는 게임으로 이 전체적인 훈련 코스가 끝나면 그들이 생각하고 결심한 대로 변화할 행동의 이름을 붙이는 것이다. 각 개인은 집단에게 그들이 어떻게 할 것인지를 말하면서 참여하는데, 예를 들면 "나는 학급 교사와 SENCO 간의 분명한 계약을 맺을 것을 결심하면서 공을 굴립니다."라고 하는 것이다.

이 집단 활동에 참여했던 모든 교사는 그들의 학생들에게도 이 활동을 시도해 보고 싶어 했다.

우리는 훈련이 끝날 때 우리가 의도했던 것, 즉 집단 이마고의 개념을 보여 주었고 덧붙여 실행을 위한 실용적인 지도를 제공하는 데 성공했다는 것을 알았다. 우리는 집단이 잠정적 이마고 단계에서 명확한 이마고 단계에까지 이르도록 하는 데 성공하였다.

TA 집단 훈련은 TA 전문가들로 하여금 '배워 가는 과정'은 효과적인 개입을 위해 필수적이어야 한다는 것을 되새기게 해 준다. 아이들과 같이 할 때도 물론 좀 더 인식하긴 하지만 교사나 다른 관련 관계자들이 훈련에서 통찰을 얻도록 관심을 자아낼 때 '과정'에 참여하는 것은 매우 중요하다. 트루디 뉴턴(TRUDY NEWTON)이 자신의 장에서 논의하였듯이 경험적이고 동료적인 접근은 앞의 사례 연구에서 설명하였으며, 이 책 전체를 아우르는 바탕으로서 배움에 대한 급진주의적인 접근으로 발전하는 데 핵심이 된다.

말한 대로 실천하기: 주류로서의 TA

우리의 마지막 이야기는 가장 최근의 발전과 관련된 것으로 아이들의 주요 수업 중에 TA에 대해 배우는 것이 증가했다는 것이다. 하로우(Harrow)에 있는 그랭지(Grange) 중학교에서 시작된 것으로 요즈음은 전국적으로 학교에서 사용되고 있는 *The TA Toolkit: Scheme of Work*는 아이들에게 TA를 손쉽게 가르칠 수 있는 교과 과정을 제공한다. 스트로크, 자아상태, 의사 교류, 게임, 인생 태도, 라켓, 긍정적 지지어 같은 TA의 주요 개념을 중심으로 하는 *Scheme of Work*는 학생들의 정규 수업으로 30명의 학생들과 사용되거나 혹은 도움이 필요한 아이들에게 집단 형태로 적용된다.

지금까지 학생들이나 전문가들의 피드백은 매우 긍정적이었으며 자료들은 학교에 보내어 학급에서 TA를 가르치거나 교육 과정에 적용하도록 허가되었다. 최근에 TA를 교육받은 교사를 위한 활동 요강은 TA를 적용하는 데 자신감을 갖게 해 주었다. [그림 10-3]은 교육을 끝낸 아이의 그림이다.

분노 조절이나 사회기술훈련 프로그램과 같이 (특정 대상이) 제시되는 것보다 오히려 이 접근은 아이와 어른들이 서로에 대해, 그리고 더 넓은 세상을 배우기 위한 기술을 발달시키는 데 일반적인 유용성(누구나 쉽게 도움을 받을 수 있는 것)을 강조한다. 가까운 미래에 TA의 아이들 교육은 *TA Proficiency Award Scheme*[1] 을 통해서 인정을 받게 될 것이고, TA는 더욱 발전된 내용으로 교실이

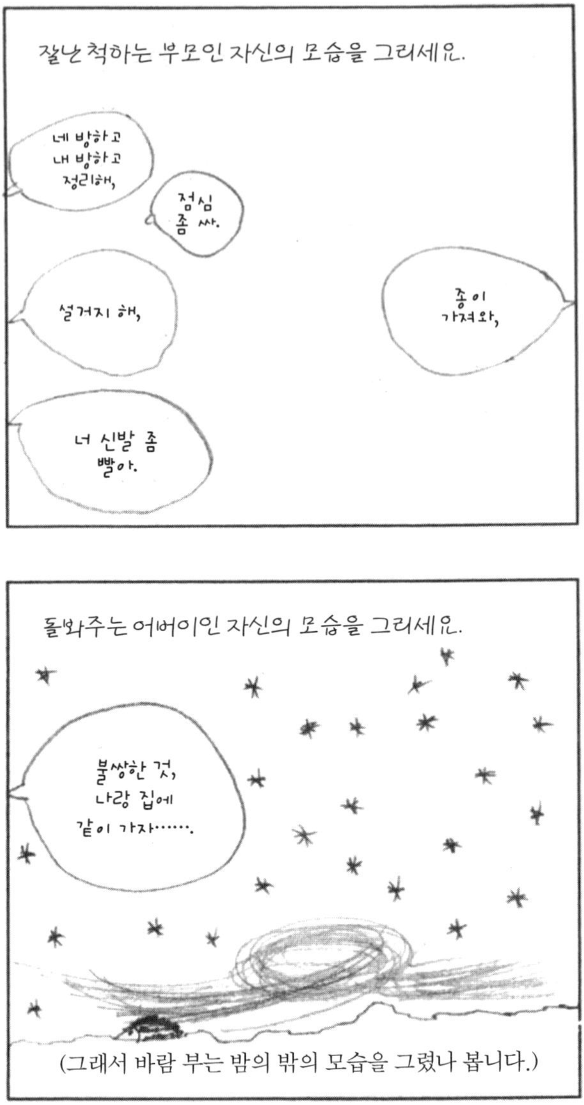

[그림 10-3] 아이들이 작업한 그림의 예

1) TA를 활용하는 교사들과 교육자를 위해 TA 발달학회에서 만든 TA 교육 지침서다.

나 학교에 공언할 것이라 확신한다.

궁극적으로 이 책은 교육자들과 학습자들을 위해서 TA 개념과 이론이 갖는 '이해의 용이성'과 '현대의 중대한 사회 문제와의 관련성'을 더욱 일깨우는 데 목적이 있다. 번은 진정한 가치에 대한 생각은 아이의 나이가 일곱 살이 되었을 때 접근할 수 있다고 하였는데, 우리는 그의 말을 믿고 그러한 생각을 널리 알릴 것이다.

우리는 이미 TA 실천을 시작한 아이들의 생각을 보았다([그림 10-4a], [그림 10-4b]).

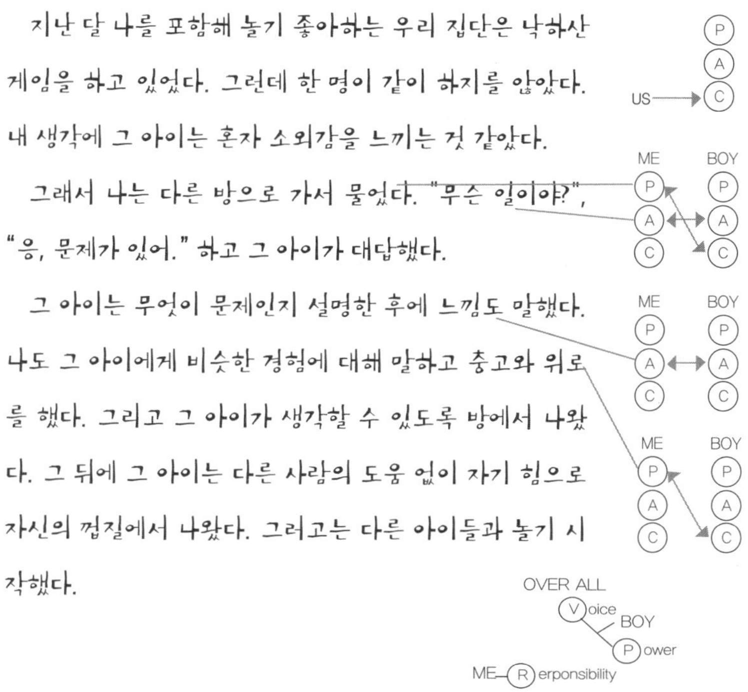

[그림 10-4a] 열 살의 제이콥 이야기

나는 점심시간이 끝나면 나보다 어린 벤과 함께 책을 읽는다. 내가 일곱 살이었을 때 TA에 대해서 배웠고, 언제 그것을 사용할 수 있게 될지 궁금했다. 내가 벤과 책을 읽을 때 나는 그것을 사용해 볼 수 있는 좋은 기회라고 생각했다. 어느 날 그와 책 읽기 후에 나는 돌아오면서 내가 사용할 수 있는 모든 전략에 대해 생각했다. 내가 가장 잘 사용하는 전략은 자아상태다. 벤은 어떤 자아상태에 있는지 생각해 보고 나는 어떤 상태에 있는지, 그리고 이것이 좋은 상태인지 아닌지 생각했다. 보통은 나는 어른 자아상태에 있지만 벤이 노닥거리면 어버이나 어른 자아상태가 된다. 이런 상태가 틀린 것 같지는 않다. 왜냐하면 내가 좀 깐깐하기는 해도 상황에 대해 생각을 하기 때문이다. TA를 사용하는 것은 정말 도움이 되었고 모든 사람이 벤이 나아졌다고 한다. 나는 벤이 자랑스럽고 나 자신도 자랑스럽다.

[그림 10-4b] 열 살의 루이즈 이야기

자, 그렇다면 당신의 첫 발걸음은 언제 뗄 것인가……. 혹은 다음 발걸음은?

부 록

부록 1 발달 단계*

[1단계–존재하기(출생~6개월)]

아이의 과업

- 도움(돌봄) 요청하기
- 욕구 해결을 위해 울거나 혹은 신호 보내기
- 접촉 수용하기
- 양육 수용하기
- 정서적으로 결속하기–자신과 양육자에 대한 신뢰 학습하기
- 존재하기, 생존하기를 결정하기

긍정적 지지어(Affirmation)

- 네가 있어서 기쁘다.
- 너는 여기에 속해 있어.
- 네가 뭐가 필요한지 우리에게는 참 중요해.
- 네 존재로 인해 우리는 너무 기뻐.
- 너는 네가 하고 싶은 대로 자랄 수가 있단다.
- 네가 느끼는 대로 느껴도 돼.
- 우리는 네가 여기 있기를 원하고 너를 돌보기를 원해.

---

* Jean Illsley Clark, Connie Dawson의 Growing Up Again, 1998에서 인용함

도움이 되는 교사/양육자의 행동

- 이 단계에서 해야 할 발달과업을 확인하고 지지하기
- 필요한 돌봄을 지속적으로 제공해 주기
- 이 단계 동안 줄곧 발달을 모니터링하고 아이가 필요한 것이 무엇인지 생각하기
- 접촉을 활용하기-어떻게 그리고 언제 할지에 대한 직감을 사용하여 안아주기, 이야기 걸기, 노래 불러주기
- 의지할 수 있고 신뢰할 수 있도록 하기
- 어떻게 아이에게 반응을 할지 잘 모를 때는 도움을 청하기

[2단계-행동하기(6~18개월)]

아이의 과업

- 환경에 대해 탐험하고 경험하기
- 모든 감각을 사용해서 감각적인 지각을 발달시키기
- 필요하면 신호하기: 타인과 자신에 대해 신뢰하기
- 부모 혹은 양육자와 안정적 애착 형성을 지속하기
- 힘들 때 도움 요청하기
- 모든 문제가 쉽게 해결되지는 않는다는 것과 선택이 있다는 것에 대해 배우기
- 자주성을 발달시키기
- 1단계 과업 계속하기

긍정적 지지어

- 너는 탐험하고 경험할 수 있어. 우리는 너를 지지하고 보호해 줄게.
- 네가 필요한 만큼 몇 번이라도 해 볼 수 있어.
- 네가 탐험을 할 때는 너의 모든 감각을 사용할 수 있단다.
- 네가 느끼고 생각한 것을 믿어도 돼.
- 너는 무엇에든 관심을 가질 수 있어.
- 네가 활동적일 때든 조용할 때든 우리는 네가 좋아.
- 우리는 네가 자라고 알아가는 것을 지켜보는 것이 참 좋단다.

도움이 되는 교사/양육자의 행동

- 이 단계에서 해야 할 발달과업을 확인하고 지지하기
- 안전한 환경을 제공하고 다치는 것에서 보호하기
- 양육적인 접촉이나 격려를 제공하기
- '안 돼'보다 '그래'를 더 많이 말하기
- 다양한 감각적인 경험을 하도록 해주기
- 아이의 이야기를 잘 듣기, 특히 아이가 뭔가를 설명하려고 힘쓸 때 더욱 그렇게 하기
- 아이의 행동을 관찰한 후 반응해 주고 새로운 언어의 모델이 되어주기
- 아이가 자기 주도적인 활동을 시작할 때 반응해 주기

[3단계-생각하기(18개월~3세)]

아이의 과업

- 자기를 생각하는 능력 기르기
- 현실 시험하기: 경계와 타인에 대해 도전하면서 시험하기
- 원인과 결과에 대한 사고를 가지고 문제를 해결하는 것과 생각하는 것을 배우기
- 단순한 안전에 관련된 지시에 따르는 것을 시작하기-멈춰, 이리 와, 여기 있어, 저기로 가
- 분노와 여타 다른 감정 표현하기
- 안전감을 잃지 않고 부모와 떨어지기
- 자신이 우주의 중심 존재라는 것에 대한 믿음을 포기하는 것을 시작하기
- 이전 발달 과업을 지속해서 이루어 나가기

긍정적 지지어

- 네가 네자신에 대해 생각하기 시작해서 정말 기쁘구나.
- '싫어'라고 말해도 되고 너의 한계에 대해서 필요한 만큼 시험하고 도전해도 돼.
- 화를 내도 괜찮아, 너의 화로 인해서 너와 다른 사람이 상처를 입지 않게 내가 도와줄게.
- 너는 독립적으로 생각하는 것을 배울 수 있어. 그건 다른 사람들도 마찬가지야.
- 너는 생각하고 느끼는 것을 동시에 할 수 있어.

- 너는 무엇이 필요한지 알 수 있고 도움을 청해도 돼.
- 너는 너 자신이어도 돼. 우리는 여전히 너를 돌볼 거야.

도움이 되는 교사/양육자의 행동

- 이 단계에서 해야 할 발달 과업을 확인하고 지지하기
- 한 활동에서 다른 활동으로 전환하도록 돕기
- 기본적인 안전에 대한 통솔과 더불어 단순하고 명확한 지시를 내리기
- 한계를 정하고 그것들을 일관되게 지킬 수 있도록 하기
- 네가 이기나 내가 이기나 하고 싸우는 것이 아니라 아이의 모든 감정을 수용하기
- 이유를 말해 주고 정보를 제공하면서 아이가 자신의 생각으로 움직이게 하기
- 격려와 축하를 함으로써 생각하도록 스트로크를 주기
- 아이가 자신에 대해, 그리고 다른 사람의 감정에 대해 생각하도록 기대하기
- 새로운 생각을 발전시키도록 시간을 주기(예: 인과 관계)

[4단계–정체성과 힘(3~6세)]

아이의 과업

- 다른 사람과 별도의 정체성을 주장하기
- 세상, 자신, 몸, 그리고 성 역할에 대해 정보를 얻기
- 타인에 대한 영향을 발견하고 집단에 속하기
- 관계에 영향을 미치는 힘의 사용을 배우기
- 사회적으로 적합한 행동을 연습하기
- 현실에서 환상을 분리하기
- 개인적 힘의 정도를 아는 것
- 이전 발달 과업을 지속해서 학습해 나가는 것

긍정적 지지어

- 너는 네가 누구인지 탐구하고 타인에 대해 알아갈 수 있어.
- 너는 능력을 갖기 위해 다른 방법을 시도해 볼 수 있어.
- 여기서 너의 모든 감정은 OK야.
- 너는 네 행동에 대한 결과를 배울 수 있어.
- 너는 힘을 가질 수도 있고 동시에 도움을 요청할 수도 있어.
- 너는 무엇이 가짜고 무엇이 진짜인지 배울 수 있어.

도움이 되는 교사/양육자의 행동

- 이 단계에서 해야 할 발달 과업을 확인하고 지지하기
- 아이가 감정을 표현하도록 해 주고 감정과 생각을 연결하도록 해 주기

- 네가 네 자신일 때 OK고, 네 성(性)과 모든 문화도 OK임을 명확하게 가르치기
- 대답을 정확하게 하고 정보를 제공하고 잘못된 정보를 바로잡아 주기
- 교실에서나 놀이터에서 일이 누구의 책임인지 명확히 하기
- 환상과 현실의 분리에 대해 격려하고 지지하기
- 적절한 행동에 대해 반응하고 알아주기

[5단계–구조화(6~12세)]

아동의 과업

- 기술을 배우고 실수로부터 배우며 '충분히 좋은 사람'이 되도록 결심하기
- 정보를 모으고 생각하기 위해 듣는 것을 배우기
- 생각하기와 실천하기를 연습하기
- 원하는 것과 필요한 것에 대해 판단하기
- 가족/학교에 있는 규칙과 구조를 확인하기
- 규칙의 관련성을 배우기
- 규칙을 깨뜨리는 것의 결과에 대해 경험하기
- 타인과 동의하지 않기와 원하면 계속 고집하기
- 생각들과 가치를 테스트하기
- 내적 통제력을 발달시키기
- 자신과 타인의 책임감에 대해 배우기
- 상황에 따라 달아날지(회피), 다른 사람처럼 할지(따라하기), 자

신의 자리를 지킬지(주관 지키기) 배우기

- 협력할 수 있는 능력을 발달시키기
- 타인에 반대하는 능력을 실험하기
- 자신의 성에 대한 정체성 확인하기

긍정적 지지어

- 네가 '예', '아니요' 라고 말하기 전에 충분히 생각할 수 있는 능력이 있어.
- 실수로부터 배울 수 있지.
- 네가 원하는 것을 결정하는데 도움이 되는 너의 직관을 믿을 수 있어.
- 너한테 적합한 방법을 찾을 수 있어.
- 다른 사람과 살아가는 것을 도울 규칙을 배울 수 있어.
- 언제, 어떻게 다른 사람에게 동의를 하지 않을지 배울 수 있어.
- 너를 위해 생각할 수 있고 괴로워하는 대신 도움을 청할 수 있어.
- 우리가 다를 때도 우리는 여전히 너와 함께 있고 싶고 우리는 함께 배울 수 있어.

도움이 되는 교사/양육자의 행동

- 이 단계에서 해야 할 발달 과업을 확인하고 지지하기
- 갈등 해결과 문제 해결 기술을 가르치기
- 배움, 생각, 그리고 어떤 일을 하는 나름의 방법을 찾는 것에 대해 많은 스트로크를 주기

• 사회 기술 발달을 격려하기
• 격려와 신뢰를 열정적으로 일관되게 하기
• 아이의 의견과 신념을 존중하고 토의를 허락하기
• 실수도 배움의 하나라는 것을 명확히 하기
• 부정적인 행동에 도전하고 에누리에 맞서기
• 규칙을 만드는 것에 참여를 격려하고 조정 가능한 것과 조정 불가능한 규칙에 대해 명확히 하기

[6단계–통합(12~19세)]

청소년기의 과업

• 독립을 향해 진일보하기
• 가족과 분리되는 것에 대한 보다 명료한 감정을 인식하기
• 분리되고 독립적인 사람으로 자신의 정체성과 가치를 향해 나아가기
• 자신의 욕구, 감정, 행동에 책임을 지며 유능해 지기
• 이전 발달 과업 속에 성 정체성을 통합시키기

긍정적 지지어

• 너는 네가 누구인지 알 수 있고 독립을 위한 기술을 배우고 연습할 수 있어.
• 너 자신의 흥미와 관계와 목표를 발달시킬 수 있어.
• 너는 너의 여성성이나 혹은 남성성을 키울 수 있어. 그럼에도 불구하고 때로 도움이 필요할 수도 있어.

- 너는 새로운 방법에서 예전의 기술을 사용하는 것을 배울 수 있어.
- 우리는 너를 어른으로써 알게 되기를 기대해.
- 우리는 네가 필요하면 도움을 요청하리라 믿어.

도움이 되는 교사/양육자의 행동

- 이 단계에서 해야 할 발달과업을 확인하고 지지하기
- 적절한 지지를 지속적으로 제공하기
- 청소년기의 감정을 수용하기
- 수용할 수 없는 행동에 직면하기
- 약물 등에 있어서 학교의 교칙과 적절한 행동과 태도를 분명히 인식시키기
- 독립심을 기르도록 격려하기
- 생각, 문제 해결, 자기 결정을 기대하기
- 해를 끼치거나 자기 패배적인 행동에 직면하기
- 성인이 된 것, 개인 정체감 등에 대해 축하하기
- 규칙과 책임감에 대해 조정하기

[PRU*/특별 학교시설, 센터에 한동안 머무는 학생을 위해]

학생의 과업

- 센터의 교사와 애착 발달시키기
- 그들의 일반 학급 생활을 잃은 것을 슬퍼하기
- 관심, 지지 그리고 보살핌 받아들이기
- 센터 교사의 신뢰를 실험하기
- 그들의 처지에 대해 이해하기
- 그들이 센터에서, 혹은 다음의 위탁시설에서 해야 할 일을 확인하기
- 그들이 센터를 떠나 다음에 위탁될 시설에 대해 물어보기

센터 교사가 아이를 위한 긍정적 지지어

- 너는 우리를 믿을 수 있어.
- 우리는 너와 우리 자신을 돌볼 거야.
- 너는 힘껏 노력해 볼 수 있고, 우리는 네가 우리를 밀어 내는 것을 허용하게 두지 않을 거야.
- 무슨 일이 일어났는지에 대해 네가 알 필요가 있고, 그런 배움 안에서 너를 돕고 싶어.
- 우리는 너 있는 그대로가 좋아.
- 너를 위해 뭔가 나아지게 하는 일 중 한 부분이 되고 싶어.

---

* A Pupil Referral Unit, a type of state school in England: 학생의뢰 시설, 영국에서 일종의 국립학교

도움이 되는 교사/양육자의 행동

- 그들 학교에서의 경험을 잘 듣기
- 이전 학교에서 가능했던 일을 하도록 하기
- 주요 발달 단계의 욕구는 센터에 머무는 학생들에게 더욱 필요할 수 있다는 것을 기억하기
- 이곳의 학생에게는 두 장소의 교육장이 있다는 것을 기억하기 (센터와 또 다른 학교)
- 질문에 진실되게 대답하기
- 공평하고 자신감 있는 보살핌을 제공하기

[떠나는 과도적인 상황에 있는 학생을 위해]

교육생의 과업

- 떠날 것을 준비하기
- 새로운 장소와 연결하기
- 새로운 장소에 대한 기대를 수정 또는 갖게 하기
- 센터에서의 성취와 발전, 확인 성찰하기
- 가치 있었던 경험의 상실과 슬픔을 인정하기
- 떠남에 대한 실제적인 준비하기

교사가 학생을 위한 긍정적 지지어

- 네가 여기를 떠나도 너는 계속 성장할 수 있어.
- 떠나는 것은 성장에 있어서 정상적인 부분이야.
- 우리는 네가 떠나는 데 최고의 도움을 주기를 원해.

- 너는 우리를 어떻게 떠날지 준비할 수 있어.
- 네가 여기 있는 동안 네가 배운 것에 대해 우리는 같이 축하하고 싶어.
- 네가 여기를 떠나도 우리는 여전히 너를 좋아해.

도움이 되는 개인과외 교사/목회자의 행동

- 교육생에게 성취를 설명하고 축하하는 기회를 제공하기
- 교육생의 슬픔의 시간에 대해 인정하기
- 교육생에게 다른 사람에 의해서도 지지가 계속될 것을 확신시키기
- 과도기적 단계의 과업과 긍정적 지지어 계속 사용하기
- 교육생의 이전 변화의 경험과 그들의 자질을 충분히 생각하고 반영하도록 격려하기

[되어가기–새로운 학교에서 시작하는 학생을 위해]

학생의 과업

- 새로운 학교/장소에 이동하였다는 것을 알기
- 본인을 돌봐줄 사람들과 장소에 친숙해지기
- 결별과 연결을 동시에 경험하기
- 새로운 장소에서 시작하기 위해 실질적인 과정을 준비하기
- 떠나는 단계에서 적합한 과업에 관심 가지기

교사가 학생을 위한 긍정적 지지어

- 우리는 네가 여기 와서 참 반가워.
- 네가 필요한 것이나 안전이 우리에겐 아주 중요해.
- 우리는 이미 너와 연결되어 있어.
- 너는 여기에 어떻게 있고 싶은지를 결정할 수 있어.
- 우리는 너의 그대로의 모습이 좋아.
- 너는 네 모습 그대로여도 괜찮아.

도움이 되는 교사/양육자의 행동

- 새로 온 아이에 대해 갖는 선입관이 현실적인지 점검하기
- 새로 온 아이의 전의 행동에 대한 편견을 버리기
- 새로 온 아이에 대한 통찰과 도움이 되는 자료 모으기
- 새로 온 아이에게 관심 보이기

부록 2 초등학교 현장에서 TA 활용하기를 위한 연습지

워크시트_A [스트로크 질문지]

일어나기를 가장 바라는 일이 쓰인 문장 옆에 스마일 얼굴(☺)을 그리세요!

1. 나는 내 친구가:

ⓐ 나를 만나서 기쁘다고 말했으면 좋겠다.

ⓑ 나는 게임을 잘하니까 놀 때 나를 골랐으면 좋겠다.

ⓒ 나를 놀리지 않았으면 좋겠다.

ⓓ 나를 저리 가라고 했으면 좋겠다.

2. 교실에서 선생님이:

ⓐ 나와 농담도 하고 웃으면 좋겠다.

ⓑ 나에게 뭔가 할 일을 주면 좋겠다.

ⓒ 나를 내버려 두었으면 좋겠다.

ⓓ 내 잘못이 아닐 때 나를 혼냈으면 좋겠다.

3. 나는 엄마와 아빠가:

ⓐ 나를 안아 주었으면 좋겠다.

ⓑ 내가 한 행동으로 부모님이 자랑스럽다고 말해 주었으면 좋겠다.

ⓒ 내가 잘못했을 때 말해 주었으면 좋겠다.

ⓓ 벌로 때려 주었으면 좋겠다.

4. 내가 사람들을 만났을 때 이럴 때 나는 참 좋다.

ⓐ 그들이 나와 함께 있기를 원할 때

ⓑ 내가 똑똑하다고 말해 줄 때

ⓒ 내가 버릇없이 굴 때면 그들이 그것을 알아차릴 때

ⓓ 그들이 나에 대해 좋지 않은 말을 할 때

5. 나는 내 가족이 이럴 때 참 좋다.

ⓐ 나와 포옹하고 꼭 껴 안아 줄 때

ⓑ 내가 착하게 굴면 상을 줄 때

ⓒ 내가 성가시게 하면 그걸 알아차릴 때

ⓓ 내 남동생이나 여동생을 더 좋아할 때

6. 내 자신에 대해 내가 가장 좋아하는 것은:

ⓐ 나는 누구든지 좋아할 만한 사람이다.

ⓑ 나는 숙제를 잘하고 게임을 잘한다.

ⓒ 나는 바보스러운 짓을 계속한다.

ⓓ 나는 내가 싫다.

〈점수〉

대부분이 ⓐ에 답한 경우-무조건 긍정적 스트로크를 좋아함
대부분이 ⓑ에 답한 경우-조건 긍정적 스트로크를 좋아함
대부분이 ⓒ에 답한 경우-조건 부정적 스트로크를 좋아함
대부분이 ⓓ에 답한 경우-무조건 부정적 스트로크를 좋아함

긍정적인 스트로크가 풍부해야 한다. 부정적 · 조건적 스트로크는 앞서 지도할 때 혹은 잘못을 고쳐 줄 때 **신중하게** 사용되어야 한다. 부정적 · 무조건적 스트로크는 절대로 주어져서는 안 된다.

워크시트_ B [친구에게 보내는 스트로크]

______________________________에게

이름 ________________ ☺

학급 ________________

______________________________에게

나는 너에게 스트로크를 주고 싶어. 내가 네게 주는 스트로크는 ☺

이름 ________________

학급 ________________

____

____

____

____

____

____

____

____

너를 좋아하는 ____________가

워크시트_C **내가 다른 자아상태에 있을 때 나는 다음과 같이 느끼고 행동하고 태도를 취한다.**

잘난척 하는 어버이 자아상태	돌보는 어버이 자아상태
어른 자아상태	반항하는 어린이 자아상태
징징거리는 어린이 자아상태	자유로운 어린이 자아상태

워크시트_D 아이들이 특정한 자아상태에 있을 때 하는 행동/연습을 위한 시나리오

다음 상황카드를 복사한 후 나누기 시간에 사용하세요. 아이들이 지금 무엇을 하는지 이해하게 되면 많은 상황을 스스로 생각해 낼 것입니다. 아이들에게 모든 자아상태에 대해 연기를 하라고 해 보세요. 그리고 다른 아이들을 관찰하여 연기가 끝나면 피드백을 나눠 보세요.

아이스크림 트럭이 음악소리를 내면서 오고 있고 너는 아이스크림이 먹고 싶어. 간식시간도 다 되어 가고 엄마에게 순응하는 어린이 자아상태에서 아이스크림을 사 달라고 말을 해 봐. (징징거리는 어린이)

TV에서 네가 좋아하는 매우 재미있는 방송이 나오고 넌 그게 보고 싶어. 그런데 밤이 늦었고 다음날 학교도 가야 하는데……. 아빠에게 네가 그 프로그램을 볼 수 있는지 물어봐. 비판적인 어버이 자아를 사용할 것 (잘난 척하는 부모)

낯선 사람이 나타나 말을 걸더니 너를 차로 끌고 가려해. 반항하는 어린이 자아에서 행동을 해 봐.

선생님께서 너에게 운동장에 가서 혹 운동장이 비어 있는지 알아보라고 하셨어. 어른 자아에서 선생님께 보고해 볼 것

쉬는 날이고 친구의 집에 가서 놀자고 말을 해 봐. 행동은 자연스러운 어린이 자아(즐기는 어린이)에서 할 것

어린아이가 놀이터에서 넘어져 있어. 양육적인 어버이 자아에서 도움을 줄 것(돌보는 부모)

워크시트_E 어린이가 자아상태를 변화시킴으로써 다른 사람에게 영향을 끼치고 문제를 해결하는 연습을 할 수 있는 상황

너는 용돈이 갖고 싶어. 순응하는 어린이 자아에서 말을 해 봐. 그런데 엄마가 안 된다고 하셨어. 다른 자아상태를 사용해서 말을 해 봐. 어떻게 됐지? 어떤 느낌이었니?

네가 친구 집에 가서 어른 자아상태에서 밖에 나가 놀자고 했는데 친구가 컴퓨터를 한다고 싫다고 했어. 자유스러운 어린이 자아상태로 바꾸어 봐. 어떻게 됐지? 어떤 느낌이었니?

네가 봐 주고 있던 어린아이가 자꾸 도로에 나가려고 해. 너는 양육적 어버이 자아상태에서(돌보는 부모) 안 된다고 좋게 이야기를 했어. 그런데 그 아이는 말을 안 들어. 그 아이가 찻길에 가지 않게 하려면 어떤 자아상태에서 이야기하는 것이 가장 효과적일까? 한 번 해 봐. 네가 맞았던 것 같니?

네가 막 나가 놀려는데 엄마가 방을 치우라고 하셔. 너는 반항하는 어린이 자아에서 나가 놀 거라고 말을 했어. 그다음에는 어떻게 됐니? 다른 자아상태를 한 번 사용해 봐. 네가 나가 놀 수 있게 되었는지, 엄마는 그래도 된다고 말을 했는지 상황에 대해 말해 줄래?

교실에서 너는 자유로운 어린이 자아상태에서 놀고 있고 선생님이 가까이 오시네. 계속해서 자유로운 어린이 자아상태에 있어. 그다음은 어떻게 됐니? 어떤 자아상태에 들어가야 한다고 생각하니? 연습해 보고 어떻게 됐는지 말해 줘.

부록 3 학교현장에서 TA 이론과 개념을 명확히 하는 집단활동

[자아상태 이해를 촉진시키는 활동]

홀라후프(hoola hoops) 놀이

- 목적: 자아상태 이해를 재미있는 놀이를 통해 명확히 하여 또래와 좋은 관계 맺기, 갈등 상황 해결 능력 키우기
- 준비물: 홀라후프, 자아상태 다섯 가지 기능별 특성을 기록할 수 있는 용지
- 방법:

  ① P, A, C를 나타내는 홀라후프 세 개를 붙여서 2세트를 집단 바닥에 나란히 놓는다.

  ② P와 C는 중간에 테이프를 붙여서 CP, NP, FC, AC를 구분해 준다.

  ③ 자아상태 다섯 가지 기능별 특성을 기록할 수 있는 용지에 각각의 특성 3개씩을 기록한다. 이때 각각의 기능별 특성을 말과 표정, 행동 등의 다양한 방법으로 표현해도 좋다고 한다.

  ④ 기록 용지를 들고 두 사람이 한 쌍이 되어 홀라후프 앞에 선다.

  ⑤ 한 사람이 특정 자아상태 기능을 말하면 상대는 그 기능에 해당하는 자아상태 홀라후프에 가서 선다. 그리고 그 내용에 맞게 말하거나 표정을 짓거나 행동한다.

⑥ 이러한 과정을 두 사람이 차례로 하면서 다섯 가지 기능을 훌라후프에 정확히 옮겨 가는지를 상대방과 다른 집단원들이 확인하며 피드백 준다.

⑦ 놀이가 끝난 후 이 놀이가 '또래와 좋은 관계 맺기, 갈등 상황 해결 능력 키우기' 에 어떻게 도움이 되었는지에 대한 피드백을 나눈다.

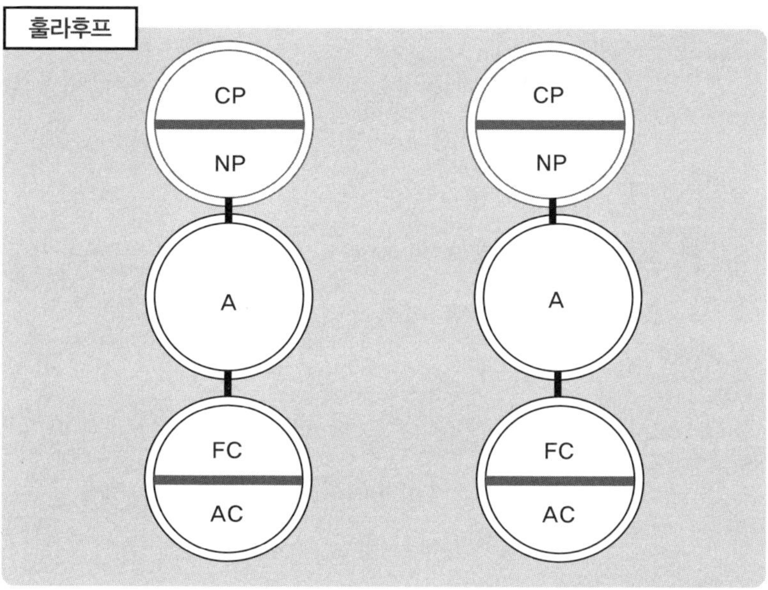

[의사교류의 이해와 체험을 위한 활동]

훌라후프 놀이를 활용한 OK-OK 의사교류 방법의 이해

- 목적: OK-OK 의사교류 이해를 재미있는 놀이를 통해 명확히 하여 또래와 좋은 관계 맺기, 갈등 상황 해결 능력 키우기
- 준비물: 훌라후프, 자아상태 다섯 가지 기능별 특성을 기록할 수 있는 용지, OK-OK 박스 의사교류 그림
- 방법:
  ① 앞의 자아상태 이해를 촉진시키는 활동(work), 즉 훌라후프 놀이를 하면서 자아상태 다섯 가지 기능의 OK와 Not OK를 연결하여 의사교류 방법을 이해하도록 한다.
  ② 그리고 '또래와 좋은 관계 맺기, 갈등 상황 해결 능력 키우기'에 필요한 OK-OK 박스 의사교류를 연습해 본다.
  ③ 두 사람씩 나와서 자아상태 다섯 가지 기능별 특성에 따른 의사교류를 나눠 본 후 OK-OK 박스 의사교류를 해 본다. 이때 다른 집단원들은 이들의 의사교류에 대한 피드백을 준다.
  ④ 집단 구성원 모두 돌아가며 한 후 전체적으로 피드백을 나눈다.

준비물 1

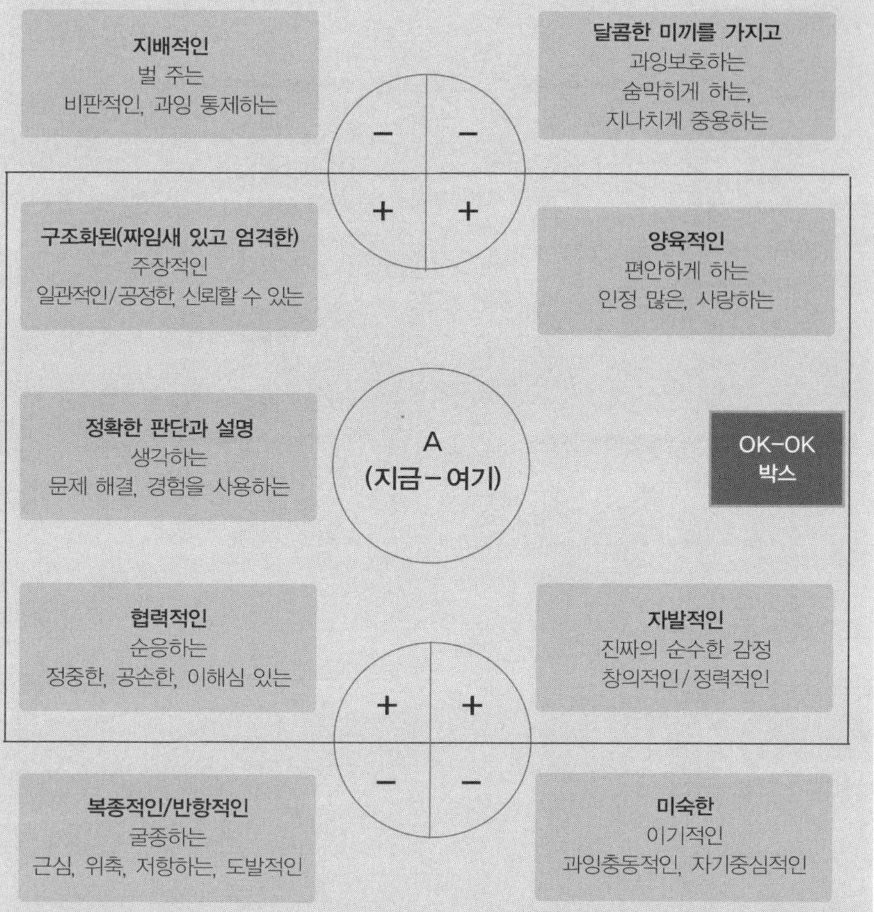

OK–OK 박스에서 OK 의사소통

준비물 2

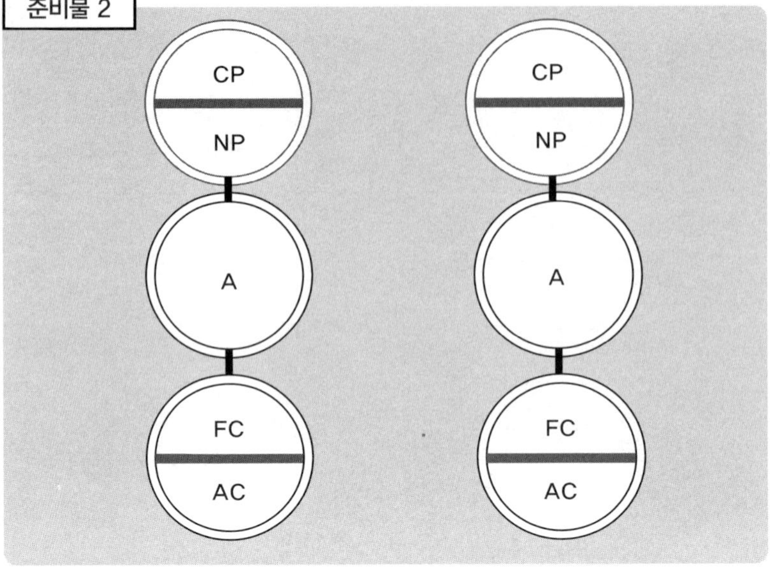

[스트로크 이해와 체험을 위한 활동]

1 최상급 스트로크 주고 받기

- 목적: 긍정적으로 집단을 종결하기
- 준비물: 모든 집단 구성원의 이름이 적힌 종이(리스트)와 필기구
- 방법:

① 집단을 종결하고자 하는 마지막 회기에 집단 구성원에게 자신을 포함한 모든 집단 구성원의 이름이 적힌 목록을 나누어 준다.

② 각 집단 구성원에게 집단 경험을 하고 난 후 그 사람이 성취할 수 있어 보이는 긍정적인 행동을 '가장 ~ 할 것 같다.' 는 최상급 표현을 사용하여 적어 준다. 예컨대, '준수는 지각하는 버릇을 가장 먼저 없앨 것 같다.' '영미는 과제를 미루지 않으려고 노력할 것 같다.' 라고 쓰도록 한다.

③ 모든 집단 구성원이 다 쓴 후에 이름이 적혀 있는 당사자에게 전해 준다.

④ 각자가 내용을 읽어 보고 느낀 점과 생각한 바를 함께 이야기하고, 이에 대해 피드백을 나눈다.

- 효과: 이와 같이 긍정적으로 확신을 주는 말과 집단으로부터 피드백을 받음으로써 집단 종결을 맞는 것은 모든 구성원에게 매우 긍정적인 힘을 얻으며 집단을 떠나게 한다.

2 돌아가며 자기 스스로 스트로크 주고 축하받기

• 목적: 자신의 자랑거리를 크게 발표함으로써 자긍심을 느끼기

• 준비물: OOO의 자랑거리 10선 기록지와 필기구

• 방법:

① 집단원에게 OOO의 자랑거리 10선 기록지와 필기구를 나눠 준다.

② 기록 요령과 발표 요령, 반응 요령을 설명한다.

– 자신이 자랑하고 싶은 어떤 것이라도 생각나는 대로 적어 본다.

– 적어 놓은 것 중 가장 자랑하고 싶은 것을 순서대로 열 가지만 엄선하여 기록한다.

– 차례로 한 사람씩 기록한 것 1번부터 크게 외친다.

– 하나씩 크게 발표할 때마다 다른 구성원은 감탄과 함께 큰 박수와 환호성을 지른다.

– 열 가지가 모두 발표되면 다른 구성원은 큰 감탄과 함께 그러한 너와 같이 있는 것이 기쁘고 영광이라고 외친다.

③ 집단 구성원 모두 돌아가며 한 후 전체적으로 피드백을 나눈다.

나의 자랑 10선	
1	'혼' 찬탄 – 나는 우주하고도 바꿀 수 없는 소중하고 신비하고 무한 가능성을 가진 혼이 있다.
2	'건강한 몸' 찬탄 – 나는 천재예술가 천만 명이 동원되어도 빚어 낼 수 없는 대 예술품인 몸이 있다.
3	
4	
5	
6	
7	
8	
9	
10	

❸ 셀프 스트로크와 가족이 함께 스트로크 교환을 통한 자신의 재발견

- 목적: 자신이 미처 알지 못한 부분을 발견함으로써 자신을 긍정적으로 인식하기
- 준비물: OOO의 재발견 기록지
- 방법:

① 다음 표를 집단 구성원에게 배부한다.

② 작성 요령을 설명한다.

- 매일 어느 순간 문득 떠올랐거나 가만히 보니 생각난 자신의 좋은 점이나 장점, 멋진 점을 최소 하나씩 기록한다.
- 이때 조심할 것은 자신이 기록한 것에 대해 가족 중 누군가가 "네가 정말 그래?" 하고 비웃거나 못 미더워 할 때, 못마땅하게 반응하지 말아야 한다. 대신에 "아하! 제가 이런 점이 있는데 몰랐군요. 앞으로 잘 알 수 있도록 또는 느낄 수 있도록 해 줄게요." 하고 대답하는 것이 중요하다.
- 그리고 가족에게 평소 자신이 생활하는 것을 보고 장점을 발견한 것이 있으면 언제든 기록해 달라고 요청한다.
- 다음 기록지가 모두 완성이 되면 가족이 다과를 놓고 모여 서로의 생각과 느낌을 이야기해 본다.

③ 이러한 경험을 가지고 와서 다시 집단에서 나누기를 한다.

○○○의 재발견 목록표

자신이 보는, 생각하는 좋은 점, 장점				가족이 보는, 생각하는 장점			
1		21		1		21	
2		22		2		22	
3		23		3		23	
4		24		4		24	
5		25		5		25	
6		26		6		26	
7		27		7		27	
8		28		8		28	
9		29		9		29	
10		30		10		30	
11		31		11		31	
12		32		12		32	
13		33		13		33	
14		34		14		34	
15		35		15		35	
16		36		16		36	
17		37		17		37	
18		38		18		38	
19		39		19		39	
20		40		20		40	

■ 자신의 재발견에 대한 소감

4 회전초밥식 셀프 스트로킹과 적극적 경청

- 목적: 자신 스스로 자신에게 충분한 스트로크를 주는 체험을 함으로써 자신을 긍정적으로 인식하기
- 준비물: 봉투와 편지지
- 방법:

① 집단 구성원에게 봉투와 편지지를 배부한다.

② 봉투와 편지지 작성 요령을 설명한다.

- 봉투의 바깥면에 번호 1, 2, 3을 크게 쓴다. 각 번호에는 평소 자신이 잘 인식하고 있는 자랑거리, 장점 한 가지를 크게 기록한다.
- 편지지에도 번호 1, 2, 3을 크게 쓴다. 각 번호에는 남들이 잘 모르는 자신만의 장점이나 자랑거리를 크게 기록한다. 그런 다음 편지지를 봉투에 넣는다.

③ 집단 구성원을 두 집단으로 나누어 원을 지어 앉게 한다. 한 집단은 바깥쪽을 보며 원을 지어 앉고, 한 집단은 안쪽을 보며 원을 지어 앉으며 안쪽 원의 사람과 바깥 원의 사람들이 서로 마주 보게 한다. 집단 구성원이 홀수가 되어 한 사람이 남게 되면 그 사람은 관찰자가 되어 한 번 쉬었다가 다음 순서에 참여하게 한다. 그러면 누구나 한 번은 관찰자가 된다.

④ 전체 집단이 자리 정리가 되면 진행자는 셀프 스트로킹 하는 방법과 듣는 사람이 반응하는 방법을 설명한다.

- 먼저 두 사람이 인사와 간단한 소개를 한다.
- 바깥 원에 앉은 사람이 먼저, “오늘 내가 내 자랑을 좀 할

께." 하면 파트너는 "오! 그래, 해줘! 궁금해!" 하며 적극적으로 듣는 자세와 추임새를 넣어 주며 적극적 경청 자세를 취한다.

- 그러면 먼저 편지봉투 겉면에 있는 세 가지를 차례로 설명하며 자랑을 1분 동안 하도록 한다. 이때 부여하는 시간은 집단 구성원의 수와 집단 시간에 따라 2, 3분으로 융통성 있게 한다. 봉투 겉면에 있는 것을 다하고 나면 파트너가 "그러고 보니 OO는 장점이 더 있을 것 같은데." 하면 "그렇지, 사실 다른 사람이 잘 모르는 장점 세 가지만 더 말해 줄게." 하며 편지지를 꺼내서 1분 동안 설명을 한다. 그러는 동안 파트너는 감탄과 경이로움과 부러운 표정으로 추임새를 넣으며 듣는다. 이때 시간의 경과를 진행자가 알려 주어야 한다.
- 이렇게 2분 동안 바깥 원에 앉은 사람이 자랑을 다 하면, "그러고 보니 OO도 장점이나 자랑거리가 많을 거 같은데, 궁금해! 말해 줘." 하고 요청을 하면 안쪽 원에 앉은 파트너가 "그래, 그럼 내 자랑을 좀 할께." 하고 시작한다. 똑같은 요령으로 2분 동안 진행이 이루어진다.
- 진행자가 시간이 다 되었음을 알려 주고 "정리하세요."라고 말하면 두 사람은 "좋은 친구를 만나서 반가웠어." 하고 인사와 악수를 하고 헤어진다. 이때 바깥쪽에 앉은 사람들이 오른쪽으로 이동을 하여 앉으며 새로 만난 안쪽 원의 파트너와 다시 또 같은 요령으로 앞의 순서에 따라 다

시 시작한다.

⑤ 이렇게 한 바퀴를 다 돌면 이제는 바깥쪽 원에 앉은 사람을 두 개의 원으로 구성하고, 다른 공간에 안쪽에 앉은 사람들을 두 개의 원으로 구성하여 앞서 한 방법과 동일하게 하도록 한다. 이렇게 해서 다시 반복하면 전체 구성원 모두가 다 한 번씩 만나 서로의 자랑거리를 나누게 된다.

⑥ 전체 구성원이 다 끝나면 진행자는 수고했다는 격려와 함께 집단을 정리한다.

- '토설(吐說)의 힘을 강조한다. 즉, 자신이 생각하고 있는 것을 말로 내뱉음으로써 그 말의 내용이 자신의 행동으로 자세로 나타나는 견인력이 있음을 강조한다. 이렇게 자신의 장점과 자랑거리를 말로 여러 번 반복해 봄으로써 비로소 자신이 그런 사람이라는 것이 명확해지고 그러한 점이 더욱 강화된다는 것을 강조한다.
- 생활 속에 자신이 오늘 자랑한 점들을 자주 말로 스스로 할 수 있도록 격려한다.
- 이러한 활동 속에서 참여자들은 C에서 활동, C에서 느낌, C에서 '아하! 나도 이럴 수 있구나!' 에서 A 자각, C에서 재결단, '나도 괜찮다.', '이렇게 괜찮게 살아야지.' 이 과정을 A-A로 설명, 정리한다.

⑦ 집단 구성원의 피드백을 나눈다.

⑧ 구성원 모두가 마치면서 돌아가며 악수를 하며 헤어진다.

형 식

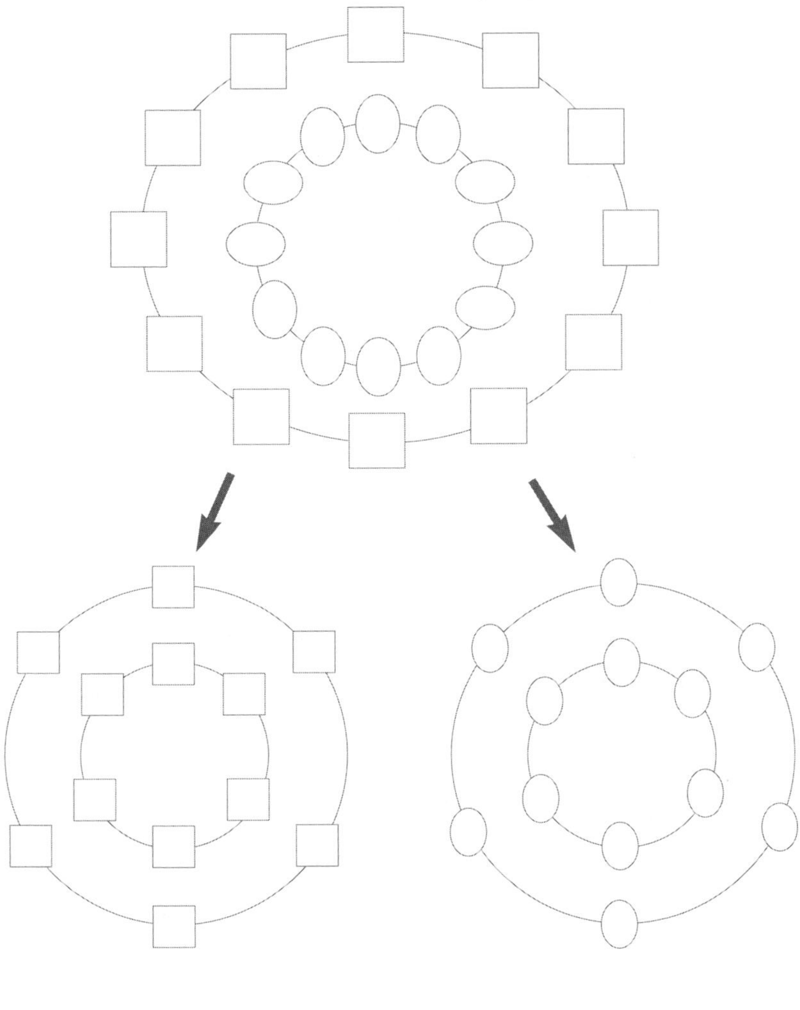

[친밀감 나누기를 촉진시키는 활동]

1 긍정성(OK-ness)과 거울을 활용한 친밀감 나누기

• 목적: 긍정성 이해를 통해 자존감 고취와 또래와 좋은 관계 맺기

• 준비물: 큰 거울, 앞에서 사용한 'OO의 재발견 목록표'

• 방법:

① 거울을 혼자 보며 웃는다. 'OO의 재발견 목록표' 를 보며 두 손으로 자신을 가리키는 동작과 함께 외친다.

"나는 OK고, 당신도 OK다."

이것을 나 혼자 매일 하는 것이 나에게 스트로크를 주는 방법이다. 이렇게 하면 결국 나에게 스트로크를 두 번 주는 것이다. 내가 나에게 한 번, 거울 속 자신의 모습이 나에게 한 번 OK를 주기 때문이다.

② 평소 '당신은 OK다.' 가 잘 되지 않는 자신이 잘 못 지내거나 미운 사람이 있다면 그 사람을 떠올린다. 집단원 중 한 사람을 선택한다. 선택한 사람을 그 사람이라고 생각한다. 그 사람의 지금 모습이 내가 아는 전부는 아니라고 생각한다. 내가 모르는 그 사람의 장점도 있고 그 사람도 나름대로 어려운 점이 있을 것이라고 생각하며 그 사람을 조금 더 이해해 보려고 한다. 그런 다음 그 사람에 대한 감정이 조금 괜찮아지면 둘이 함께 거울을 보며 웃는다. 그런 다음 동작과 함께 외친다.

"나는 OK고, 당신도 OK다."

이것은 상대와 함께 화해하고 친밀감을 향상시켜 나가는데

도움이 된다.

③ 나의 행동이 어떻게 나에게 되돌아오는지를 이해해 보는 활동으로 선택한 사람과 함께 둘이 거울을 보며 동작과 함께 외친다.

"나는 OK고(미소와 함께), 당신은 not OK다(험상 궂은 상과 함께)".

이럴 때 내가 상대에게 '당신은 not OK다' 라고 하면 그것은 곧 상대에게 하기도 하지만 나에게 하는 것과 같다. 결국 우리가 살며 상대에게 'not OK' 하면 그것은 결국 나에게도 'not OK' 하게 되는 결과를 초래하게 된다는 것을 강조하며 느낌을 공유하도록 한다.

④ 이제 우리는 함께 서로가 괜찮고 좋은 사람이라는 인식을 하였다. 그래서 둘이 함께 거울을 보며 웃는다. 그런 다음 동작과 함께 크게 외친다.

"나는 OK고, 당신도 OK다."

⑤ 둘이 활짝 웃으며 포옹하고 자기 자리로 들어간다.

⑥ 활동이 끝난 후 집단 구성원 모두가 개인적 피드백을 나눈다.

2 자아상태의 기능을 전부 골고루 사용하여 '진정한' 친밀감 나누기

① 두 사람씩 짝이 된다.

② 두 사람이 하나씩 돌아가며 상대편에게 다섯 가지 자아상태 기능을 차례로 표현한다. 이때 앞서 행한 'OK-OK 박스' 에서 의사교류 방법을 활용하는 것도 도움이 된다.

- CP로 서로가 상대에게 따끔하게 충고한다.

  예: '약속시간을 잘 지켜라.'

  '아무리 친구 사이라도 지켜야 하는 것은 있지.'

  '친구를 힘들게 하면 안 되지 않니.'

- NP로 서로가 상대에게 칭찬, 위로, 격려, 공감, 따뜻한 애정을 준다.

  예: '친구야 표정이 안 좋은 것 같은데 무슨 일 있니?'

  '너 오늘 입은 옷과 머리 스타일이 잘 어울려! 멋지다!'

- A로 서로에게 정보를 제공해 주거나 설명해 준다.

  예: '선생님이 어제 내준 숙제는 이거야. 내가 자세히 말해 줄게.' '준비물 사는 거 말이야, 학교 앞 문방구 말고 길 건너 편 마트에 가면 싸고 좋은 것이 많이 있어. 거기서 사서 준비해.'

- FC로 서로가 자신의 힘듦과 기쁨 같은 감정을 솔직히 표현한다.

  예: '친구야, 난 요즘 태권도 도장 다니는 거 너무 힘들어. 그만 다녔으면 좋겠어.'

  '친구야, 나 미술 숙제 잘 했다고 칭찬받았어.'

- AC로 서로가 상대방의 의견에 동의하며 따라준다.

  예: '학교 마치고 떡볶이 먹고 가자고, 그래! 그러자…….'

  '오늘은 네가 하고 싶은 놀이하며 놀자.'

③ 활동이 끝난 후 집단 구성원이 돌아가며 자신의 느낌을 나눈다.

[사랑 주머니 이야기(A Warm Fuzzy Tale)]

By 클라우드 스타이너(Claude M Steiner, 1969)

옛날옛날에 아주 행복한 부부인 팀과 매기는 그들의 두 아이인 존과 루시와 함께 살고 있었어요. 여러분이 그들이 얼마나 행복했는지 알려면 그들이 살았던 시기는 어떠했는지를 이해해야 해요. 그때는 아이들이 태어나면 아주 조그맣고 부드러운 사랑 주머니를 받았어요. 언제든지 사람들이 이 주머니에 손을 넣으면 그 주머니에서 따뜻하고 부드러운 사랑이 흘러나왔어요.

이 부드럽고 따뜻한 것은 정말 필요했는데, 왜냐하면 사람들이 그것을 받으면 정말 온몸이 따뜻해지고 부드러워지는 느낌을 받을 수 있었거든요. 이것을 정기적으로 받지 못하는 사람은 등이 아픈 병에 걸리게 되고, 결국에는 쪼글쪼글해지다가 죽게 되지요.

그때는 이 부드럽고 따뜻한 것을 받기가 쉬웠어요. 언제든지 누구라도 원하면 걸어가서 "난 따뜻하고 부드러운 것이 필요해."라고 말하면 사랑 주머니에서 어린 여자아이 손바닥만큼 그 따뜻하고 부드러운 것을 꺼내서 주었지요.

그 따뜻하고 부드러운 것이 햇볕을 보면 곧 미소를 띤 것처럼 크고 복슬복슬한 것으로 부풀게 되지요. 그러면 그것을 그 사람의 어깨나 머리나 무릎에 내려놓으면 그것은 피부로 스며들어서 그 사람을 기분 좋게 해 주지요.

사람들은 언제나 서로의 따뜻하고 부드러운 것을 원했고 서로 공짜로 그들이 원할 때까지 주어도 아무런 문제가 없었어요. 그것은 항상 주변에 넘쳐났고 결과적으로 모든 사람은 대부분 행복하고 따뜻하고 부드러운 느낌을 가지고 있었지요.

그런데 어느 날 못된 마녀가 화를 냈어요. 왜냐하면 모든 사람이 행복해서 묘약과 연고를 사는 사람이 없는 거예요.

어느 아름다운 날 아침에 마녀는 매기가 딸과 놀고 있는 동안 팀에게 살금살금 다가가서 그의 귀에 대고 속삭였어요.

“저기 좀 봐, 팀. 매기가 루시에게 주는 저 부드러운 것 보이지? 만약 저렇게 쓰다간 결국 바닥이 나게 돼서 너한테 돌아오는 건 없을 걸.”

팀은 깜짝 놀랐어요. 그는 마녀를 보고 물었어요.

“그럼 우리가 사랑 주머니에서 그것을 꺼내려 해도 없게 된단 말이야?”

마녀는 대답했어요.

“그럼, 절대로 없지. 그리고 한번 떨어지면 그걸로 끝이야. 더 이상은 없단 말이야.”

마녀는 낄낄 웃으면서 날아갔어요.

팀은 이 이야기를 가슴에 새기고 매기가 누군가에게 따뜻하고 부드러운 것을 줄 때마다 자꾸만 신경이 쓰이게 됐어요. 결국 그는 걱정을 하기 시작하고 기분이 안 좋아지기 시작했어요. 왜냐하면 그는 매기의 부드럽고 따뜻한 것을 정말 좋아했고 그것을 못 받게 되는 것이 너무나 싫었기 때문이지요. 그는 매기가 그것을 아이들과 다른 사람에게 나누어 주는 것이 옳지 않다고 생각하게 되었어요.

그는 매기가 다른 사람에게 그것을 주는 것을 볼 때마다 불평을 했고, 매기는 팀을 매우 좋아했기 때문에 예전보다 더 자주 다른 사람에게 그것을 주지 않게 되었어요.

아이들은 이것을 보고 누군가가 달라고 하거나 갖고 싶다고 할 때마다 그것을 주는 것은 옳지 않다고 생각하게 됐지요. 그들은 매우 조심하게 됐어요. 그들의 부모가 그것을 남들에게 너무 많이 줄 때마다 그들은 반대를 하고 또 줄 때마다 너무 많이 주는 것은 아닌지 걱정을 하게 됐어요.

비록 사랑 주머니에 손이 닿을 때마다 그 속에는 따뜻하고 부드러운 것이 들어 있었지만 그들은 점점 덜 나누어 주게 되고 인색하게 되었어요. 사람들은 곧 그것이 부족하다는 것을 알아차리게 되었고 따뜻한 것도 부족하고 부드러운 것도 부족하다고 느끼게 됐어요. 사람들은 쪼글쪼글해지고 때때로 따뜻하고 부드러운 것이 부족해서 죽기도 했어요.

점점 사람들은 마녀에게 가서 묘약을 사거나 효과도 없어 보이는 연고를 샀어요.

상황은 정말로 심각해졌지요. 나쁜 마녀는 사람들이 죽는 것을 원하지 않았기 때문에(죽으면 묘약과 연고를 팔수가 없으니까요) 다른 새로운 계획을 궁리했어요.

모든 사람에게 사랑 주머니와 비슷한 것을 주었는데 사랑 주머니는 따뜻했던 반면 이 주머니는 차가웠어요. 그 속에는 차갑고 꺼끌꺼끌한 것이 들어 있었어요. 이 차갑고 꺼끌꺼끌한 것은 사람들을 따뜻하고 부드럽게 해 주지 못한 대신 사람들을 차갑고 가시가 많은 것처럼 꺼끌꺼끌하게 만들었어요. 그러나 이것들은 사람들의 등을 쪼글쪼글해지는 것은 막아 주었어요. 그래서 그때부터 누군가가 "나는 따뜻하고 부드러운 것을 원해"라고 말하면 자기의 것이 다 없어져 버리는 것을 염려하는 사람들은 "나는 너에게 따뜻하고 부드러운 것은 줄 수가 없어. 대신 차갑고 꺼끌꺼끌한 것 줄까?" 하고 말을 했어요.

가끔 두 사람이 서로 다가와 서로를 쳐다보며 따뜻하고 부드러운 그것을 받을 수 있을까 생각을 하다가 한 사람이 혹은 다른 사람이 마음을 바꾸고 결국에는 차갑고 꺼끌꺼끌한 것을 주게 되지요. 그동안 몇몇 사람들이 죽었고, 많은 사람은 행복하지 않고 차갑고 꺼끌꺼끌한 느낌을 느끼게 되었어요.

상황은 점점 복잡해졌어요. 공기처럼 공짜라고 생각되었던 그 따뜻하고 부드러운 것은 점점 매우 귀한 것이 되어 버렸어요. 이것은 사람들이 그것을 가지기 위해서 여러 가지 방법을 사용하게 되었기 때문이에요.

마녀가 나타나기 전까지는 사람들은 셋, 넷, 다섯 사람이 모여도 누가 누구에게 그것을 주는지 별로 관심이 없었어요. 그런데 마녀가 온 이후 사람들은 둘씩 짝을 지어서 서로서로의 따뜻하고 부드러운 것을 주지 못하게 했어요. 사람들이 깜빡 잊고 그들의 것을 주었을 때는 죄책감을 느끼게 되었는데, 그 이유는 그들의 짝이 그것을 준 것에 서운해하기 때문이었어요. 관대한 짝을 만나지 못한 사람은 그것을 살 수

밖에 없었는데 그래서 더 오래 일을 하고 돈을 벌어야 했어요.

또 다른 일은 어떤 사람들은 한없이 가져도 되고 무료인 차갑고 꺼끌꺼끌한 것을 가져다가 하얗게 부풀려서 겉을 뒤집어 씌워 그것을 부드럽고 따뜻한 것처럼 사람들에게 주었어요.

이 가짜는 플라스틱이었는데, 이것들은 또 다른 문제를 만들었어요. 예를 들어, 두 사람이 같이 이것을 공짜로 주고받으면 그들은 행복하고 좋은 느낌이 될 거라고 예상을 하지만 그대신 기분이 나빠져 버리는 거예요. 그들이 따뜻하고 부드러운 것을 주고 받았다고 생각했기 때문에 사람들은 그만 헷갈리게 되고 너무나 많은 가짜를 주고 받아서 그들의 기분이 그렇게 되었다고는 생각을 하지 못하게 되었지요.

상황은 매우 음울하게 되었어요. 이것은 모두 마녀가 와서 사람들에게 언젠가 따뜻하고 부드러운 사랑 주머니가 비게 될 거라고 믿게 만들면서 시작되었지요.

얼마 전에 사랑스럽고 행복해 보이는 미소를 잘 짓고 엉덩이가 크고 힘이 센 여자가 이 행복하지 않는 나라에 왔어요. 그녀는 마녀에 대해 들어본 적이 없는 것 같고 부드럽고 따뜻한 것이 떨어지면 어쩌나 걱정도 하지 않는 것 같아 보였어요. 그녀는 무료로 그것을 사람들에게 주었고, 심지어는 달라고 하지 않아도 주었답니다. 사람들은 그녀를 엉덩이 아줌마라고 불렀고 어떤 사람들은 못마땅해했어요. 왜냐하면 그녀가 아이들에게 따뜻하고 부드러운 것은 떨어지지 않기 때문에 걱정할 것이 없다고 가르쳤기 때문이죠.

아이들은 그 아줌마를 정말 좋아했는데 그 아줌마 주변에서는 기분이 좋았기 때문이에요. 아이들은 또 그들이 원할 때 부드럽고 따뜻한 것을 주기 시작했어요. 어른들은 걱정이 되어서 어린이 들이 그들의 것을 사용하는 것을 법으로 막기로 결정을 했어요. 법은 자격증 없이 신중하지 못하게 주는 것은 범법행위로 규정했어요.

그러나 많은 아이가 법을 모르는 것 같았고 상관없이 누구나 원하면 언제든지 서로에게 따뜻하고 부드러운 것을 주고 받게 되었어요. 왜냐하면 거기에는 아이들이 어른만큼 많았고 아이들은 상관없이 자신들만의 방식으로 그렇게 하게 되었어요.

자! 그다음에 어떻게 되었는지 말하기가 어렵네요. 법으로 아이들을 막을 수 있었을까요? 어른들이 엉덩이 아줌마 편을 들고 아이들은 그들이 필요한 만큼 언제나 따뜻하고 부드러운 그것을 얻을 수 있게 되었을까요?

팀과 매기는 그들이 행복하던 시절, 즉 따뜻하고 부드러운 것이 무제한으로 있었던 그 시절을 떠올리고 다시 그것들을 무료로 주기 시작했을까요?

투쟁은 온 나라로 퍼져갔고 지금 여러분이 살고 있는 곳에서도 계속되고 있을지도 모릅니다. 만약 여러분이 원하면, 그리고 나는 그렇게 되길 바라는데, 여러분도 자유롭게 그 부드럽고 따뜻한 것을 주거나 받으면서 사랑하고 건강하게 살기를 바랍니다.

[과녁 맞히기 교류(Bull's- eye transaction)]

1 교사와 학생 간의 과녁 맞히기 교류

이 교류는 교사가 학생를 충분히 이해하고 공감하고 있다는 것을 보여 줌과 동시에 지금-여기에서 현실적으로 가장 적절한 반응(어른 자아상태)을 할 수 있도록 돕는 교류 방식이다. 교사의 어른 자아상태로 마치 과녁을 맞추듯이 학생의 세 가지 자아상태를 향해 차례차례 반응을 보여 준다고 하여 과녁 맞히기 교류(Bull's- eye transaction)라고 한다. 이 교류는 학생이 이해받았다고 느끼게 함과 동시에 현실 상황에서 학생의 살아온 삶의 이야기(story)를 잘 말할 수(telling) 있는, 즉 story telling하는 힘을 북돋우는 매우 유용한 교류다. 그리하여 학생은 교사가 학생의 내면에 있는 현실과 관련된 이야기를 풀어내어 이해할 수 있는 예리한 민감성을 통해 학생의 경험에 초점을 잘 맞춘다는 것을 느끼게 한다.

예를 들면 다음과 같다.

교사가 현재 학생의 해결하고자 하는 어려운 문제를 이해하기 위해 지금 문제와 관련하여 학생 자신의 원가족과의 지난 경험에 대해 물었을 때 학생이 불편감과 망설임, 약간의 긴장감을 느끼는 것을 알 수 있었다.

- 제가 이런 질문을 하니 ○○가 다소 불편해(불편감과 망설임, 약간의 긴장감) 하는 것 같네(교류: 어른 자아에서 어린이 자아상태로).
- ○○의 부모 관련 이야기는 가급적 말을 안 했으면 하고, 원하는

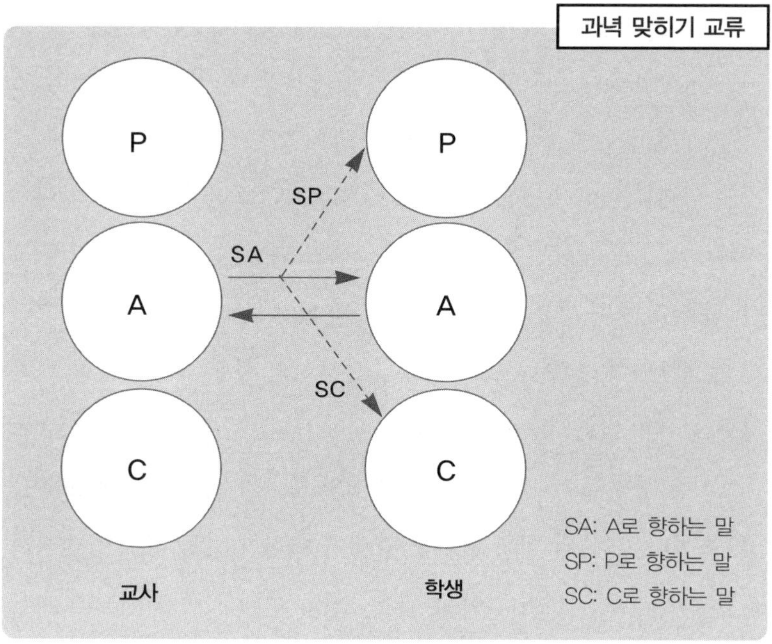

데 말이야(교류: 어른 자아에서 어버이 자아상태로)

• 학생지도에서 처음으로 자신의 힘든(내밀한) 이야기를 하도록 요청받으면 많은 학생이 그렇게 느끼지(교류: 어른 자아에서 어른 자아로).

앞의 예에서 교사는 학생의 두려움을 인식한다[A–C: 어린이 자아상태에게 자극(SC)]. 원인에 대해 말하기를 주저하는 것을 인식하고[A–P: 어버이 자아상태에게 자극(SR)] 학생의 어른 자아에게 호소하고 [A–A: 어른 자아에게 자극(SA)] 내밀한 것에 대해 처음으로 이야기할 때 대체로 많은 학생이 불편하게 느끼는 것은 일반적이라고 이야기하면서 어린이 자아상태와 어버이 자아상태를 개입한다.

교류는 학생의 내적 갈등 해결에 목적이 있다. 통상 학생들이 어려움이 있어 왔을 때 '말하고 싶다. 나의 답답한 감정을 풀고 위로받고 싶다(어린이 자아상태).'는 상태에 있다. 그러나 학생의 어린이 자아상태를 통제하는 어버이 자아상태가 가만히 내버려 두지 않는다. 즉각적인 통제가 이루어지는데, 학생의 내적 메시지, 즉 '그러면 안 돼! 아무리 그래도 그렇지 생면부지의 사람에게 내밀한 가족사를 이야기 하다니……(어버이 자아상태)와 갈등 상태에 빠진다.

이러한 상태일 때 교사의 어른 자아의 중재가 갈등 해결에 도움을 줄 수 있다. 교사의 어른 자아는 학생이 이러한 갈등 상태를 민감하게 알아차리고 어린이 자아상태의 감정을 이해해 주고 어버지 자아상태도 동시에 공감해 주면서 교사를 찾아온 현실적이고 궁극적인 목적과 부합하는 어버이 자아상태와 어린이 자아상태 모두를 받아들일 수 있는 해결 방법, 즉 어린이 자아상태의 표현을 간접적으로 교사가 허용해 준다. 즉, '말해도 괜찮다.'라고 한다. 이것이 학생이 현재에 도움이 되지 않는 과거의 어버이 메시지로부터 자유로워지는 '치유(자율성 회복)의 시작이자 중요한 행동이 된다.

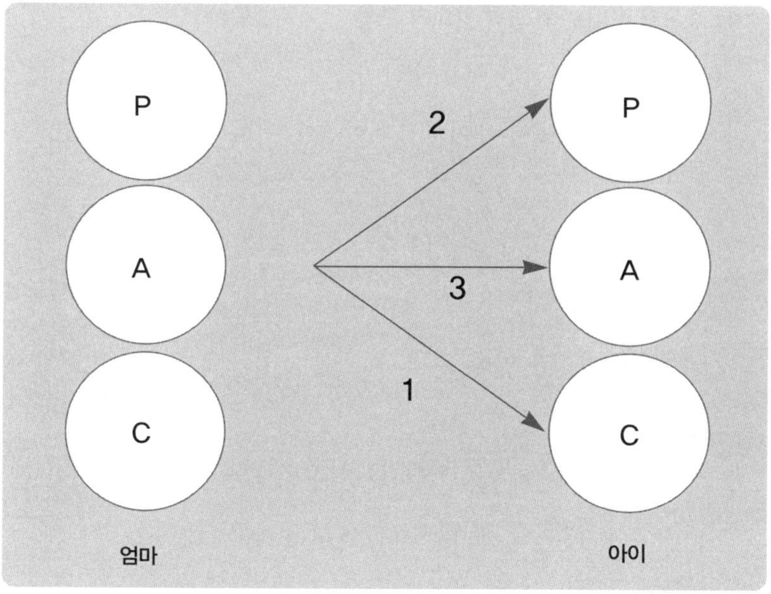
P
A
C
엄마
2
3
1
P
A
C
아이

2 부모와 자녀 간의 과녁 맞히기 교류

예 엄마, 게임 조금만 더하면 안 되요?

*엄마의 A 자아에서 아이의 C 자아를 읽어서 말한다(주로 감정 상태).

① 게임이 재미있어서 조금 더 하고 싶나보구나.

(응, 조금만 더…….)

*충분히 감정을 알아 준 후에 나의 A 자아에서 아이의 P 자아를 읽어 말한다.

② 마음대로 더 하지 않고 엄마한테 물어보는 걸 보니 하고는 싶은데 숙제 때문에 걸리는구나. 누구나 두 가지 마음 때문에 그럴 때는 그렇게 불편하단다.

*나의 A 자아에서 아이의 A 자아로(일방적인 지시가 아니라 생각할 수 있도록).

③ 그럼 네 생각은 어떻게 하는 게 좋을 것 같니?

〈과녁 맞히기 교류의 좋은 점〉

① 과녁 맞히기 대화를 통하면 스스로 생각을 하고 자율적으로 결정을 하게 된다.

② 자율적인 결정이므로 행동을 기꺼이 하게 된다.

③ 심리적인 메시지를 읽어 줌으로써 관계가 좋아진다.

④ 비난, 판단이 없으므로 항상 마음 편하게 얘기할 수 있다는 신뢰가 생긴다.

[관련 프로그램]

1 방임상태의 유치원생의 행동 변화

현재 나이와 상관없이 지난 발달 단계 과업이 이루어지지 않은 경우 그 단계의 과업을 할수 있도록 활동을 고안한다.

예 나단의 경우 영아기 발달 과업이 이루어져 있지 않았다(0~6개월). 그러므로 영아기를 포함하여 현재 유아기의 발달 과업까지 다루어 준다.

- 주변 환경 탐구
- 감각을 이용한 지각의 발달
- 영아기, 유아기 발달 단계의 긍정적 지지어 사용(부록 1 참조)
- 배변훈련
- 긍정적이고 따뜻한 신체 접촉 시도
- 도움에 대한 즉각적 반응
- 과업을 아이가 수행할 때 상을 줌
- 신체화 그리기(직접 몸을 종이에 대고 그리기)
- 거울 보여주기
- 맨발로 춤추기, 돌아다니기, 잔디에 누워서 하늘보기
- 자연 관찰하기
- 모래놀이, 찰흙놀이, 손가락 그림 그리기

2 중 · 고등학생의 정서적 발달회복

영 · 유아기 시절의 발달 과업이 이루어지지 않은 경우 미숙해 보이는 장난이나 끊임없이 주변을 괴롭히는 행동을 한다.

- 유치원에서의 자원봉사: 물놀이, 모래놀이 등 유치원의 활동을 돕고 책임감도 함께 갖도록 한다.

[활용 가능한 활동의 예]

- 감정 저널 그리기: 오늘의 느낌을 제약 없이 스케치북에 그린다.
  - 효과: 감정 탐색, 자신과 타인의 이해, 자아 존중감 향상, 공격성 감소
- 이미지 책 만들기: 자신을 평화롭게 만족시켰던 경험을 회상하고 콜라쥬를 이용하여 만들어 본다.
  - 효과: 긍정적 느낌의 창조와 표현
- 감성지도 그리기: 여러 가지 감정을 여러 가지 색으로 표현해 본다.
  - 효과: 감정 탐색
- 거품놀이: 세제로 거품을 만들어 여러 가지 물감을 섞은 후 도화지에 거품을 찍는다.
  - 효과: 감각의 발달
- 핑거 페인팅: 손가락으로 물감을 찍어 그림을 그린다.
  - 효과: 감각의 발달과 지각, 스트레스 해소
- 모래놀이: 젖은 모래나 마른 모래를 이용하여 마음대로 형태를 만들게 한다.

- 효과: 감각 발달, 정서 표현, 협동심 발달(모둠으로 할 경우)

• 비 오는 날의 경험: 큰 비닐에 여러 아이가 들어가 귀퉁이를 잡고 밖의 아이들은 분무기로 물을 뿌리거나 비오는 날의 활동으로 적합하다.
  - 효과: 시 · 청각적인 감각의 지각, 정서적 안정감

• 자화상 그리기: 자신의 특정적인 모습을 그린다.
  - 효과: 자기 정서의 이해

• 가면 만들기: 도화지에 자기가 갖고 싶은 얼굴의 가면을 만든다.
  - 효과: 자기 자신의 이해와 표현의 성취감

• 실물 크기의 신체 본뜨기: 두루마리 전지에 누워서 몸을 외각선으로 그리고 사진이나 콜라쥬, 털실 등을 이용해 꾸민다.
  - 효과: 자기 발견과 표현

• 내 얼굴 찾기: 여러 가지 감정과 형용사가 결합된 차트를 보면서 어떤 얼굴이 내 마음을 가장 잘 표현하고 있는지 선택해서 그 위에 그리거나 꾸며 본다.
  - 효과: 감정 표현

부록 4 8장 드라마 삼각형과 승자 삼각형

드라마 삼각형

박해자

현실에서
자신의 선호도와 본위로 해동

박해자의 특징
다른 사람들을 힘들게 말하고 행동한다.

혼내거나 벌을 주는 것이 본연의 역할이다.

에누리
희생자가 어떻든 전혀 상관없다(보복자 유형). 내가 네게 벌을 주지 않는 한 OK가 아니야.

구원자

현실에서
희생자를 걱정

구원자의 특징
상대의 생각과 문제 해결을 떠맡는다.

나눠진 자신의 몫보다 더 하려고 한다.

원치 않아도 한다.

에누리
희생자는 그들의 문제를 해결할 수 없다.

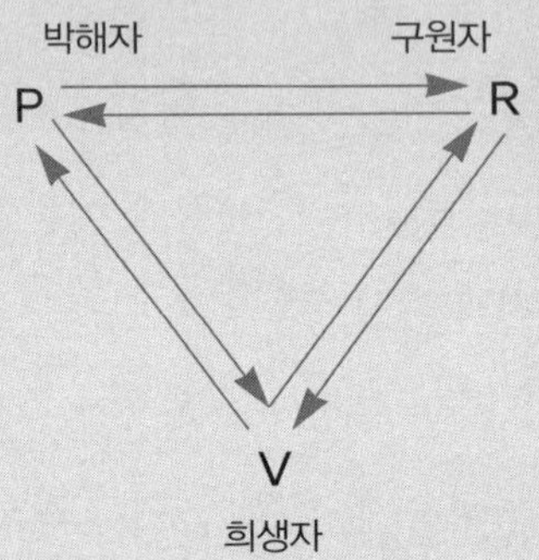

희생자

현실에서
어쩌면 고통을 준비하고 있거나 고통스러워 하거나

희생자의 특징
- 마치 자신들이 문제 해결에 필요한 자원을 가지고 있지 않은 것처럼 행동한다(혹은 누군가가 그들이 행복해지도록 상황이나 문제를 변화시켜 줄 것처럼 행동한다).
- 마치 자신들의 고통이 너무 커서 어떤 문제 해결도 도움이 되지 않은 것처럼 행동한다(동시에 생각하거나 느끼지도 않으려 한다).
- 상황 파악, 문제 해결과 관련하여 어른 자아상태를 사용하지 않는다.

에누리
난 지금 문제나 상황을 해결할 수 없어.

승자 삼각형

적극적 주장

현실에서

자신의 선호도와 본위로 행동

특징

- 상대가 무엇을 원하는지를 묻는다.
- 자신이 원하지 않으면 'NO' 라고 말한다.
- 협상을 시도하고 의견을 나눈다.
- 자신의 바람을 해결하기 위하여 변화를 시도한다.
- 벌 주지 않는다.

기술

적극적인 주장 기술

돌봐주는

현실에서

취약한 사람을 걱정

특징

- 상대의 생각을 대신해 주지 않는다.
- 상대가 원하거나 요청해 오지 않는 한 그들의 일을 떠맡지 않는다.
  나눠진 자신의 몫보다 더 하려고 하지 않는다.
- 자신이 하고 싶어 하지 않는 일은 하지 않는다.

기술

- 경청 기술
- 자기 자각

취약성 인정

현실에서

어쩌면 고통을 준비하고 있거나 고통스러워 하거나

특징

- 상황 파악, 문제 해결과 관련하여 어른 자아상태를 사용한다.
- 자각 – 문제 해결에 필요한 자료로써 자신들이 감정을 사용한다.

기술

- 경청 기술
- 자기 자각

Ajmal, Y., & Rees, I. (Eds.) (2001). *Solutions in School*. London: BT Press.

Barrow, G., Bradshaw, E. and Newton, T. (2001). *Improving Behavior and Raising Self-Esteem in the Classroom: A Practice Guide to Using Transactional Analysis*. London: David Fulton Publishers.

Berne, E. (1961). *Transactional Analysis in Psychotherapy*. New York: Grove Press.

Berne, E. (1962). 'Classification of positions'. *Transactional Analysis Bulletin, 1*(3), 23.

Berne, E. (1963). *The Structure and Dynamics of Organizations and Groups*. New York: Grove Press.

Berne, E. (1964). *Games People Play*. New York: Groove Press.

Blake, P. (2003). http://olpa_productions

Choy, A. (1990). 'The winner's triangle'. *Transactional Analysis Journal, 20*(1).

Clarke, J. I. (1999). *Time-In: When Time-out Doesn't Work*. Seattle: Parenting Press.

Clarke, J. I. (2003). *Victims, Bullies and Bystanders*. Oxford: Workshop

Notes.

Clarke, J. I., & Dawson, C. (1998). *Growing Up Again*. Minnesota: Hazleden (original work published 1989).

Clarkson, P. (1987). 'The bystander role'. *Transactional Analysis Journal, 17*(3), 82-87.

Cox, M. (1999). 'The relationship between egostate structure and function: a diagrammatic formulation'. *Transactional Analysis Journal, 29*(1).

Davidson, C. (1999). 'I'm polygonal OK'. *INTAND, 7*(1), 6-9.

Department of Education and Employment (1999). *Social Inclusion: Pupil Support*. London: DfEE.

Department for Education and Skills (2000). *Bullying: Don't Suffer in Silence*. London: DFES.

English, F. (1971). 'The substitution factor, rackets and real feelings'. *Transactional Analysis Journal, 1*(4), 225-230.

English, F. (1972). 'Rackets and real feelings, part II'. *Transactional Analysis Journal, 2*(1), 23-25.

English, F. (1975). 'The three-cornered contract'. *Transactional Analysis Journal, 5*(4), 384-385.

Erskine, R. (1988). 'Ego structure, intra-psychic function and defence mechanisms: a commentary on Eric Berne's original theoretical concepts'. *Transactional Analysis Journal, 18*(1), 15-19.

Freire, P. (1972). *Pedagogy of the Oppressed*. London: Penguin.

Gardner, H. (1993). *Multiple Intelligences*. New York: Basic Books.

Hay, J. (1996). *Transactional Analysis for Trainers*. Watford: Sherwood Publishing.

HMSO (2003). 'Every child matters' (Green Paper). London: HMSO.

Kahler, T., & Capers, H. (1974). 'The miniscript'. *Transactional Analysis Journal, 4*(1), 26-42.

Karpman, S. (1968). 'Fairy tales and script drama analysis'. *Transactional Analysis Bulletin, 7*(26), 39-43.

Levin, P. (1982). 'The cycle of development'. *Transactional Analysis Journal, 12*(2), 129-139.

Napper, R., & Newton, T. (2000). *Tactics.* Ipswich: TA Resources.

Newton, T. (2003). 'Identifying educational philosophy and practice through imagos in transactional analysis training groups'. *Transactional Analysis Journal, 33*(4).

Newton, T. and Wong, G. (2003). 'A chance to thrive: enabling change in a nursery school.' *Transactional Analysis Journal, 33*(1).

Oldenburg, C. (1996). *Exhibition catalogue.* London: Hayward Gallery.

Rhodes, J., & Ajmal, Y. (Eds.) (1995). *Solution Focused Thinking in Schools.* London: BT Press.

Roberts, D. L. (1975). 'Treatment of cultural scripts'. *Transactional Analysis Journal, 5*(1), 183-189.

Rosewell, N. (2003). 'I' m OK, my school' s OK'. *Emotional Literacy Update, 2*(5).

Schiff, J. et al. (1975). *The Cathexis Reader.* New York: Harper & Row.

Snunit, M. (1998). *The Soul Bird.* London: Robinson.

Steiner, C. (1977). *A Fuzzy Tale.* Torrance, CA: Jalmar Press.

Stewart, I., & Joines, V. (1987). *TA Today.* Nottingham: Lifespace Publishing.

Summers, G., & Tudor, K. (2000). 'Co-creative transactional analysis,' *Transactional Analysis Journal, 30*(1), 23-40.

Temple, S. (1999). 'Functional fluency for educational transactional analysis,' *Transactional Analysis Journal, 29*(3), 164-174.

Tudor, K. (2002). *A Transactional Analysis Approach to Brief Therapy.* London: Sage.

Ware, P. (1983). 'Personality adaptations'. *Transactional Analysis Journal, 13*(1), 11-19.

Wenger, E. (1998). *Communities of Practice.* Cambridge: Cambridge University Press.

White, J. D., & White, T. (1975). 'Cultural scripting'. *Transactional Analysis Journal, 5*(1), 171-182.

Woolams, S., & Brown, T. (1978). *Transactional Analysis.* Ann Arbor, Michigan: Huron Valley Institute Press.

To obtain a full catalogue of TA books in print, and self-esteem materials, contact Kevin Smallwood, Charlton House, Dour Street, Dover, CT16 1ED.

Information about training courses and conferences on TA can be obtained from:

Institute of Development Transactional Analysis (IDTA)

This is a professional association for those using TA in educational and organisational settings. It is affiliated to the European Association of Transactional Analysis (EATA), and works in close co-operation with ITA. For more information email: enquiries@instdta.org or visit the website at www.instdta.org

Institute of Transactional Analysis (ITA)

The object of the Institute is to educate the public about the study, theory and practice of TA in the United Kingdom. It is affiliated to the EATA. It maintains an Education Network for those interested in using TA in education at any level. For more information contact the Administrator at: admin@ita.org.uk or visit the website at www.ita.org.uk

The EATA Administrator can be contacted on EATA@ntlworld.com

찾아보기

편저자 소개

■ 길스 바로우(Giles Barrow)

영국 런던에서 활동하는 TSTA(교류분석 교육지도감독자)로서 교류분석 훈련가이자 교육자이며, 『학교에서 생활적응을 위한 지원의 실제적 안내』 『교실에서 행동개선과 자존감 향상: TA를 활용한 실제적 안내』의 공저자다. 교육현장에서 학생들을 위한 TA 이론의 적용에 많은 경험이 있으며, 지역사회 차원에서 교육지원 활동과 교육전문가 훈련과 저술을 활발히 하고 있다.

■ 트루디 뉴턴(Trudi Newton)

국제교류분석협회 자격관리 위원장을 역임하였으며, 올해 ITAA에서 Muriel James Living Principles Award를 수상하였다. TSTA(교류분석 교육지도감독자)로서 사회서비스와 진보적 교육을 위한 훈련 지원과 컨설턴트로서 국제적으로 명성을 갖고 있다. 『교실에서 행동개선과 자존감 향상: TA를 활용한 실제적 안내』의 공저자다. 영국의 교육현장에서 학생들을 위한 TA 이론의 적용에 많은 경험이 있으며, 이를 통한 교육 관련 전문가 훈련과 국제적 훈련 프로그램, 저술을 활발히 하고 있다.

역자 소개

■ **이영호**

교육은 개인이 스스로를 발전시키고 자신의 삶을 변화시키는 힘을 갖게 하는 과정이라는 믿음을 가지고 있다. 대구대학교 대학원 사회복지학과를 졸업(Ph.D)하였다. 부산 한병원, 백병원에서 정신보건사회복지사 수련지도감독자로 오랫동안 일을 했고, 현재는 인제대학교 사회복지학과 교수로서 김해시 건강가정지원센터를 운영하며, 상담과 부모교육, 저술, TA 관련 이론 교육, 훈련, 워크숍 등 왕성한 활동을 하고 있는 이론가이자 실천가다. 교류분석 이론을 생활 속의 이야기로 쉽게 풀어 쓴 『관계의 미학, TA』의 공저자다.

■ **박미현**

국민대학교 사범대학을 졸업하고 트리니티 웨스턴 대학교(Trinity Western University)에서 심리상담을 공부하였다. 현재 캐나다 밴쿠버에서 상담과 부모교육 등 활동을 하고 있는 카운슬러다. 한양대학교 사이버대학교 대학원에서 심리상담을 다시 공부하고 있으며, 교류분석 이론을 생활 속의 이야기로 쉽게 풀어 쓴 『관계의 미학, TA』의 공저자다.

교육현장에서 교류분석의 적용

Walking the Talk: How Transational Analysis is Improving Behaviour and Raising Self-Esteem

2012년 1월 5일 1판 1쇄 인쇄
2012년 1월 10일 1판 1쇄 발행

편저자 • Giles Barrow · Trudi Newton
옮긴이 • 이영호 · 박미현
펴낸이 • 김진환
펴낸곳 • (주) 학지사
121-837 서울특별시 마포구 서교동 352-29 마인드월드빌딩 5층
대표전화 • 02)330-5114 팩스 • 02)324-2345
등록번호 • 제313-2006-000265호

홈페이지 • http://www.hakjisa.co.kr
커뮤니티 • http://cafe.naver.com/hakjisa

ISBN 978-89-6330-775-6 93180

정가 15,000원